U0866268

中国改革开放史料丛书

价格体制改革

张卓元　程锦锥　主编

中国工人出版社

“中国改革开放史料丛书”
编委会

主　任：魏礼群

副主任：陈锡文　彭　森　张卓元　迟福林

编　委：王娇萍　刘尚希　李小雪　杨　睿
吴晓灵　吴海龙　宋晓梧　迟福林
张占斌　张卓元　陈　薇　陈锡文
林兆木　郑新立　徐善长　曹远征
彭　森　董　宽　魏礼群
（以姓氏笔画为序）

总序

铭记改革开放历史
奋进新时代新征程

历史是一面镜子，也是一部教科书。重视历史，研究历史，借鉴历史，是中华几千年文明的一个优良传统。当代中国是历史中国的延续和发展，书写着中国人民和中华民族不懈奋斗的宏伟篇章。历史的无穷魅力在于包含了大量丰富的史料。史料是保存历史、记述历史、再现历史的基本素材和重要依据。重视历史的学习、研究和传承，必须重视史料的收集、整理、汇辑。

改革开放是中国人民和中华民族发展史上一次伟大革命，正是这场伟大革命推动了中国特色社会主义事业的伟大飞跃。1978 年底，中国共产党召开具有重大历史意义的十一届三中全会，开启了改革开放历史新时期。从那时以来，中国共产党带领全国人民以一往无前的进取精神和波澜壮阔的创新实践，谱写了壮丽史诗。改革开放 40 多年来，从农村到城市，从生产到投资、流通、分配、消费，从所有制结构到企业形式，从经济领域到生产关系和上层建筑的某些环节，都进行了系统和全面改革，成功实现了从高度集中的计划经济体制到充满活力的社会主义市场经济体制的伟大历史性转变；对外开放从建立经济特区到沿海、沿江、沿边，从东部到中西部地区，再到加入世界贸易组织，从大规模“引进来”到大踏步“走出去”，成功实现了从封闭半封闭到全方位开放的伟大历史性转变。我们在深化经济体制改革的同时，不断深化政治体制、文化体制、社会体制、生态文明体制改革和其他领域改革，不断推进国家治理体系和治理能力现代化。在改革开放推动下，我国经济和社会发展取得了举世瞩目的辉煌成就，实现了人民生活由温饱不足到小康宽裕的伟大历史性转变。事实雄辩地证明，改革开放是决定当代中国前途命运的关键一招，是当代中国发展进步的动力之源，是大踏步赶上时代前进步伐的重要法宝，为实现中华民族伟大复兴提供了充满新活力的体制保障和快速发展的物质条件，中华民族迎来了从站起来、富起来到强起来的伟大飞跃。

现在，我国在广袤大地上全面建成小康社会，正阔步迈向全面建设社会主义现代化国家的新征程。在庆祝中国共产党成立100周年大会上，习近平总书记强调，“以史为鉴，可以知兴替。我们要用历史映照现实、远观未来，从中国共产党的百年奋斗中看清楚过去我们为什么能够成功、弄明白未来我们怎样才能继续成功，从而在新的征程上更加坚定、更加自觉地牢记初心使命、开创美好未来”。改革开放以来的岁月将彪炳于中华民族发展的壮丽史册。40多年来，中国共产党从理论到实践的伟大创造，探索和积累的宝贵经验是党和人民弥足珍贵的精神财富，对于新时代坚持和发展中国特色社会主义有着极为重要的指导意义，应当倍加珍惜。

2022年，党的二十大召开。“中国改革开放史料丛书”的出版，为了铭记改革开放以来的光辉历史过程，收集、保存、传承40多年的宝贵历史资料，也为了以实际行动落实党中央关于加强改革开放史教育的部署要求，展示改革开放历史的史料价值。

这套丛书共有20卷。分别是:《中国特色社会主义市场经济体制形成与发展》《计划投资体制改革》《农业农村改革》《对外开放》《行政体制改革》《财政税收体制改革》《价格体制改革》《经济特区发展》《城市改革与发展》《国有企业改革》《金融体制改革》《教育体制改革》《收入分配改革》《科技体制改革》《外贸体制改革》《商品与要素市场改革》《就业体制改革》《社会保障体制改革》《民营经济发展》《改革开放大事记》，力求从不同领域、不同角度，全面、系统、客观记录我国改革开放40多年的历史进程，重点收录具有重要价值的史料，特别是历史文献、重要人物和事件、实物和口述史料，以期在服务全面深化改革开放事业、加强改革开放史研究和教育中提供参考、发挥作用。

这套丛书的各卷主编和参与者大多是相关领域知名的专家学者，也是我国改革开放的亲历者、见证者。丛书集结了他们长期亲历和研究我国改革开放的重要成果，凝聚了他们对改革开放伟大事业的深厚情怀和责任担当。中国工人出版社对这套丛书的出版给予了大力支持，集全社之力，不舍昼夜，为本书如期付梓出版不辞辛劳；中国（海南）改革发展研究院作为30多年如一日勇立改革开放潮头、以建言改革为己任的改革智库，为此书的策划、组织和出版作出了重要贡献，彰显出改革智库记录好、传播好改革开放历史的初心使命。我作为这套丛书的编委会主任，在此向为本套丛书付出艰辛努力的各位编委会成员、作者，对中国工人出版社的领导、编辑表示由衷的敬意和感谢！

这套丛书内容时间跨度大，涉及领域多，涵盖方面广，力图史料全面、翔实、准确，任务艰巨。由于时间较紧，难免有不足之处，恳请读者批评指正。

魏礼群

2024 年 3 月

前言

我和程锦锥博士经过半年多的努力，书稿终于交给了中国工人出版社，我们身心感觉轻松了许多。

首先要感谢中国（海南）改革发展研究院和中国工人出版社约请我们撰写《价格体制改革》一书。我个人对撰写这本书是乐于承担的，因为我于 1983 年夏调到中国社会科学院财贸经济研究所担任所长后，一直到 1993 年秋离开财贸所的整整十年，主要的研究课题正是中国的价格改革。我同财贸所价格研究室的杨圣明、王振之、温桂芳、李晓西等十多位研究人员，一起做课题，一起写论著，一起参加国家物价局和中国价格学会（现为中国价格协会）等组织的讨论如何推进中国价格改革的活动。大家知道，中国的经济改革，包括价格改革是摸着石头过河的。那时从领导到社会各界，包括理论界，都在积极开动脑筋摸石头探路过河。因此，大家对如何推进价格改革纷纷拿出自认为的最佳方案，各显神通，讨论异常热烈，各种创新的观点层出不穷，真正呈现百家争鸣的局面。可以说，上个世纪八九十年代是中国价格学研究的春天。回忆当年的热烈场面，许多事情仍然历历在目。所以我对撰写那段价格改革史，以及以后延续下来的改革深化史，颇有兴致。

上个世纪八九十年代财贸所价格室参加价格改革的活动，具有十分有利的条件。国家物价部门和领导重视来自科研单位与高校的意见和建议。当时中国价格学会会长是国家物价局局长（先是刘卓甫，1982—1990 年是成致平），而学会秘书长王振之则是财贸所价格室主任，他原来是全国物价委员会的工作人员。上个世纪 80 年代初，中国价格学会几乎每年都召开有上百位物价部门实际工作者和理论工作者参加的研讨会，主要讨论价格改革问题，我和价格室的研究人员几乎每次都参会并常作大会发言。我到财贸所不久后也被选为中国价格学会副会长。可以说，在我担任财贸所所长期间，我和价格室的同志都是参加中国价格改革问题讨论的积极分子，我们的一些关于价格改革的观点和主张，也有一定的社会影响。这就使我对记述那段改革岁月有内在的感情。我离开财贸所后，直到 2015 年退休，并未放弃价格改革问题的研究。由于那时我着重研究经济改革理论和政策问题，我参加多次中央文件起草主要也是执笔写有关经济改革的部分内容，所以仍然经常关注价格改革问题。2018 年，由国家发改委等组织的价格改革四十周年研讨会，我还应邀作了发言。

中国价格改革从改革初期调放结合开启，总的来说是很成功的，其重要标志是，到 2017 年，97%以上的商品和服务价格已放开由市场调节，在理顺价格结构的同时价格水平保持大体稳定，40多年年均CPI上涨率在5%以下，价格的调控体系和法治环境日臻完善。这是党和政府正确领导的结果。同时在实际工作中，决策层也能很好地处理理论与实践的关系。1978年底，党的十一届三中全会作出改革开放决策后，尊重价值规律、利用市场机制搞活经济、改革价格管理体制理顺价格关系，成为社会各界的共识。那么，如何具体推动价格改革呢？三中全会决定提出大幅度提高农产品收购价格，与此同时，主张让价格回到市场交换中形成的呼声也随之而来。很快，决策层接受了调放结合、又调又放的主张。在80年代初期放开部分商品价格的实践中，大家欣喜地发现，一放就活，商品供应迅速改善，从而促使1985年后我国明确以放开价格为主。到1992年党的十四大确立社会主义市场经济体制改革目标时，在社会商品零售环节、农产品收购环节、工业生产资料出厂环节以及在服务行业中，市场调节价的比重均为60%以上。事实充分说明，在其他领域开始明确改革的目标是建立社会主义市场经济体制时，价格领域的市场价格体制已先期初步建立起来了，而且价格改革的成功，市场价格理论的确立，也促成了社会主义市场经济体制改革目标的确立。

上个世纪90年代初市场价格体制的确立，并不意味着价格改革“已过万重山”。随着我国经济的高速增长，到21世纪初，资源和环境的瓶颈问题就凸显了，价格体制不够完善也暴露出来。由于资源和资源品价格长期受政府控制，严重偏低，导致利用效率很低；由于价格形成因素中没有考虑环境损害成本，导致产出过程中的高排放高污染。粗放型经济增长方式的弊端使大家认识到，价格形成不仅取决于劳动消耗和供求关系，还要考虑资源的稀缺程度和环境损害成本。所以，2005 年后，我国价格改革的重点转为推进资源产品价格市场化改革，并不断取得成效。顺便指出，随着实物商品和服务市场化价格改革的推进，生产要素市场化价格改革被日益列入改革议程。由于生产要素价格改革不属本书论述范围，在此不多赘述。

综上所述，中国价格改革随着改革的推进，有力地推动了经济的快速增长和市场的日益繁荣，而中国经济的快速增长也要求价格改革的深化。与此同时，理论与实践也在互动。市场取向的改革理论推动着改革实践，改革和发展的成功实践又要求深化改革理论，以便进一步推动改革的深化和体制的完善。这也充分说明，改革只有进行时，没有完成时；相应地，改革理论也只有进行时，没有完成时。结论是：中国价格改革永远在路上，中国价格改革理论研究也永远在路上。价格改革史料是一本写不完的著作。

以上是我的一点感悟，写出来就教于对中国价格改革问题有兴趣的读者。

张卓元

2024 年 1 月 15 日

目录

第一部分
历程篇

第二部分
史料篇

第一部分

历程篇

总　论

从行政定价体制转变为市场定价体制

▼

放开价格由市场调节，从行政定价体制转向市场定价体制，是中国价格体制改革的主题。解放生产力，推进价格形成机制改革，这也是使社会经济运行从计划主导型转变为市场主导型的关键所在。改革开放以来，我国价格改革进展比较顺利，常常走在经济体制改革前面，对提高各类微观主体活力、带动市场繁荣、促进经济快速增长、提高人民群众生活质量，起到了很大作用。

一、中国价格改革的阶段划分

中国价格改革，如同整个经济体制改革一样，不是一步到位的，而是“摸着石头过河”，逐步推进和深化的。从 1978 年底迄今，中国价格改革大体可划分为以下几个阶段。

（一）1978—1984 年以调整价格为主

改革开放初期，党和政府就高度重视价格改革，采取调放结合的方针，不断出台价格改革举措，动作既早又快。其中，1978—1984 年以调为主，又调又放。中国经济体制改革是从引入市场机制、尊重价值规律开始启动的。刚刚实行改革开放的1979年，国家就大幅度提高农产品收购价格，提价的有18种主要农产品，提价幅度达24.8%，初步纠正工农业产品价格结构严重扭曲状态。[①]提价刺激了农产品增产和农民收入增加，1979年农民由于农产品提价增加收益108亿元。[②]这一举措，同农村实行的家庭联产承包责任制一起，大大刺激了农产品增产。全国还陆续恢复了农村集市贸易，农民可以拿出一部分产品按市场价格在集市出售。

农产品收购价格提高后，国务院从1979年11月1日起，调整了猪肉、牛肉、羊肉、禽、蛋、蔬菜、水产品、牛奶八类主要副食品的销售价格，提价总金额达42亿元，提高幅度为30%左右，同时给职工发放副食品价格补贴，补贴标准为每人每月5元。[③]为了稳定城市居民生活，对于定量供应的粮食、食用油的销售价格保持不变，国家财政同时增加了对经营部门的补贴。

在这一期间，国家对一些重要工业品价格也进行了调整。调高了煤炭、生铁、钢材等产品价格和交通运输价格，如自1983年10月起，铁路货运提价21.6%，同时降低农用薄膜、农用柴油、电子产品、农机产品价格。国家还调整了纺织品价格，主要是1981年11月和1983年初两次调整涤棉布和纯棉布的比价，大幅度降低了涤棉布的价格，适当提高纯棉布的价格，涤棉布和纯棉布的比价从3∶1调整到1.4∶1。[④]

---

① 缪朴：《究竟补5元还是4.5元？——八种副食品提价给职工补贴的故事》，《价格理论与实践》，1997年02期。

② 农业部人民公社管理局：《1977～1979年全国穷县情况》，《农业经济丛刊》，1981年01期。

③ 张卓元：《中国价格改革三十年：成效、历程与展望》，《经济纵横》，2008年12期。

④ 张卓元：《中国价格改革三十年：成效、历程与展望》，《经济纵横》，2008年12期。

国家以调整价格为主的同时，也择机放开了一些商品的价格。1982 年、1983 年、1984 年，国家分三批放开工业品中的小商品价格。产品价格一放开，基本都会有所上涨，这样，刺激生产者增产，市场供应迅速增加，价格也会逐渐稳定下来，各种票证跟着就会逐次取消，充分显示出市场机制神奇的力量。[①] 全国其他城市，都先后效法广州市的做法，整个经济开始活跃起来，市场日益繁荣，百姓得到实惠。

（二）1985 年后以放开价格为主

1. 从以放开价格为主到确立市场价格改革目标模式

党和政府及时总结调整价格和放开价格的经验。1984 年 10 月，党的十二届三中全会通过《关于经济体制改革的决定》，提出“价格体系的改革是整个经济体制改革成败的关键”[②]。把价格改革的重要性提升到前所未有的高度。这一决定作出后，价格改革步伐加快。1985 年 1 月 1 日，《中共中央、国务院关于进一步活跃农村经济的十项政策》规定，从当年起，除个别品种外，国家不再向农民下达农产品收购派购任务，按照不同情况，分别实行合同订购和市场收购。粮食、棉花取消统购，改为合同订购。除此以外，生猪、水产品和大中城市、工矿区的蔬菜，也逐步取消派购。这样，就把多年来对粮油实行的统购加价和超购加价这两种国家定价模

① 张卓元：《中国价格改革目标的较早确立及其影响——纪念价格改革 40 周年》，《价格理论与实践》，2018 年 12 期。

② 《中共中央关于经济体制改革的决定》，北京：人民出版社，1984 年版，第 20 页。

式，改为国家定价和市场价格并存。[1]

1986年，国家全部放开小商品价格，并放开自行车、电冰箱、洗衣机、黑白电视机等七种主要工业消费品价格，扩大了消费品市场调节价的范围。

1987年10月，党的十三大报告明确提出，“要逐步建立少数重要商品和劳务价格由国家管理，其他大量商品和劳务价格由市场调节的制度”[2]。这实质上是要建立市场价格制度，并以党的文件明确中国价格改革的目标模式。1987年市场价格改革目标的确立，比1992年党的十四大确立社会主义市场经济体制改革目标，整整早了5年。这正是改革开放初期中国价格改革常常走在整个经济体制改革前面的主要原因。

2．1984—1991年工业生产资料价格实行双轨制

中国工业生产资料在同一时间、地点存在计划内价格和计划外价格的双轨制是从1984年开始正式实施的。1984年5月10日，国务院规定：工业生产资料属于企业自销的（占计划内产品的2%）和完成计划后的超产部分，一般在不高于国家定价20%幅度内，企业有权自定价格，或由供需双方在规定的幅度内协商定价。[3]1985年1月24日，国家物价局、国家物资局又通知，工业生产资料属于企业自销和完成国家计划后的超产部分的出厂价格，

① 《中共中央、国务院关于进一步活跃农村经济的十项政策》，《人民日报》，1985年3月25日。

② 《沿着有中国特色的社会主义道路前进——在中国共产党第十三次全国代表大会上的报告》，《人民日报》，1987年11月4日。

③ 《国务院关于进一步扩大国营工业企业自主权的暂行规定》，《中华人民共和国国务院公报》，1984年10期。

取消原定的不高于国家定价 20%的规定，可按稍低于当地的市场价格出售，并参与市场调节。从此，双轨价就变为合法化和公开化。

我国工业生产资料价格走上双轨制道路是实行渐进式改革不可避免的选择，是从高度集中的行政命令经济向社会主义市场经济体制平稳过渡的一种有效途径，以此使市场机制逐步渗入经济运行中。这对当时市场经济不发达、市场发育很不成熟的中国来说，是合乎逻辑的。

1985 年后，我国工业生产资料实行双轨制价格的产品种类迅速扩大，很快遍及几乎所有产品，成为我国价格改革过程中最具特征性现象。在我国，同一种农产品价格双轨制是长时期存在的。在农产品价格全部放开由市场调节前，农民根据规定按牌价向国家交售农产品，同时还可以把剩余的部分在集市上销售，集市价格一般大大高于国家牌价。工业消费品价格在改革开放初期，国家就从小商品开始逐步放开，实行不普遍的双轨价。工业生产资料则不同，据 1988 年统计，在重工业品出厂价格中，按国家定价包括地方临时价格销售的比重，采掘业产品为 95.1%，原材料产品为 74.6%，加工工业产品为 41.4%。国家定价外销售的部分，一般实行市场调节价。另据 1989 年国家物价局对 17 个省、市、自治区的调查，企业按计划购进的生产资料占全部消费额的比重，以实物量计算约为 44%，以金额计算仅占 28%，其中煤炭的计划调拨数量为 45.4%，钢材为 29.7%，木材为 21.7%，水泥为 15.5%。[①]

中国的改革实践表明，双轨制价格的利弊都很明显。双轨制价格在物资普遍短缺的情况下，能刺激紧缺物资的增产，鼓励超计划

① 蔡昉等:《中国经济改革与发展（1978—2018）》，北京：社会科学文献出版社，2018 年版，第 118 页。

的生产，满足计划照顾不到的非国有经济包括乡镇工业企业的原材料等需要，有助于调剂余缺、调节流通，有利于了解市场供求关系的变化和正常的比价关系。而双轨制价格又常常在利益驱动下影响供货合同履行，不利于增强一部分承担计划任务较多的大中型企业的活力，往往又助长非法投机倒卖、营私舞弊等行为。一些历史数据显示，如果双轨价差不那么显然，即市场价格高出计划价格一倍以内，双轨价的积极作用可以发挥得充分一些；而如果双轨价差很大，即市场价格高出计划价格一倍以上，双轨价的消极作用就较为突出。另外，双轨价只能短时间利用，不能持续时间过长。

工业生产资料双轨价差主要受供求关系影响。1985 年，在过旺的投资需求拉动下，许多产品供不应求。到 1988 年底，双轨价差已远超一倍。

当时，由于双轨价差很大，造成市场秩序混乱，人们热衷于倒卖工业生产资料，追逐流通利润，以权谋私活动猖獗。所以，要求取消工业生产资料价格双轨制的呼声很高。

1990 年和 1991 年，由于国家实行治理整顿、紧缩经济政策见效，宏观经济环境好转，供求矛盾缓和，工业生产资料市场价格回落，双轨价差逐步缩小，普遍回落至高出计划价格一倍以内。这样的经济环境表明，工业生产资料价格双轨制并轨的条件已经具备。1992 年，国家物价局重新修订和颁布中央管理价格的分工目录。其中，重工业生产资料和交通运输价格由 1991 年的 47 类 737 种减少为 89 种（国家定价的 33 种，国家指导价的 56 种），一次放开近 600 种。[①] 使

① 《国家物价局及国家有关部门分工管理价格的重工商品和交通运输目录（1992 年本）》,《中国物价》，1992 年 11 期。

绝大部分工业生产资料双轨价立时并为市场单轨价，工业生产资料价格画上了一个圆满的句号。

3．1988年“价格闯关”失败及其原因

改革开放后，国家实施的一系列调整价格和放开价格的举措成效明显，不仅大大推动了工农业生产的快速增长，而且增强了整个社会的经济活力，市场日趋繁荣。20世纪80年代的中国经济快速增长，逐年提高。与此同时，价格改革任务日益突出。

1984年10月，党的十二届三中全会一致通过《关于经济体制改革的决定》，明确社会主义经济是公有制基础上的有计划的商品经济。1987年10月，党的十三大报告提出了“逐步建立起有计划商品经济新体制的基本框架”的任务。[①] 1988年，中央多次提出要建立社会主义商品经济的新秩序。这些都要求深化价格改革，理顺价格关系。

1988年5月，国家决定放开4种主要副食品的零售价格。7月16日，国家决定对13种名烟名酒放开价格。从这一通知发布当天起，全国各大城市就出现了抢购名烟名酒的风潮。随后，全国范围内很快就出现挤兑银行存款和抢购商品的风潮。这次抢购风潮的特点是：来势凶猛，波及面大，自1988年8月中旬在少数地方掀起后迅速蔓延，并且持续时间长，抢购商品范围广、数量大。与此同时，物价上涨速度加快。

针对上述经济运行中出现的不正常现象，1988年9月26日至30日，在党的十三届三中全会上，批准了中央政治局提出的治理

① 《沿着有中国特色的社会主义道路前进——在中国共产党第十三次全国代表大会上的报告》，《人民日报》，1987年11月4日。

经济环境、全面深化改革的方针、政策和措施，并着手稳定经济和市场。在此之前的 8 月 30 日，国务院已明确宣布此后 4 个月不会有新的调价措施出台。所以，原定的价格改革方案推迟实施。

1988 年“价格闯关”失败的最重要教训是，在通货膨胀抬头的时候，价格改革是难以顺利进行的。1988 年，各方面都预计当年物价上涨率将会达到甚至超过 10%，中国百姓在心理上也已存在通货膨胀预期，1988 年 3 月就已经刮起了第一次抢购肉、蛋、糖等副食品的狂潮，这样的宏观经济环境是不宜“价格闯关”的。

决策层对价格改革必要性、紧迫性的认识抓住了要害，但对“价格闯关”的条件，以及当时已抬头的通货膨胀估计不足，对广大群众能否承受幅度较大的物价上涨研究不够充分。这次“价格闯关”的失败，为以后中国价格改革积累了宝贵的经验。

4．1992 年后初步形成市场价格体制

随着 1985 年开始的以放开价格为主的价格改革，价格的市场化进程发展迅速。1990 年，在社会商品零售总额中，市场调节价比重已过半数。到 1992 年，市场调节价比重在商品零售环节已占 93%，在农产品收购环节接近 82%，在工业生产资料出厂环节接近 74%。[①] 中国的服务价格市场化改革也快速推进。市场调节价比重已占优势。在其他领域明确建立社会主义市场经济体制时，商品价格领域的市场价格制度已先期初步建立起来了。

---

① 成致平：《价格改革三十年（1977—2006）》，北京：中国市场出版社，2006 年版，第 163 页。

（三）进入新世纪特别是党的十八大后，着力推进资源产品价格市场化改革

2005 年，党的十六届五中全会发布的《关于制定国民经济和社会发展第十一个五年规划的建议》，又一次提出了我国必须转变经济增长方式的重大任务。其原因是：经过改革开放后 20 多年经济的高速增长，资源和环境的“瓶颈”制约越发突出。

我国要建设资源节约型、环境友好型社会，形成节能、节地、节水、节材的生产方式和消费模式，就必须深化资源产品价格市场化改革，使它们的价格能很好地反映市场供求关系、资源稀缺程度和环境损害成本。并逐步提高其价格，用价格杠杆迫使生产企业和消费者节约和高效使用资源，提高资源利用效率，治理环境污染。

自 2005 年起，特别是 2013 年党的十八届三中全会以后，资源产品价格市场化改革逐步展开。

党的十八届三中全会提出，“完善主要由市场决定价格的机制”[①]。2015 年 10 月，中共中央、国务院发布《关于推进价格机制改革的若干意见》（以下简称《意见》），对如何更好地落实三中全会决定关于深化价格改革部分作了具体部署。《意见》明确指出，“到 2017 年，竞争性领域和环节价格基本放开，政府定价范围主要限定在重要公用事业、公益性服务、网络型自然垄断环节；到 2020 年，市场决定价格机制基本完善，科学、规范、透明的价格

① 《中共中央关于全面深化改革若干重大问题的决定》，北京：人民出版社，2013 年版，第 12 页。

监管制度和反垄断执法体系基本建立，价格调控机制基本健全”。《意见》明确了此后六大重点领域价格改革方向，即完善农产品价格形成机制，加快推进能源价格市场化，完善环境服务价格政策，理顺医疗服务价格，健全交通运输价格机制，创新公用事业和公益性服务价格管理。[①]

此后，各方迅速行动，进一步落实深化价格改革措施。具体包括：农产品价格形成机制不断完善，政府确定的烟叶收购价格于2014年放开后，全部农产品价格都由市场竞争形成。棉花、大豆逐步推行目标价格。煤炭价格放开由市场调节。成品油市场化价格形成机制逐步完善，成品油价格与国际市场原油价格挂钩，但设置了成品油价格调控的上下限，并逐步简化调价操作方式。放开液化石油气出厂价格。到2017年，我国已全面完成省级电网输配电价改革，市场交易电量占到电网企业销售电量的23%左右。理顺了非居民用天然气价格，占消费总量80%以上的非居民用气价格主要由市场主导形成。长输、短输、配气等天然气全产业链和输配电价格科学化、精细化监管框架基本建立。[②]

居民阶梯价格制度顺利推进，居民阶梯电价制度、水价制度、气价制度普遍实施。各地还合理调整水资源费、排污费、污水处理费等资源环保价格，对高耗能、高污染和产能严重过剩行业实行差别电价、水价和排污费收费标准，促进节能减排、结构调整和转型

① 《中共中央国务院关于推进价格机制改革的若干意见》，《人民日报》，2015年10月16日。

② 《价格改革进入关键阶段》，《经济参考报》，2017年10月17日。

升级。[1] 同时，加强对价格收费违法违规行为和垄断大案要案的查处力度。例如，从 2013 年 11 月起，我国政府对高通公司滥用市场支配地位行为进行查处，开出了 60 多亿元的高额罚单，引起较大反响。[2]

2020 年 3 月，经国务院批准，国家发改委对 2015 年版《中央定价目录》进行修订，修订后的定价项目缩减近 30%，自 2020 年 5 月 1 日起施行。修订后的《中央定价目录》主要包括输配电、油气管道运输、基础交通运输、重大水利工程供水、重要邮政服务、重要专业服务、特殊药品及血液等 7 类 16 项。[3] 政府定价范围按照党的十八届三中全会决定，主要限定在重要公用事业、公益性服务、网络型自然垄断环节。从 2017 年起，我国商品和服务市场调节价的比重超过 97%。[4]

随着价格改革的深化，一系列规范各类市场主体价格行为的法律规章陆续出台，其中最为重要的有：1993 年颁布的《中华人民共和国反不正当竞争法》《中华人民共和国消费者权益保护法》、1998 年颁布的《中华人民共和国价格法》、2001 年颁布的《关于整顿和规范市场经济秩序的决定》、2007 年颁布的《中华人民共和国反垄断法》等。这些法律、法规都是引导社会主义市场经济活动走上法治轨道的重要举措。

---

① 《中共中央国务院关于推进价格机制改革的若干意见》，《人民日报》，2015 年 10 月 16 日。

② 胡祖才：《纵深推进价格改革提高价格监管水平 以优异的价格工作实绩迎接党的十九大胜利召开》，《价格理论与实践》，2017 年 01 期。

③ 《中央定价目录》，《中华人民共和国国务院公报》，2020 年 15 期。

④ 于祥明：《新版〈中央定价目录〉颁布市场调节价比重超 97%》，《上海证券报》，2020 年 3 月 17 日。

二、中国价格改革的结论与经验

（一）从价格改革历程得出的若干结论

1．从实际效果来看，中国价格改革的推进已经取得巨大成功

经过40多年的改革开放，市场价格制度已经建立，并根据新时代高质量发展和全面建设现代化经济体系的需要不断完善。取得巨大成功的主要原因有两点：一是坚持了市场化改革方向，由于改革开放初期试着放开价格很快搞活了市场与经济，使得党的十三大报告基本明确价格改革的目标是建立市场价格制度，并一直坚持下来。二是采取逐渐推进的策略。国家首先主要放开商品和服务的价格，然后着重推进资源产品价格的市场化改革，最后推进生产要素价格的市场化改革。这就使得价格改革与市场发育息息相关，同逐步构建现代市场体系紧密结合。

2．着重进行价格形成机制改革，以此促进价格体系合理化

价格改革包含价格形成机制改革和价格体系、价格结构合理化两方面。改革初期，人们就逐步认识到，仅仅靠行政力量调整价格来理顺已相对扭曲的价格体系和价格结构是十分困难的。每次对不合理的价格结构进行调整，不仅费时费力，而且由于时过境迁，原来以为已经理顺了的价格结构很快又变得不合理了。因此，下决心主要从改革价格形成机制入手，让价格在市场交换中形成，最终由市场决定，而不再由行政部门制定和调整，包括拒绝按计算价格、理论价格、影子价格*来调整价格。由市场决定和调节价格是市场经济活动的一般条件，社会主义市场经济也是如此。正是由于找对了着力点，使价格改革的总体推进比较顺利。

* 影子价格的概念是20世纪三四十年代由荷兰经济学家詹恩·丁伯根和苏联经济学家康托罗维奇分别提出的。指依据一定原则确定的，反映市场供求状况资源稀缺程度、使资源得到合理配置的价格。

3．价格改革要排除通货膨胀的干扰，才能顺利进行

价格改革的难点和主要矛盾是：如何在保持物价总水平大体稳定的条件下推进价格改革。20 世纪 80 年代，经过广泛讨论与研究，大多数人已基本达成共识：在推进价格改革过程中，稳定物价的方针不能轻易放弃。那么，就要排除通货膨胀的干扰，因为在物价上涨率超过 5%，甚至是达到两位数的情况下，价格改革是很难推进的。改革开放 40 多年来，中国先后出现过两次严重的通货膨胀，都因治理及时有力，在很短的时间内就被克服了，从而没有对我国的价格改革进程造成过大的负面影响。回望和总结我国的价格改革，总体来讲是比较顺利、成功的。

（二）中国价格改革的成功经验

从 1978 年开始，我国 97%的商品和服务价格已放开由市场调节，政府定价已基本上限定在重要公用事业、公益性服务、网络型自然垄断环节，规范市场主体价格行为的法律规章已逐步建立，适应高质量发展要求的价格政策体系逐步形成。总的来看，价格改革和相关举措极大地激发了市场主体活力，促进了市场日益繁荣昌盛，有力促进了民生改善，不断提高资源配置效率；助力产业结构优化升级，推动经济社会绿色转型。中国价格改革能够取得如此巨大的成功，其中有很多经验值得总结。

1．党和政府高度重视，顶层设计科学有效

改革开放后，党和政府一贯重视价格改革，从中国国情出发，精心设计，积极推动，逐步深化。1978 年底，党的十一届三中全会就专门强调要提高农产品价格。改革开放初期，党和政府调整突出的不合理比价差价关系，试行放开小商品和鲜活农产品价格，使国民经济开始活跃起来。1984 年，党的十二届三中全会通过《关于经济体制改革的决定》，对价格改革的重要性提升到决定整个经济体制改革成败关键的高度。1987 年，党的十三大确立市场价格体制作为价格改革的目标。2005 年，党的十六届五中全会提出，建立反映市场供求状况和资源稀缺程度的价格形成机制。2007 年，党为十七大报告首次将环境损害成本纳入价格形成机制中。

党的十八大以后，随着开启全面深化改革新征程，价格改革的步伐也在加快。2013 年，党的十八届三中全会提出完善主要市场决定价格的机制。为落实十八届三中全会决定精神，2015 年 10 月，中共中央、国务院出台了《关于推进价格机制改革的若干意见》（以下简称《意见》），明确到 2017 年竞争性领域和环节的价格要基本放开，政府定价主要限定在重要公用事业、公益性服务和网络型自然垄断环节。[①]《意见》坚持问题导向，突出重点，着力深化重点领域价格改革，提出了农产品、能源、环境、医疗、交通运输、公用事业和公益性服务六大领域价格改革任务；建立健全政府定价制度，对极少数保留的政府定价要推进政府定价项目清单化，建立清晰、规范、公开、透明的工作程序，主动接受社会监督；加强市场价格监管和反垄断执法，规范经营者价格行为，维护公平竞争环境；充分发挥价格杠杆作用，保持价格总水平基本稳定，促进产业结构调整，更好服务宏观调控等。[②]

中国价格改革正是在党和政府科学的顶层设计指引下，一步步推进和深化的。价格改革和其他改革紧密配合，有力地促进了整个

---

① 《中共中央国务院关于推进价格机制改革的若干意见》，《人民日报》，2015 年 10 月 16 日。
② 《中共中央国务院关于推进价格机制改革的若干意见》，《人民日报》，2015 年 10 月 16 日。

国民经济的活跃和发展。这充分说明，党和政府的正确决策和强力推动是中国价格改革取得成功的首要因素。

2．逐步推进，不搞一次到位

中国从1978年底开始的经济体制改革，并没有现成的经验可以参考，而是“摸着石头过河”，边改革边探索前进。中国的价格改革也是如此，它是从解决当时最突出的问题入手，边改革边探寻积极而又稳妥的方案，逐步向前推进的。改革的决策者拒绝“一步到位”的建议，拒绝“管住货币一次放开价格”的主张，从而做到了在大体稳定物价总水平的基础上推进市场化价格改革。[①]

中国在推进价格改革之初，就明确了调放结合、先调后放的方针。解决原来价格结构严重扭曲的问题，需要先采取计划调整的方法，初步理顺价格关系，然后才能在较大范围内放开价格，尽可能地控制价格变动对人们利益关系的影响。

我国改革过程还涉及同国际市场价格接轨的问题。改革开放初期，我国经济发展水平很低，1978年，全社会就业人员人均GDP仅为世界平均水平的10%。[②] 当时显然尚不具备完全同国际市场价格挂钩的条件，否则受国际市场价格波动影响，在国家经济实力还不够雄厚时经济运行容易受到国际资本势力冲击。随着改革开放的推进，我国经济迅速腾飞，2010年已成为世界第二大经济体。利用发达国家劳动密集型产业向外转移的机会，建立在劳动力成本优

---

① 陈乐一:《价格改革的基本思路：管住货币，放开价格，以基础产品价格为突破口》,《价格月刊》，1992年12期。

② 赵德鑫:《中国近现代经济史（1949—1991）》，厦门：厦门大学出版社，2017年版，第402页。

势基础上的大规模出口和外向型发展，成为我国经济持续快速增长的重要推动力。我国快速成为世界贸易大国。我国经济和对外贸易快速增长，对外开放不断扩大，经济融入全球化进程加快，要求我国商品和服务的价格要逐步同国际市场价格接轨。2001 年，我国加入世界贸易组织（WTO），对外开放进入崭新阶段，更加速了这一进程。正如党的十八届三中全会决定指出的，“适应经济全球化新形势，必须推动对内对外开放相互促进、引进来和走出去更好结合，促进国际国内要素有序自由流动、资源高效配置、市场深度融合，加快培育参与和引领国际经济合作竞争新优势，以开放促改革”[①]。所以，越来越多的产品和服务同国际市场价格挂钩，已是大势所趋，也是我国价格改革的新要求。

3．着力通过价格形成机制改革推动价格体系合理化

中国价格改革包括价格体系改革和价格形成机制改革两部分。改革开放前，在传统的社会主义经济体制下，实行的是高度集中的、以行政管理为主的计划价格体制，或称为行政定价体制。行政定价必然使商品价格僵化，不能灵活地随着市场供求关系和资源稀缺程度的变动而变动，使价格关系扭曲，比价差价不合理。由于价格形成的高度行政化、计划化，排斥市场机制的作用，商品价格一旦确定，几年十几年不变，市场供求关系的变动很难在计划价格的制定和调整中得到反映。还有，国家不可能频繁调整价格，市场上有几十万甚至上百万种商品，根据改革开放前的经验，一些商品调整一次价格要经历三四年的时间。这样，完成调整价格已时过境

① 《中共中央关于全面深化改革若干重大问题的决定》，北京：人民出版社，2013 年版，第 25–26 页。

迁，完全不能适应瞬息万变的供求关系。所以，只依靠行政手段进行价格调整是永远不可能理顺价格关系的。

总之，进行价格改革，目的是改革不合理的价格体系和结构，理顺扭曲的价格关系。而要做到这一点，最根本的方法则是改革价格形成机制，实现从行政定价到市场定价的转变。通过价格形成机制的转换，一方面把扭曲的价格关系理顺，形成合理的价格结构；另一方面保证价格在比较合理的轨道上变动，根据劳动生产率、供求关系的变化等自动进行调节。

4．既要理顺价格关系，又要稳定物价水平

中国价格改革的最大难题在于：既要通过价格管理体制转换理顺价格关系，又要稳定物价水平。妥善处理价格关系和稳定物价水平的关系，在保持物价总水平大体稳定下逐步深化市场化价格改革。这是我国推进价格改革的又一重要成功经验。

在传统体制下，由于严格的行政管制，我国农产品价格、初级产品价格和一些服务收费长期被压得很低。价格体系改革就是要改变这种状况，着重提高上述产品的价格。这样，在理顺价格关系的过程中，物价总水平有一定幅度的上涨是不可避免的。因此，进行价格改革要打破传统的稳定物价就是冻结物价，物价总水平越是不动就越好的观念。逐步树立商品市场经济价格经常变动、物价总水平一般会有所上升的新观念。

在价格改革过程中，无论是调整价格还是放开价格，如果物价总水平上涨限于理顺的比价差价关系，其上涨率不会太高。而且，这种上涨是经过几年，甚至十几年才实现的，其年度上涨率可控制在 5%左右，这样就可以在保持物价总水平基本稳定的情况下推进价格改革。我国 40 多年的价格改革历程，基本把握住了这一关键环节。

从中国价格改革进程来看，1988年以前，我国价格改革过程中物价水平的上涨，可以说主要是通过对原来不合理的价格结构进行调整引起的，即主要是结构性的物价上涨；1988—1995年，我国的物价上涨，除了继续包含结构性物价上涨因素之外，较多是由通货膨胀所致，而且需求拉动型的物价上涨迹象十分明显，同时，还夹杂着一部分成本推动型物价上涨*。

* 成本推动型物价上涨包括工资增长速度超过劳动生产率增长速度引发的工资成本上升，以及进口原材料价格上涨引发的成本上升。

物价的持续过快上涨会对人们产生心理压力，使企业不是致力于改进技术，改善经营管理，提高生产效益，而是把精力放在囤积居奇，倒买倒卖，竞相提价，甚至利用垄断、特权和价格欺诈等手段追求大量流通利润上，使公众产生通货膨胀预期，挫伤群众储蓄的积极性，造成物资抢购、冲击市场等行为。另外，物价上涨过快也影响价格改革的深化，使原定的价格改革方案难以出台。如1987年的钢材调价方案和1988年的物价与工资改革方案，国家因为考虑风险过大，担心影响社会稳定，不得不放慢之后价格改革的步伐。1993—1995年，物价大幅度上涨，导致一段时间以来利率双轨价差显著增大，市场利率高出国有银行利率一倍以上。金融体制改革难以深化，政策性金融与商业性金融难以分离，专业银行企业化经营进程受阻。

如果在改革过程中出现了通货膨胀，那么理顺价格关系和稳定物价水平的矛盾就会越发尖锐。一次又一次的历史教训使人们认识到，深化价格改革要尽可能排除通货膨胀的干扰，而如果已经出现通货膨胀，就要及时治理，抑制其发展势头。不能企图用通货膨胀刺激经济快速增长。只有这样，才能为价格改革创造良好的环境。

中国改革的实践证明，理顺价格关系和稳定物价水平的矛盾，在很大程度上规定和制约着价格改革过程中出现的其他矛盾，诸如价格与财政的矛盾、物价与工资的矛盾、国内价格水平与人民币汇率的矛盾、价格双轨制的矛盾等。这些矛盾一旦遇到通货膨胀，就极易陷入“物价—补贴—税收”的怪圈，出现物价、工资与财政补贴轮番上涨，国内价格水平上升同人民币汇率下跌的恶性循环，以及双轨制价差进一步拉大等一系列问题。中国在价格改革过程中，原则上拒绝采取通货膨胀的政策，上述问题即使在历史上短暂出现过，也及时地得到妥善治理，从而使改革的进展较为顺利。这也是中国价格改革取得成功的极其宝贵的经验。

5．依法治价，完善监管

放开价格由市场调节，并不是对市场主体的价格行为放任自流。首先，还有重要的公用事业、公益性服务、网络型自然垄断环节等属于政府定价范围，不能完全放开由市场调节。其次，大量市场主体的价格行为需要规范有序，不能搞价格欺诈、哄抬物价、价格歧视、串通定价、低价倾销等。政府的一个重要职责就是维护公平竞争的市场秩序，依法规范市场主体，包括政府自身的定价行为。

我国规范市场主体价格行为的法律规章主要有1998年颁布实施的《价格法》和2008年实施的《反垄断法》，还有《价格违法行为行政处罚规定》《价格行政处罚程序规定》《禁止价格欺诈行为的规定》《关于商品和服务实行明码标价的规定》《价格违法行为举报处理规定》等行政法规和部门规章。

2021年6月，国家发改委出台了《关于“十四五”时期深化价格机制改革行动方案的通知》，提出“到2025年，竞争性领域和环节价格主要由市场决定，网络型自然垄断环节科学定价机制全面确立，能源资源价格形成机制进一步完善，重要民生商品价格调控机制更加健全，公共服务价格政策基本完善，适应高质量发展要求的价格政策体系基本建立”[①]。

依法治价是贯彻落实党的全面推进依法治国重大方略的必然要求。政府通过制定相关的法律规章加强监管，在价格改革的过程中，鼓励公平、公开、合法的市场竞争，严格依法制定合理的价格调控目标，在价格发生异常波动的时期，坚持依法使用价格调控手段，避免价格波动造成对经济发展的制约。

① 《国家发展改革委关于“十四五”时期深化价格机制改革行动方案的通知》，国家发改委网站，2021 年 5 月 25 日。

第一章

1978—1984 年以调整价格为主的改革

▼

改革不合理的价格体系和价格管理体制成为中国价格改革的主要内容。党的十一届三中全会决定进行经济体制改革的同时，指出应当重视价值规律的作用。改革开放的大幕徐徐拉开。在各种因素的综合作用下，价格改革正式启动。

第一节　改革开放前价格体制的弊端和价格结构的扭曲

我国改革开放前，在价格领域，与实行传统的计划经济体制相呼应，实行行政定价体制。数以万计的商品几乎均由政府制定和调整。工业基础品价格偏低，造成一般工业品的物化劳动耗费失真；农副产品价格倒挂和公用事业收费偏低，使活劳动耗费计量不全。而不合理的价格管理体制不仅不能缓解反而助长了价格体系的紊乱，在某些方面已经到了积重难返的地步，这是我国价格改革的现实起点。[①]由于不能及时反映劳动消耗和供求关系的变化，导致价格结构扭曲。这也是价格体制和价格体系亟须改革的原因。

一、传统价格体制的弊端

改革开放前，我国实行的是传统的高度集中的计划经济体制。在价格方面，则实行高度集中的行政定价体制。这种体制，在新中国成立初期，曾起到一定的积极作用。但随着经济的增长，高度集中的行政定价体制逐渐暴露弊端。

（1）形式单一。价格形式是近乎单一的固定计划价格，全国范围内浮动价格很少，自由市场价格更少。党的十一届三中全会召开之前，在全社会消费品零售总额中，政府直接定价的比重达97%，政府指导价为零，自由市场价格仅占3%；在全社会农产品收购价格总额中，政府直接定价的比重占92.2%，政府指导价占2.2%，自由市场价格仅占5.6%；全社会工业品出厂价格总额中，政府直接定价几乎占100%。[②]

（2）决策集中。定价权主要由中央掌握，地方政府定价权很少，企业自身基本上没有定价权。在1973年制定的《价格管理目录》中，中央管理的农产品收购价格达113种（类），工业品出厂价格达1086种（类），消费品价格达138种（类）。中央管理的价

① 华生、何家成、蒋跃、高梁、张少杰：《论具有中国特色的价格改革道路》，《经济研究》，1985年02期。

② 成致平：《价格改革三十年（1977—2006）》，北京：中国市场出版社，2006年版，第15页，第158页。

格约占全社会各类商品流通总额的 70%。①

（3）行政制定价格。价格不是在市场交换中通过竞争形成的，而是通过行政办法制定的。各类价格按照行政隶属关系，经过层层报批制定，并通过行政法令颁布，借助行政手段加以实施。各级政府在制定价格过程中，遵循的是“计划第一、价格第二”的原则，价值规律、供求规律等价格形成的一般规律，长期被排斥或置于从属地位。

（4）运行呆滞。不少价格“多年一贯制”，甚至“一价定终身”，不能随产品的生产成本和市场供求的变化灵活调整。例如，平信邮资，市内 4 分，外埠 8 分，是新中国成立初期定的，直到 1989 年调价前，近 40 年未动；铁路客运票价自 1953 年统一、1955 年微调后，直到 1978 年，23 年未作调整；居民口粮口油销售价格，1965 年微调后直到 1991 年，26 年未作调整，而其间收购价格已多次调整；猪肉全国平均每 500 克 0.81 元的价格，从 1965 年至 1979 年 14 年没有变化；火柴 2 分钱一盒也是几十年不变；等等。这些情况数不胜数。②

（5）功能畸形。价格本来是最有效的调节手段，但在过度集中的计划价格体制下，只是被作为核算的工具，甚至不是真正经济意义上使用的核算工具。价格所固有的配置资源、平衡供求、分配利益等基本职能受到限制和破坏。这些职能往往只能通过种种变形

① 叶红昕、江明星、贾春燕、刘勇：《农产品收购价格管理探析》，《价格月刊》，1987 年 03 期。

② 刘巍、王若阳：《对新中国以来物价走势的实证分析》，《统计与决策》，2006 年 13 期。

的、隐蔽的形式存在并常常发挥着“逆调节”的作用。[①]

二、计划经济体制下价格结构的扭曲

在计划经济体制下，由于实行的是行政定价，各种商品和服务的价格不能很好地反映劳动消耗和市场供求关系的变化，致使价格体系不合理，价格结构扭曲。

（1）工农业产品价格存在“剪刀差”。农产品价格偏低，工业品价格偏高，农民向国家和社会提供大量的剩余产品，严重影响农民收入和生活水平的提高。关于测算工农业产品价格“剪刀差”的具体方法，当时国家物价总局*研究室提出了两种算法：第一种是利用计算工业和农业部门消耗的劳动数量，计算工业品和农产品价值的方法；第二种是用工业、农业平均的积累率计算工业品和农产品价值的方法。按照这两种方法，计算的结果很接近。以1975年与1977年的比较为例，1975年，我国农产品价格低于价值的百分比，在25%—30%；工业品价格高于价值的百分比，在15%—20%。再以1977年的国民经济统计资料进行估算，同1975年的情况差别很小，农产品价格低于价值的百分比（按三个农业劳动力等于一个工业劳动力计算），1975年为29.2%，1977年为29.4%；工业品价格高于价值的百分比，1975年为15.54%，1977年为14.2%。由此可以判断，1975年农民少收入多支出217亿元，约占

* 1981年6月，国务院将国家物价总局从原国家计委中独立出来，直属国务院领导，随后将其改名为国家物价局。

① 马凯：《中国价格改革20年的历史进程和基本经验》，《价格理论与实践》，1999年01期。

当年国家财政收入的27%、农业净产值的22%。[1] 与此同时，国家物价总局还对我国粮食收购价格同国际上的粮食价格进行了比较。对比的结果是：1976年每百公斤小麦的生产者价格（相当于我国的收购价格），欧洲各国平均为13.20—19.90美元，美国、加拿大平均为10.50—12.10美元，而我国仅为8.22美元；再以玉米的生产者价格进行比较，意大利为16.20美元，美国为9.10—10.00美元，我国则为5.56美元。由此可以看出，当时我国的粮食价格明显偏低。[2]

如果以一个工业劳动力创造的价值平均相当于两个农业劳动力创造的价值计算，1977年，农产品价格低于价值的幅度，达到41.1%，高于1957年的38.8%和1952年的22.6%，而工业品价格高于价值的幅度，1977年则为28.5%。据此计算，1977年农民交售农产品少得288.2亿元，购进农业生产资料多支付57.4亿元，购买生活消费品多支付107.8亿元，加上当年农业税29亿元，共向国家提供资金达482.4亿元，相当于当年国家财政收入的一半。[3] 即使按一个工业劳动力创造的价值平均相当于三个农业劳动力创造的价值计算，1977年，农产品价格低于价值的幅度，仍达34.03%，而工业品价格高于价值的幅度为19.6%。据此计算，1977年农民交售农产品少得213亿元，购进农业生产资料多支付42亿

---

① 成致平：《价格改革三十年（1977—2006）》，北京：中国市场出版社，2006年版，第15页，第17-18页。

② 成致平：《价格改革三十年（1977—2006）》，北京：中国市场出版社，2006年版，第13页。

③ 张卓元：《社会主义价格理论与价格改革》，北京：中国社会科学出版社，1987年版，第118-119页。

元，购买生活消费品多支付80亿元，加上当年农业税29亿元，农民总计向国家提供资金364亿元，为当年国家财政收入的三分之一以上。[①]农业生产经济效益低下，农业生产率长期停滞，使农产品的供给制约成为工业化进程中的重要瓶颈。

从1957年到1978年党的十一届三中全会之前，国家农副产品收购价格有所提高，而工业品价格基本上没有提高，工农业产品价格"剪刀差"反而有所扩大。究其原因，在这期间，工农业劳动生产率提高的速度有较大差别。据统计，1978年，我国农副产品收购价格比1957年提高了41.8%，而农村工业品零售价格则降低了2%，但是，由于这一时期工业劳动生产率提高了75%左右，而农业劳动生产率只提高15%，将上述价格和价值两方面的变化进行综合计算，使得这一时期工农业产品价格"剪刀差"实际上有所扩大。[②]

（2）工业品价格结构扭曲严重。不同工业行业的资金利润率差距悬殊。计划价格体系的不合理对国民经济计划执行的影响更为明显。一方面，价低利微和亏损的产品尽管市场供不应求，企业也不愿意接受生产计划，价高利大的产品，尽管社会需求量已经饱和，甚至出现周转库存积压，企业往往还要突破计划的控制，盲目发展，甚至一哄而上，这些商品的价格结构，不仅不能使企业适应社会需要调整生产，反而导致国民经济比例更加失调。另一

① 李炳坤编著：《工农业产品价格剪刀差问题》，北京：农业出版社，1981年版，第49–50页

② 张卓元：《社会主义价格理论与价格改革》，北京：中国社会科学出版社，1987年版，第119页。

方面，计划价格不能反映真实的生产产品的社会必要劳动时间，一些部门的经济效益被夸大，一些部门的经济效益被缩小，严重影响企业和职工的生产积极性，在实行利润留成的情况下，矛盾更加尖锐。以 1978 年部分工业企业为例，如果以平均利润水平为 100 来衡量，那么，煤炭行业的利润水平按工资利润率计算仅为 5.9，比平均水平低 94.1 个百分点，按成本利润率计算仅为 18.5，比平均水平低 81.5 个百分点，按资金利润率计算仅为 11.5，比平均水平低 88.5 个百分点；而轧钢行业的利润水平按工资利润率计算为 504.2，比平均水平高 404.2 个百分点，按成本利润率计算为 130.7，比平均水平高 30.7 个百分点，按资金利润率计算为 573.0，比平均水平高 473.0 个百分点。① 再以 1966—1976 年的工业经济效益统计为例，每百元固定资产实现利润从 32.7 元下降至 17.2 元，每百元全部资产实现利润从 24.9 元下降至 11.4 元，全部资金与销售收入的比例从 1.51 下降为 0.87，每百元工业产值占用流动资金从 23.5 元增加至 36.9 元。② 从这些数据都可以看出，生产成本在不断攀升，经济效益却在大幅度下降。显然，利润水平的悬殊主要是由不合理的价格决定的。这种由价格不合理造成的苦乐不均，使企业乃至整个社会失去共同衡量经济活动效果的合理尺度，极大地抑制了生产者和经营者的积极性。

（3）第三产业收费标准偏低。这是造成这一产业长期以来发展缓慢的重要原因。其中，我国房租畸低问题尤为突出。改革开放

① 马凯：《中国价格改革 20 年的历史进程和基本经验》，《价格理论与实践》，1999 年 01 期。
② 国家统计局交通物资统计司：《中国工业统计资料（1949—1984）》，北京：中国统计出版社，1985 年版，第 125–126 页。

前，我国城镇职工住房一般实行由国家统一建造后分配给职工居住并收取低租金的办法。但是，新中国成立以来，在住宅造价有所提高的情况下，公有住宅房租反而下降了三分之二。新中国成立初期，每平方米使用面积月租金为 0.4 元，房租支出一般占职工家庭收入的 10%左右。1955 年，国家机关干部由供给制改为薪金制，降低了房租标准。之后各地先后降低房租水平。由于房租过低，国家对房租补贴越来越多，加重了财政的负担。房租太低，无法补偿建房和维修管理的费用支出，国家还得每年另拨专款进行住宅建设，已达到难以为继的地步。[①]

由此可见，由于长期以来实行行政定价体制，致使我国价格体系很不合理。高度集权的经济体制排斥市场的资源配置方式，过多地采用统购、派购和定量供应等办法，无法解决社会经济在价格形成机制、价格运行机制等方面遇到的难题。价格不仅无法反映价值，还无法满足交换、流通中的价值运动的制度条件，无法满足在竞争过程中成本加平均利润转化为生产价格的制度条件，无法保证资源的合理配置和经济运行的高效率。[②]所以，我国进行经济体制改革，必须对原来的价格体系作出全面的根本的改革，纠正价格关系严重扭曲状态，通过改革价格体制，让价格回到市场交换中形成，逐步理顺价格关系，使最重要的经济活动信号回归真实。

---

① 张卓元:《社会主义价格理论与价格改革》，北京：中国社会科学出版社，1987 年版，第 119–120 页。

② 卢中原、周为民、韩康、谢鲁江、李克:《选择的依据——经济体制改革研究》，哈尔滨：黑龙江人民出版社，1988 年版，第 216 页。

第二节　党的十一届三中全会决定提高农产品价格

一、党的十一届三中全会提高农产品价格的具体办法

1978年12月，党的十一届三中全会提出，“为了缩小工农业产品交换的差价，全会建议国务院作出决定，粮食统购价格从1979年夏粮上市的时候起提高20%，超购部分在这个基础上再加价50%，棉花、油料、糖料、畜产品、水产品、林产品等农副产品的收购价格也要分别情况，逐步作相应的提高。农业机械、化肥、农药、农用塑料等农用工业品的出厂价格和销售价格，在降低成本的基础上，在1979年和1980年降低10%到15%，把降低成本的好处基本上给农民。农产品收购价格提高以后，一定要保证城市职工的生活水平不致下降。粮食价格一律不动；群众生活必需的其他农产品的销价，也要坚决保持稳定；某些必须提价的，要给予消费者以适当补贴”[①]。这一大幅度提高农产品收购价格的决定，对当时农业生产因国家收购农产品价格太低导致的停滞不前，起到了极大的激励作用。这一重大举措，同农村实行家庭联产承包责任制一起，有力地推动了农业生产的迅速恢复和发展。

中央决定提高农产品收购价格之后，全国物价部门对影响所及的粮食制品等销价的安排又作了调查研究，并进行严格控制。控制的办法大体上分为四种类型：第一类是有些商品主要靠增产节约解决，如原材料提价影响很小的点心、面包、饼干、奶糖等，以及生

---

①《中国共产党第十一届中央委员会第三次全体会议公报》，北京：人民出版社，1978年版，第9页。

产企业所用的原材料不提价，只是增加了职工补贴的一般工矿企业，这些企业在提高副食品销价给职工补贴以后，只影响商品成本上升1%—2%，不必提价；第二类是有些商品可以把原料提价部分和税金提高部分相应提价，不要因原料提价增加利润（如罐头企业等）；第三类是少数可以允许原料提价后毛利部分适当加价，以免有的饭馆给职工补贴后发生亏损，如饮食业的荤菜等；第四类是有少数商品和服务业，原来就亏损且难以克服，必须适当提价（如有的地方理发价格特别低，只有2角，全行业亏损，给职工补贴后亏损更大）。以上所有这些规定，部分地区分行业事前进行了周密调查。

这次提价是经过约一年时间的调查研究，在反复探讨、民主协商，询谋佥同的情况下制定的。党的十一届三中全会通过之后，国家物价总局会同有关部门发文，从1979年2月到4月分不同品种在全国范围内顺利推行。

二、提高农产品价格的意义

在党的十一届三中全会决定大幅度提高主要农产品的收购价格后的1979年是新中国成立30年来提价品种最多、幅度最大的一年。从实际执行结果来看：国家农产品收购牌价比调价前上升19.8%，其中粮棉油猪等18种农产品提价28.3%，全国提价总额72亿元，平均每个农民增收8元，商品率高的农村每个农民增收二三十元。更重要的是在农村推行了联产承包责任制，国家又进口了一部分粮食，调减了粮食的统购任务，极大地激发了广大农民的生产积极性。1979年，全国农业获得了空前发展。同1978年比较，农业总产值增长8.6%，粮食产量增长9%，棉花产量增长

2%，油料产量增长 23.3%，生猪存栏数增长 6%，羊的存栏数增长 8%。其他主要农产品的产量也大幅度增长。与此同时，农产品收购总额大幅度增加，比 1978 年增长 26.2%（不包括提价因素为增长 5%）；粮食统购 1045 亿斤，比 1978 年增加 59 亿斤。食用植物油收购 22 亿斤，比 1978 年增加 5 亿斤。肥猪收购 12900 万头，比 1978 年增加 2000 多万头。棉花按生产年度计算，从 1979 年 9 月至 12 月底累计收购量比 1978 年同期增加 22 万担。农民收入上升，农村经济全面繁荣。[①]

对于这次提高粮食和其他主要农产品的价格，中共中央、国务院及时进行了总结。1980 年 1 月 16 日，邓小平在中共中央召开的干部会议的讲话中指出，“我们提高农产品收购价格的措施是非常正确的，确实起了刺激农业生产的巨大作用”[②]。

国家发改委价格司对 1979 年大幅度提高农产品收购价格作出如下评价：“针对长期以来我国农产品价格管得过死、定价偏低和工农产品价格‘剪刀差’过大的问题，党的十一届三中全会提出要提高农产品价格。1979 年国家大幅度提高了粮食、油料、棉花、生猪、鲜蛋等 18 种主要农副产品收购价格，平均提价幅度 24.8%，其中粮食提价 20%，并将超购加价幅度由 30%提高到 50%，对棉花超购部分也实行 30%加价。1980 年再次提高棉花收购价格，并提高了桐油、生漆等 8 种农副产品价格。同时提高了 8

① 成致平：《价格改革三十年（1977—2006）》，北京：中国市场出版社，2006 年版，第 19 页。
② 邓小平：《目前的形势和任务》，《邓小平文选》（第二卷），北京：人民出版社，1994 年版，第 258 页。

种副食品销售价格，给职工和城镇居民发放了补贴，并从当年11月开始，给40%的职工提高工资水平。1981年提高了大豆、豆油、烤烟、南方木材和毛竹收购价。1982—1984年期间，又对个别农产品价格进行了调整。[①]”

由于粮食统购和超购价格的提高，仅1979年全国农民约增加收入40亿元，平均每人增加收入5元。[②] 1979—1981年的3年间，农副产品价格共提高38.5%，加上扩大议价范围，农民由此增收204亿元。[③]更有意义的是，这种全方位的增长所引起的改革推动效应。首先，总量的农业增长部分矫正了偏斜的产业结构。农业产值的增长提高了农业的产值份额，相应地降低了重工业的产值份额。其次，农业内部结构不合理的状况得到矫正。在农业中比较优势得到一定程度发挥的条件下，农村市场得到初步发育，并逐渐出现了生产要素市场。最后，农业剩余及其由农民支配比重的增加诱发了乡镇企业的迅速发展。[④]

第三节　以调整价格为主的具体改革办法

中国价格改革是逐步推进，而不是一步到位的。由于改革开放

① 国家发展改革委价格司：《价格改革的历程和经验》，载彭森主编：《中国价格改革三十年 1978—2008》，北京：中国市场出版社，2010年版，第86页。
② 赵发生：《当代中国的粮食工作》，北京：中国社会科学出版社，1988年版，第173页。
③ 苏星：《新中国经济史》，北京：中共中央党校出版社，1999年版，第766页。
④ 林毅夫、蔡昉、李周：《中国的奇迹：发展战略与经济改革》，上海：上海三联书店、上海人民出版社，1994年版，第242页。

前严重扭曲的价格关系和不合理的比价差价，需要先用一段时间着力调整价格关系中最为突出的问题。1981 年 7 月，国务院决定成立价格研究中心，通过测算理论价格，提出相应的价格改革总体方案。1982 年 7 月，国务院常务会议通过《物价管理暂行条例》(以下简称《条例》)，包括总则、物价管理职权的划分、工农业产品价格的管理、交通运输价格、非商品收费的管理、物价监督等若干内容。《条例》指出，“根据国民经济发展切实的需要和重要程度，划定商品计划调节和市场调节的不同范围，分别采取国家统一定价(包括浮动价格)、国家规定范围内的企业定价和集市贸易价。国家定价是主要形式”[①]。随后，相关配套文件相继出台，确定了建立合理价格体系的法规体系，这就为我国价格管理体制改革的顺利进行再次提供了组织上和法律上的保障。为更好地利用市场机制放开价格由市场调节创造条件，同时择机放开一部分小商品和鲜活农副产品价格。所以可以说，1979—1984 年，国家都是以调整价格为主。

一、提高主要副食品销价，同时给予消费者补贴

党的十一届三中全会提出，“农产品收购价格提高以后，一定要保证城市职工的生活水平不致下降。粮食销价一律不动；群众生活必需的其他农产品的销价，也要坚决保持稳定；某些必需提价的，要给予消费者以适当补贴”[②]。当时，国家物价总局经过研究，

---

① 《物价管理暂行条例》,《中华人民共和国国务院公报》，1982 年 13 期。
② 《中国共产党第十一届中央委员会第三次全体会议公报》，北京：人民出版社，1978 年版，第 9 页。

提出分为三类区别对待的方案：

一是粮棉油系国家统购统销物资，当时都是凭票定量供应。为了不影响职工生活，购价提高后，销价不动，由国家财政补贴给经营单位，国家供应 1 公斤粮食补贴 0.2 元左右，供应 1 公斤食油补贴 1.6 元左右。二是肉禽蛋等副食品及有关商品的购价提高后，适当提高销价。因为这些商品不是国家统购统销物资，购价提高后不提高销价会导致市场发生混乱。至于副食品销价提高对职工生活的影响，国家可直接给职工加工资、发补贴。三是甘蔗甜菜和肥皂香皂用油购价提高后，由工业部门通过增产节约，降低成本来解决，用这些工业原料生产的工业品销价不予提高。

上述方案 1979 年初在国家计委讨论多次，国家计委对一、三两类商品销售价格的安排都表示同意，但有人对第二类提高副食品销价提出了不同意见。当时，国务院指定调价方案由国家计委和国家物价总局提出。由于内部存在分歧，提高副食品销售价格的工作暂缓下来。

但是，市场反应是灵敏的，国家对粮食等农产品和副食品收购价格作了相应的提高，而对销售价格不作变动。这样，导致当时市场上出现了销售价格低于购买价格的现象，即购销价格倒挂。粮食是国家统购统销的，城市居民凭购粮证买粮，农民买返销粮也有规定手续，即使粮食销售价格低于购买价格，人们也无法多买进国家的粮食进行倒卖。棉花、苎麻等工业原料，由商业部门按计划卖给工厂。关于絮棉，对群众也是定量供应，销售价格不会提高，也不存在倒卖现象。但是，鸡蛋、鸭蛋等副食品的情况就大不相同了，市场上很快出现了“倒蛋部队”，许多投机的人倒卖鸡蛋、鸭蛋，早上从商业部门低价买入，中午就高价再卖回给商业部门，从中赚取差价。有些基层商店和供销合作社为了防止这种投机行为的发生，特地雇人用红笔在收购来的鸡蛋上标记画圈，凡是有红圈的鸡蛋就不收购。可是旺季收购的鸡蛋是数以百万计，甚至千万计的，人工画圈的办法可谓杯水车薪。再以生猪以例，国家购销一头猪要赔付二三十元。这样就导致有的单位把本来饲养的自己吃的猪也卖给国家，再向国家买肉吃。国营商业部门经营副食品也失去了积极性，因为粮食统购统销的数量是计划控制的，国家可以按计划规定数量对销价低于购价的差额给予补贴。肉蛋等副食品则不同，商业部门亏本，就势必会少购少卖，对生产环节和市场供应都产生了不利影响。

早在 1978 年 10 月，李先念在听取全国粮食会议情况报告时就提出，“关于粮食价格问题，我的想法是‘两层楼’，收购价今后两三年内提高百分之三十，超购部分继续实行加价奖励的政策，以鼓励农民向国家多交售，保证农民增产增收……人民基本生活必需品调价要慎重，调价时要向人民做细致的思想工作，调价后要补上工资”[①]。1979 年 3 月 21 日，中共中央政治局召开会议，在这次会议上，李先念再次表示，农产品要提收购价，不提销价，价格增长要补贴工资，使人民的实际收入不减少，请有关部门研究。会后国家物价总局组织全国的物价部门进行两方面的调查：一是提高副食品销价对职工生活的影响如何解决，二是提高副食品销价对国家财政收支的影响如何解决。

① 李先念：《要使八亿农民的生活逐步改善》，《李先念文选》，北京：人民出版社，1989 年版，第 339 页。

（一）关于提高副食品销价对职工生活的影响

国家计划提高副食品销售价格的幅度是：全国平均猪肉提高33%，鲜蛋提高32%，主要水产品提高33%，牛、羊肉提价幅度高于猪肉提价幅度，家禽、牛奶的销价由地方根据当地情况适当调整。[①] 这些产品销售价格的提高虽然对农民并没有什么实际影响，但对职工和城镇居民的生活影响就比较大了。国家物价总局经过调查研究后，决定采取统一标准给每个职工相同补贴的办法。至于每个职工具体补贴多少钱，则由三个因素决定：一是各地提价幅度的大小，二是副食品供应数量的多少，三是职工负担的赡养人口的多少。各地从发展生产、增加供应、控制销价、减少集市价格上涨影响等方面努力，争取为了提高副食品价格，对每个职工每月补贴之后，不减少职工的实际收入。[②] 为此，国家物价总局根据调查资料又与商业、供销等有关部门反复研究、磋商，最后提出执行方案上报国务院：全国每个职工（包括退休职工和学徒工）每月补贴 5 元，在纯牧业县（旗）工作的职工，由于肉类消费水平较高，每人每月补贴 8 元。[③] 国务院会议经过讨论采纳了这一方案。这样，我国就从购销两方面迈出了从计划价向市场供求均衡价靠拢的步伐。物价补贴也成为20 世纪80 年代我国在理顺农副产品购销价格时经常使用的手段。

---

① 成致平：《价格改革三十年（1977—2006）》，北京：中国市场出版社，2006 年版，第 22 页。

② 成致平：《价格改革三十年（1977—2006）》，北京：中国市场出版社，2006 年版，第 22 页。

③ 苏星：《新中国经济史》，北京：中共中央党校出版社，1999 年版，第 766-767 页。

（二）关于提高副食品销价对国家财政收支的影响

国家物价总局组织各地物价部门进行深入调查研究，向国务院汇报了明细账目。8种副食品提高销售价格，提价总额58亿元。其中包括：猪肉等主要副食品提高销价的直接回笼，共约42亿元。主要副食品提高销价的连锁反应，即必须连带提价的有关商品和服务收费（包括饮食业、罐头、奶制品、鸡蛋糕、冰激凌、理发、洗澡、缝纫等）的回笼金额，共10亿元。由于副食品提价影响集市贸易上有关商品价格上涨的问题，按相当于副食品提价20%匡算，全国涨价额6亿多元。另外，由于猪肉等8种副食品提价，国家需要给予补贴的人员，共约1.044亿人，每人每月补贴5元钱，加上部队补贴和各种津贴、补助费增加部分，全年补贴总额66亿元。[①]

总体来看，我国全年8种副食品提价总额58亿元，补贴总额高出提价总额8亿元。单从国家层面的算账情况看，在提价总额当中，国家可回笼47亿元；在补贴总额66亿元当中，国家需支出54亿元。回笼与补贴相抵，国家需净增加开支7亿元。[②]由于全国范围内的生产和供应量都是增长的，从长远看，这种把对企业“暗补”改为对职工“明补”的方式确实收到了控制补贴的实际效果，并没有增加国家财政的负担。历史证明，这一改革是成功的。

---

① 成致平：《价格改革三十年（1977—2006）》，北京：中国市场出版社，2006年版，第23–24页。

② 成致平：《价格改革三十年（1977—2006）》，北京：中国市场出版社，2006年版，第24页。

二、调整部分生产资料价格和交通运价

（一）解决煤价突出偏低问题

在工业品方面，1979 年 3 月，国家物价总局与国家经委联合上报了关于统配煤价每吨提高 5 元的报告，该报告经党中央、国务院批准后在全国推行。为了解决能源问题，使煤炭增产，经过反复调查研究，提出了以 1982 年核定的生产能力为基础，对统配煤实行增产煤加价的办法。征得煤炭部、国家经委同意后于 1983 年开始实行。同时，把原煤每吨由 4 元提高至 6 元。1979—1984 年，随着煤炭出厂价格的提高，国家还陆续提高了铁矿石、焦炭、生铁、钢锭、钢坯、部分钢材、有色金属、水泥、平板玻璃等产品的出厂价格，同时降低了汽车、通用机械和配件、仪器仪表、量具、刃具等加工产品的价格，从而缩小了采掘工业和原材料工业同加工工业产品的比价。1985 年，国家对煤炭行业实行投入产出总承包，超过包干基数的增产煤每吨加价 50%，增产超过 2000 万吨的部分称为超产煤，允许加价 100%。这样，全国煤炭平均价格从 1979 年的每吨 23 元提高到每吨 31 元。[①]

（二）调整交通运输价格

1982 年 8 月，在现行钢铁运价区段和运价号不动的前提下，国家先行对铁路短途货物运输采取了临时征收附加费的办法，适当提高了短途运价。同时调整了水运运价，取消了长江和沿海 7 条航

---

① 成致平：《价格改革三十年（1977—2006）》，北京：中国市场出版社，2006 年版，第 99 页。

线的煤炭运输优待价，并修订了港口计费办法，运价和计费的不合理状况逐步得到改善。[①] 1983 年 10 月，国务院专批国家物价局、铁道部、交通部通过《关于调整铁路、水运运价的报告》，提高了煤炭、焦炭、矿物等 11 类整车货物运价，平均提高 23%，改革集装箱货物计价方法，平均提高 172%，提高铁路短途运价，每吨公里提价幅度为 21.58%。[②]

纺织工业品占我国消费品零售总额的比重接近四分之一，这一时期，影响最大的是纺织品价格的调整，具体来讲，就是棉布价格的提高和涤棉布价格的降低。

1982 年，我国纺织品产销矛盾尖锐。一方面，涤棉布大量积压滞销，原因是我国 20 世纪 60 年代开始发展化纤工业，到了 20 世纪 80 年代，化纤布产量已达 30 多亿米，比 20 年前增加了 30 多倍，但价格偏高，同人们的购买力不相适应。1980 年和 1981 年每年增产 9 亿米，但市场销售量每年只增加 2 亿米进行相应的产品消化。同时，涤棉布的成本却由于增产而大幅度下降。另一方面，由于国家在 1963—1980 年先后 5 次提高棉花收购价格，但纱布价格没有进行调整，当时纺织纱的棉花加上纺纱加工费每市斤棉纱生产成本为 2.26 元，而棉纱价格每市斤仅为 2.01 元。国家为了生产棉纱、棉布支付了大量补贴，仅 1982 年，国家财政对纺织用棉的补贴就高达 46 亿元，成为沉重负担。

针对这种情况，国家物价局会同有关部门和各省、自治区、直

---

① 苏星：《新中国经济史》，北京：中共中央党校出版社，1999 年版，第 767 页。
② 赵德馨：《中华人民共和国经济史 1967—1984》，郑州：河南人民出版社，1989 年版，第 640-641 页。

辖市的物价部门进行了大量调查研究和多次测算，制定了涤棉布平均每米降价 1.2 元、棉布平均每米提价 0.3 元的方案。[①]

1982 年 12 月 13 日，中共中央政治局召开会议，专门讨论化纤织品降价和棉布提价问题。政治局一致认为适当提高棉纺织品的价格势在必行，并强调严格禁止各地区、各部门乘棉纺织品提价之机，其他商品随意涨价或变相涨价。凡是违反这一规定的都要严肃处理。12 月 31 日，中共中央、国务院发出《关于降低化学纤维织品价格和提高棉纺织品价格的通知》，强调“我国现行化学纤维织品同棉纺织品的比价不合理。化学纤维织品价格偏高，同群众的购买力水平很不适应。这个问题，随着化纤工业的发展而日益尖锐，已经到了非解决不可的时候”[②]。这样，从 1983 年 1 月 20 日起，化纤织品降价和棉布提价在全国各地执行。

这次价格调整，一共涉及全国范围内价值 400 亿元左右的上万种商品变动价格，是一项规模空前的调价措施。调价以后，化纤织品同纯棉织品的比价适应纺织品的生产发展水平和普通百姓的购买能力，化纤织品迅速打开销路。1983 年国内涤棉布销售量比 1982 年增加了 50%以上。在纺织品调价 10 个月后，国家宣布出售各种棉纺织品均停收布票，结束了持续 20 年的按人定量、凭票买布的制度。[③]纺织品调整价格之后，效果十分明显，主要表现在以下

① 《国家物价局关于降低化学纤维织品价格和提高棉纺织品价格的报告》(摘要)，载《中共中央、国务院关于降低化学纤维织品价格和提高棉纺织品价格的通知》(附录)，《中华人民共和国国务院公报》，1983 年 02 期。

② 《中共中央、国务院关于降低化学纤维织品价格和提高棉纺织品价格的通知》，《中华人民共和国国务院公报》，1983 年 02 期。

③ 赵德馨：《中华人民共和国经济史 1967—1984》，郑州：河南人民出版社，1989 年版，第 637 页。

方面：

（1）促进了生产和流通。调整价格后，原来长期滞销的化纤织品销量大幅上升。1983年的销售量达32亿米，比调整价格时预计销量的14.78亿米，增长1.17倍。化纤纺织工业从减产—停产的困境中解脱出来，生产和流通都呈现活跃态势。纯棉织品提高价格后，销量有所下降，1983年销售量为61亿米，比调整价格时预计销量的63亿米，减少3.2%。[①]

（2）城乡群众得到了实惠。这次纺织品的结构性价格改革，使棉布和涤棉布的比价，由1∶2.4左右缩小到1∶1.4左右，即群众以高于棉布约40%的价格买到既美观又比棉布牢固度高数倍的涤棉布，受到广大群众的欢迎。我国人口多、耕地少，为提高穿着水平，不能继续走扩大棉田面积的道路，必须逐步扩大化纤织品在整个纺织品中所占的比重。调整后的比价，起到鼓励群众多穿涤棉布的作用，符合改变我国人民衣料结构的方向要求。

（3）国家增加了税利收入。从实际的经济效益来看，涤棉布每米价格中的国家积累（包括工商利税）为1.16元，而棉布每米只有0.47元。按照1983年销售量同年初预测数量相比，涤棉布多销售17.22亿米，国家因此增加税利收入19.98亿元。纯棉布少销售2.24亿米，国家只减少税利收入1.05亿元。涤棉布的多销和纯棉布的少销相抵后，国家税利净增加18.93亿元。另外，国家当时收购棉花平均每担超购加价补贴为32元，少销售2.24亿米纯棉布，

---

① 成致平：《价格改革三十年（1977—2006）》，北京：中国市场出版社，2006年版，第55页。

等于约少用60万担棉花。这样，国家还可少补贴约2000万元。①

三、择机放开小商品和鲜活农产品价格

1978—1984年，中国价格改革以调整价格为主，同时，也择机放开小商品价格和部分鲜活农副土特产品价格。在放开小商品价格方面。工农业小商品，品种繁多，涉及面广，又是人民生活必不可少的。关于农副产品中的小商品价格，早在1978年党的十一届三中全会之前，李先念副主席即指示逐步放开。特别是对于不占耕地面积的山林土特产品，主张尽早放开价格，以刺激生产，增加国内供应和出口货源。国务院对于轻工业、手工业领域的小商品价格，则是在1982—1984年期间，分三批陆续放开的。

（一）分期分批放开日用小商品价格

1．1982年9月放开第一批小商品价格

为了贯彻落实国务院关于小商品价格要根据国家的经济状况逐步放开，价格不由国家统一规定，实行市场调节等相关指示，国家物价局会同有关部门于1982年7月召开了十二省市小商品价格座谈会，着重研究三类工业品中的小商品价格逐步放开的具体实施办法。1982年9月16日，国务院批转了《国家物价局等部门关于逐步放开小商品价格实行市场调节的报告》，强调“有计划地逐步放开小商品价格，是促进小商品生产，搞活小商品流通，满足市场

① 成致平：《价格改革三十年（1977—2006）》，北京：中国市场出版社，2006年版，第56–57页。

需要的一项重要措施”[①]。对放开的品种范围、定价原则、组织管理及有关政策都作了明确规定。具体来讲，国家对小百货、小文化用品、小针织品、民用小五金、民用小交电、小日用杂品、小农具、小食品和民族用品中的9类小商品，放开6类160种（类），主要是一些花色多变、规格繁多、产值小、单价低和容易断档脱销的日用小商品。对涨价因素较多、群众比较敏感的，如小食品、小学生用品、厨房用品等暂不放开。[②]

小商品的价格，在国家政策指导下，实行市场调节，企业定价。其中，商业选购的小商品，由工商企业协商定价；以工业自销为主的小商品，由工业企业定价。定价的原则，根据价格政策，按照成本和供求变化，有涨有落，适时调整。这是物价管理体制改革的一个重要步骤。

2．1983年9月放开第二批小商品价格

放开第一批小商品价格后，执行情况良好。但是，由于品种范围过小，不能适应流通体制改革和进一步发展小商品生产、搞活小商品流通的要求。已经放开的小商品价格，还存在着“放而不开”或“开而不活”的问题。另外，有些地方虽然作了放开的规定，但是没有具体落实到基层企业，实际上并未放开。有些地方定价权虽然给了企业，但是定价办法没有改革，基本上仍延用管理大商品价格的办法对待小商品。针对第一批放开小商品价格以后出现的新情

① 《国务院批转国家物价局等部门关于逐步放开小商品价格实行市场调节的报告的通知》，《中华人民共和国国务院公报》，1982年16期。
② 《国务院批转国家物价局等部门关于逐步放开小商品价格实行市场调节的报告的通知》，《中华人民共和国国务院公报》，1982年16期。

况和新问题，1983 年 4 月，国家物价局会同轻工业部、商业部、国家医药管理局，在湖南省长沙市召开了部分省市座谈会，在总结交流第一批放开小商品价格经验的基础上，研究提出了进一步扩大放开品种范围、改革定价办法、把小商品价格放活的建议。1983 年 9 月 1 日，国务院批转《关于进一步放开小商品价格的报告》（以下简称《报告》），决定在第一批已经放开的 160 种（类）基础上，第二批再放开 360 种（类），两批合计 520 种（类）。《报告》强调，“为了进一步促进小商品的生产和经营，活跃城乡市场，满足广大群众的需要，除了各级政府必要管理的小商品以外，其余全部放开。这样许多小企业的生产和经营搞活了，与人民生活密切相关的日用消费品产量增加”[①]。并要求各地，结合当地小商品的产销情况，制定本地区第二批放开的小商品目录，在保持市场物价基本稳定的前提下，于 1983 年 9—10 月安排执行。

3．1984 年 10 月全部放开小商品价格

1984 年，我国经济形势乐观，市场繁荣，商品供应充裕，物价平稳。为了进一步促进小商品的生产和经营，活跃城乡市场，满足广大人民群众的需要，国家决定，除了各级政府必要管理的小商品价格以外，其余全部放开。为此，1984 年 10 月 6 日，国家物价局提出全部小商品价格的放开措施、步骤和具体目录均由各地自行确定。[②]各地执行的情况不尽相同，多数省市如北京、河北、山

① 《国务院批转国家物价局等部门关于进一步放开小商品价格的报告的通知》，《中华人民共和国国务院公报》，1983 年 20 期。
② 成致平：《价格改革若干大事聚焦》，北京：中国市场出版社，2002 年版，第 68–69 页。

西、上海、浙江、山东、甘肃、重庆等，到1984年底，放开价格的小商品达千种。对于全部开放小商品价格的要求，尽管各地执行的情况不尽相同，进度有快有慢，但总体来讲，国家关于“用两三年时间把应当放开的小商品价格分几批陆续放开”的设想基本实现。

小商品价格的放开，使企业拥有了按照市场供求变化及时灵活调整价格的权力。一些滞销品种及时得到降价，从而打开了销路。一些因价格低廉而亏本的品种适当提价，企业恢复了正常的生产和经营。新品种也不必层层审批价格，可以很快自主定价，企业可以把大部分精力用来及时组织生产和投放市场。国家合理调整了一些小商品的地区差价和批零差价，调动了企业经营积极性，流通性也随之搞活。一些停产多年的小商品重新上市，改变了“鞋子缺带、锅子缺盖、有灯缺罩、有瓶缺塞”等情况。小商品价格放开以后，多数品种价格稳定，部分品种有升有降，总的来说，还是降多于升。市场供应充裕了，平抑了市价，群众得到实惠，普遍感到满意。①

（二）恢复城乡贸易的同时放开鲜活农副产品价格

1. 恢复并发展城乡贸易

农副产品商品率迅速提高，迫切要求进一步扩大城乡物资交流和工农产品交换，工业生产大幅度提升，需要通过商业这个中间环节尽快把产品送入消费领域，首先要解决的就是开放式商业流通体

① 成致平：《价格改革三十年（1977—2006）》，北京：中国市场出版社，2006年版，第38-39页。

系的构建，逐步放宽农副产品贩运政策，疏通城乡商品流通渠道。从 1983 年开始，陆续恢复了基层供销社的合作商业的性质，重视发挥供销社的商品供销作用。

另外，国家积极扩大经营范围，发展农副产品、工业品加工，兴办综合商场和贸易中心。当时有报道称，“建立贸易中心，除某些重要生产资料和紧缺消费品仍由国家掌握并按计划供应外，其他产品通过各种贸易中心自由购销，有利于产销直接见面，有利于打破地区、行业之间的界限，是批发商业改革的好形式，大大提高商业批发机构的应变能力。贸易中心按经济规律办事，用经济办法管理，还表现在灵活的作价办法上。改变原来商业内部划分对象和固定扣率的调拨作价办法，实行不分对象、协商作价、批量作价的办法。对于小商品和实行浮动价格的商品，其灵活性就更大一些”①。

2. 开放鲜活农夫土特产品价格

在这一时期，有的城市还放开了鲜活农副土特产品价格，繁荣了市场，取得了良好效果。在价格改革中，经中共中央批准，广东省先行一步，实行“特殊政策、灵活措施”。广东从本省的实际出发，“动手早，放得开，搞得活”，积极主动放开价格。以广州市为例，早在 1978 年 8 月，广州市就决定把沿袭二十多年的蔬菜购销由国家定价改为购销双方在一定幅度内议价成交。蔬菜价格引入市场机制后，菜价上扬吸引了各地的蔬菜从四面八方源源不断地汇聚而来。菜源一年四季充足，几十个品种任人选择，起初一度激增的菜价很快回落。到 1984 年 11 月 1 日，广州的蔬菜市场和价格

---

①《建立开放式、多渠道、少环节的流通体制》，《经济日报》，1984 年 6 月 19 日。

全面放开。两个月后，广州在全国率先放开猪肉价格；再过三个月，又率先放开水产品价格。结果是“放到哪里活到哪里”。鱼价放开之初，塘鱼价格曾涨至平均每公斤 6 元左右，价值规律很快刺激了广东塘鱼生产的大发展，这样，不到一年便平抑了鱼价。到 1985 年，广东省全部取消水产品派购任务，广州市塘鱼价格稳定在每公斤 4 元左右，成为全国鱼价最低，也是最早解决吃鱼难的大城市。商品短缺、价格管制的伴生物是各种票证存在，许多商品凭票供应。广州市 20 世纪六七十年代票证最多时达 118 种，随着商品价格放开和市场供应充足，票证逐一被取消。1982 年还有 48 种票证，到了 1983 年减至 21 种，1984 年剩下 6 种，1988 年只剩粮票、糖票两种，不久后连这两种也取消了。[①]

---

① 《广州放开农产品价格——中国价格改革由此开端》，《粤港信息日报》，1998 年 7 月 5 日。

第二章
1985 年后以放开价格为主的改革

▼

从 1985 年起，中国价格改革开始以放开价格为主，但这一改革过程不是一次到位的，而是采取逐步放开、不断提高市场调节价比重的办法得以实现的。总体来讲，中国 20 世纪 80 年代的价格改革，走在整个经济市场化改革的前列。

第一节　工农业产品以放开价格为主的举措

一、放开农产品价格

由于过去长期忽视价值规律的作用和其他历史原因，我国当时的价格体系存在相当紊乱的现象，不少商品的价格既不反映价值，也不反映供求关系。改革这种不合理的价格体系，是整个经济体制改革成败的关键。

1985 年 1 月 1 日，中央一号文件《中共中央、国务院关于进一步活跃农村经济的十项政策》规定："从今年起，除个别品种外，国家不再向农民下达农产品统购派购任务，按照不同情况，分别实行合同订购和市场收购。粮食、棉花取消统购，改为合同订购。由商业部门在播种季节前与农民协商，签订订购合同。订购的粮食，国家确定按‘倒三七’比例计价*。加价计算；合同订购的棉花，北方按‘倒三七’、南方按‘正四六’比订购以外的粮食可以自由上市。如果市场粮价低于原统粮价，国家仍按原统购价敞开收购，保护农民的利益。订购的棉花，北方按‘倒三七’，南方按‘正四六’比例计价。订购以外的棉花也允许农民上市自销。生猪、水产品和大中城市、工矿区的蔬菜，也要逐步取消派购，自由市场，自由交易，随行就市，按质论价……其他统派购产品，也要分品种、分地区逐步放开。[①]”这样，就把多年对粮油实行的统购加价和超购加价这两种国家定价模式，改为国家定价和市场价格并存。

* “倒三七”比例计价即三成按原统购价，七成按原超购价。其计算公式为：“倒三七”比例价=订购价×30%+（订购价+订购价×50%）×70%。

在此之前的1984年10月，党的十二届三中全会就通过了《中共中央关于经济体制改革的决定》，明确指出“价格是最有效的调节手段，合理的价格是保证国民经济活而不乱的重要条件，价格体系的改革是整个经济体制改革成败的关键……价格体系的不合理，同价格管理体制的不合理有密切的关系。在调整价格的同时，必须改革过分集中的价格管理体制，逐步缩小国家统一定价的范围，适当扩大有一定幅度的浮动价格和自由价格的范围，使价格能够比较灵敏地反映社会劳动生产率和市场供求关系的变化，比较好地符合国民经济发展的需要”[②]。这就对中国价格体系和价格管理体制的改

① 《中共中央、国务院关于进一步活跃农村经济的十项政策》，《中华人民共和国国务院公报》，1985年09期。

② 《中共中央关于经济体制改革的决定》，北京：人民出版社，1984年版，第20页。

革确定了目标，市场的作用被大大加强了。为贯彻执行这一决定，党中央、国务院确定 1985 年价格改革要迈出重大步伐，主要是放开生猪等副食品的价格。1984 年 12 月 24 日，中共中央书记处又作了专门研究，同意国务院物价小组*《关于 1985 年价格改革方案的汇报提纲》。

* 为加强对建立合理价格体系的领导、增强协调能力，1983 年 3 月，国务院成立物价小组，组员由国家计委、国家经委、商业部、财政部、国务院经济研究中心、国家工商总局和国家物价局的人员组成，负责领导、协调全国价格改革工作。

这样，1985 年价格改革方案陆续出台，各地初步反映执行顺利，市场平稳。

牛、羊、禽、蛋、水产品的价格，以及大中城市的蔬菜价格已逐步放开。这些副食品价格放开后，没有引起集市贸易全面涨价，鸡蛋等价格还略有下降。各省、自治区、直辖市在放开猪肉价格的同时，都按照国务院规定的政策，结合当地实际情况，对城镇非农业人口给予价格补贴，其中绝大多数地方按人计发，少数地方按职工计发，补贴标准科学合理。[①]

二、对工业消费品价格的调控

（一）严厉打击倒买倒卖歪风

1984 年后，一些人不顾国家和群众的利益，乱涨价、变相涨价，以权谋私，倒卖紧缺物资，牟取暴利。[②]某些单位参与高价倒卖电视机。

① 成致平:《价格改革三十年（1977—2006）》，北京：中国市场出版社，2006 年版，第 78 页。

② 《加强物价管理和监督检查 坚决制止乱涨价保护消费者利益》，《人民日报》，1985 年 3 月 31 日。

对此，在采取措施加以整治的同时，中共中央纪律检查委员会于 1984 年 12 月 6 日发出通报，要求各级党组织充分注意这种违反国家物价政策，干扰经济体制改革的歪风，采取有效措施，坚决刹住。通报指出，物价问题是关系人民群众切身利益的大事。中共中央、国务院曾经多次明令，“要求一切生产单位和从事购销活动的部门，要严格执行国家的物价政策和供应政策，坚决制止随意乱涨价、变相涨价、哄抬议价，以及就地转手倒卖、买空卖空等不正之风和投机倒把行为。但至今仍有一些党政军单位我行我素，明知故犯。他们不是通过大力改善经营管理，来提高企业的经济效益，而是任意乱涨价，这种违法乱纪行为不仅损害国家和消费者的利益，破坏安定团结的政治局面，而且给社会上某些不法分子以可乘之机，扰乱社会主义市场，干扰经济体制改革的顺利进行，其危害是十分严重的”[①]。

（二）逐步放开工业消费品价格

1986 年 9 月，国家放开了自行车、黑白电视机、电冰箱、洗衣机、中长纤维布、八十支以上纯棉纱及其织物的价格。这 7 种商品价格放开后，从全国范围来看，逐渐拉开了档次差价和质量差价，从而促进了生产。但也因此带来了一些问题，如自行车价格放开后，名牌车涨了价，而质量一般的也滥竽充数，跟着涨价。由于名牌自行车扩大生产需要一定的过程，虽然涨了价，群众仍然很难买到。以江苏省为例，1986 年，江苏省工业成本显著上升，为

① 《中纪委就福州六单位高价倒卖彩电通报各地 坚决刹住违反国家物价政策歪风》，《人民日报》，1984 年 12 月 11 日。

9.63%，其中原材料提价推动成本上升了 5.33%，占当年成本上升的 55%。江苏省地方企业平均出厂价格水平上涨 4.79%，当年依靠价格上涨转嫁就高达 14.04 亿元。[1] 对此，群众意见较多。针对物价问题，当时有报道称，市民们纷纷表示“物价上涨这事儿原因很多，除了生产力不够发达、有些商品还是紧缺、市场管理不完善等原因外，奖金发放太多也是一个重要原因。生活消费水平的提高速度，不能超过生产的发展速度，职工收入的提高速度，不能超过劳动生产力的提高速度。这是一条经济规律。钱发得太多，消费品还是这么多，大家都抢着买，物价就要上去了，到头来影响人民生活水平的提高”[2]。加之在此之前的 1984 年第三季度，中央和地方都采取了一些调整价格的措施，市场出现许多商品同时涨价的现象，使群众对物价问题产生了疑虑，一度影响部分城市的市场稳定。

历史的经验告诉我们，放开价格需要考虑当时的宏观经济形势，如果在经济已经过热、总需求超过总供给的情况下，匆忙放开一些比较重要商品的价格，会助长通货膨胀和物价上涨，带来不良的社会后果。

从中国价格改革的历程来看，价格放开不是无条件的，而是要审时度势，逐步放开。最重要的条件是宏观经济稳定，或者说是总需求和总供给基本平衡。价格改革已经从单一的价格调整环节，渗透到生产、流通、分配、消费的各个环节和各个领域。从这个意义上讲，价格改革，变革的不仅是价格本身，实质上是整个经济体制。

---

① 田源、乔刚：《价格改革与产权制度转换》，《经济研究》，1988 年 02 期。
②《改革 我们共同的话题》，《经济日报》，1987 年 8 月 5 日。

三、计划价格体制与市场价格体制“双轨”并行

（一）莫干山会议关于价格的争论

1984年9月3日至10日，由《经济学周报》《经济日报》《经济效益报》《中国青年报》《中国村镇百业信息报》《中国青年》杂志、中央人民广播电台以及浙江省社会科学院和浙江省经济研究中心等10家单位联合发起了“全国首届中青年经济科学工作者学术讨论会”，因会议的地点选在浙江省德清县莫干山召开，因此又被称为“莫干山会议”。

会上，关于价格改革的争论主要有两种观点：一是以提高采掘工业品价格为中心，改革工业品价格体系；二是以解决农产品价格倒挂和补贴过多为中心，调整消费品价格和公用事业收费。对于工业品价格的改革，会上形成了两种思路：“调放结合，以调为主”和“调放结合，先放后调”。之后又出现了第三种观点：通过客观形成的生产资料双轨价格，自觉利用双轨价格，使计划价格和市场价格逐步靠拢。在这个过程中，逐步缩小生产资料的计划统配的物资部分，逐步扩大市场自由调节的部分，最后达到两个价格统一。这就是双轨过渡的价格改革思路，即“价格双轨制”。

（二）工业生产资料价格双轨制的出现

工业生产资料价格实行双轨制是中国渐进式改革的必然产物。改革开放初期，大家对改革的目标并不十分明确，改革的基本理念是尊重客观经济规律，特别是价值规律，积极引入市场机制等。因此，在生产环节，逐步缩减指令性计划的范围，扩大市场调节的范围；在流通环节，则逐步缩减物资调拨的部分，扩大市场流通部

分。而价格双轨制则是双重经济体制特别是双重经济运行机制并存的集中体现，是双重计划体制和物资体制的集中体现。既然计划体制改革是缩小国家的指令性计划，给予企业逐渐加大的生产自主决策权；在物资体制改革方面，减少国家统一分配的物资，让企业有权自行销售和采购一部分产品和原材料，这部分自由生产和自由购销，自然要有自由价格相配合，才有实际意义。如果没有自由价格，所谓的自由生产和自由购销就没有落地。价格双轨制就是在这种条件下产生的。在价格双轨制中，工业生产资料价格双轨制最为重要和典型。因为同一种农产品价格双轨制，是长时期存在的。农民根据规定按牌价向国家出售农产品，同时还可以把剩下的一小部分农产品在集市上销售，而集市价格往往大大高于国家牌价。工业消费品在改革开始不久后就从小商品开始逐步放开价格，实行双轨制价格的产品并不普遍。

工业生产资料则不同。改革开放初期，由于社会生产力得到空前解放，经济开始快速增长，一些重要工业生产资料出现供不应求的状况。在国家统一计划价格偏低而又难以在短期内迅速调高的情况下，国家扩大企业自主权的同时，必然会出现计划外价格。1979年7月，国务院下发《关于扩大国营工业企业经营自主权的若干规定》，首次明确允许生产企业按照“议价”自销计划外产品。1982年，国家首先允许石油产品计划外部分按国际市场价格在国内销售，大庆油田，超产原油在国内按每吨644元出售，其他油田超产的原油均按胜利油田的超产油价每吨532元出售。当时计划内生产的原油国家定价为每吨100元。1984年，部分统配煤实行超产部分加价。

1984年10月，党的十二届三中全会通过《关于经济体制改革的决定》，提出当前我国价格体系不合理的主要表现之一是“不同商品之间的比价不合理，特别是某些矿产品和原材料价格偏低”[①]。由于工业生产资料是基础性产品，提价幅度小了不能解决问题，提价幅度大了又会影响加工工业生产和市场物价的稳定。于是就要寻求一条既对整个经济震动影响较小，又能逐步解决重要工业品价格偏低的妥善办法。与此相应，企业扩大自主权的改革也同时起步。为了搞活企业，需要改变国家对工业生产资料价格管得过多过死的问题，给企业以部分产品自行销售、自行定价的权力。在此之前的1984年5月，由国家经委提出，经国家物价局同意，由国务院发出的《关于进一步扩大国营工业企业自主权的暂行规定》，就允许企业有一定的产品自销权。“在产品价格方面。工业生产资料属于企业自销的和完成国家计划后的超产部分，一般在不高于或不低于20%幅度内，企业有权自定价格，或由供需双方在规定幅度内协商定价”[②]。这项规定在执行过程中，由于市场上许多产品，特别是钢材和煤炭，即使加价20%，仍然比市场价格低很多。还有若干中间贩运单位，从工厂以国家规定内的价格购进，再以高于国家规定上限的价格卖出牟取暴利。在这种情况下，国家考虑，与其让中间环节抬价倒卖牟利，不如让生产企业直接卖高价得到好处。于是，1985年1月，国家物价局、国家物资局发布《关于放开工业品生产资料超产自销产品价格的通知》，取消了只准生产企业加价20%的限制。这项限制取消以后，以工业生产资料价格双轨制

① 《中共中央关于经济体制改革的决定》，北京：人民出版社，1984年版，第20页。
② 《国务院关于进一步扩大国营工业企业自主权的暂行规定》，《中华人民共和国国务院公报》，1984年10期。

为发端，开始了同一产品价格“调”和“放”同时进行的新的价格管理体制改革。工业生产资料价格双轨制犹如脱缰之马迅速扩展到所有产品，价格水平也不断上扬。这样，按照市场价格销售的比重也越来越大。[①]据统计，1988 年，在重工业产品出厂价格中，按国家定价（包括地方临时价格）销售的比重，采掘业产品为 95.1%，原材料产品为 74.6%，加工工业产品为 41.4%。另据国家物价局物价研究所对 17 个省、自治区、直辖市的典型调查，1989 年国营企业按计划购进的生产资料占其全部消费中的比重，以实物量计算为 44%（以金额计算仅占 28%），其中煤炭计划调拨量为 45.4%、钢材为 29.7%、木材为 21.7%、水泥为 15.5%。[②]国家定价外销售的产品，一般为市场调节价，可见双轨制价格几乎覆盖全部工业生产资料。与此同时，双轨价差也在逐步扩大（见表 2–1）。再以 1989 年 3 月为例，市场价格高出计划价格幅度分别为：煤炭 149%、原油 213%、钢材 105%、木材 112%、铜 150%、铝 124%。

表 2–1　国家物资局市场调节司统计双轨价差数据表

单位：元

	计划出厂价	市场平均价	地区最高价
线材（6.5 毫米，元 / 吨）	610	1680	2200（锦州、无锡、郑州）
元钢（10~20 毫米，元 / 吨）	592	1473	1980（厦门）
螺纹钢（19~24 毫米，元 / 吨）	520	1611	2120（厦门）

① 成致平：《价格改革三十年（1977—2006）》，北京：中国市场出版社，2006 年版，第 89–90 页。
② 邹向群：《总结价格改革三十年经验 完善以市场为主的价格形成机制》，载彭森主编：《中国价格改革三十年 1978—2008》，北京：中国市场出版社，2010 年版，第 52 页。

续表

	计划出厂价	市场平均价	地区最高价
冷轧薄板（1 毫米，元 / 吨）	870	4602	6670（南昌）
热轧碳结钢（17~28 毫米，元 / 吨）	707	1707	1900（厦门）
角钢（2~6 号，元 / 吨）	593	1665	1960（厦门）
中厚板（4 毫米以上，元 / 吨）	570	1804	3850（广州）
铅（1 号，元 / 吨）	4000	16077	19000（武汉）
铸造生铁（Z22 号二组锰二类，元 / 吨）	293	752	820（无锡）
水泥（425 号，元 / 吨）	90	193	279（上海）
纯碱（一级品，元 / 吨）	390	1192	1800（武汉）
烧碱（含量≥ 93%，元 / 吨）	640	2986	3800（武汉）
载重汽车（东风 140 型，元 / 辆）	25800	46538	63800（沈阳）
载重汽车（解放 141 型，元 / 辆）	29800	39004	40763（济南）
落叶松（原木，元 / 立方米）	119	636	700（西宁）

资料来源：张卓元主编：《中国价格模式转换的理论与实践》，北京：中国社会科学出版社，1990年版，第55页。

（三）双轨制价格的利与弊

在 20 世纪 80 年代形成的双轨制体系，目的是打造一个宏观控制，以及企业、市场微观互动、相互协调的机制，最终从僵化的产品经济绝境中突围出来。双轨制价格的利与弊都很明显，既不能全部肯定，也不能全盘否定，需要科学地进行具体分析。一般认为，双轨制价格的积极作用主要有：

（1）刺激生产，特别是短线商品的生产。由于短线商品供求矛盾相对较大，市场价格超出计划出厂价格较多，从企业角度来讲，愿意进行超产，以便得到更多利润。当时计划内煤炭生产已有几年处于全行业亏损，但全国的煤炭生产依然能做到每年增产 1000 多万吨。究其原因，还是煤炭价格实行双轨制所致。超核定能力生产的部分可分别加价 50%、100%，再超计划生产的部分可以随行就市，议价卖出。这两部分合计，全国全年煤炭工业可以多收入几十亿元。

（2）促进乡镇工业的发展。国家计划一般不列乡镇工业所需原材料，因而抑制了乡镇工业的发展。实行工业生产资料价格双轨制后，乡镇工业企业可以用市场价格买到原材料，从而促进自身发展。没有工业生产资料价格双轨制，乡镇工业的大发展是很难实现的。

（3）促使单位努力节约原材料。由于计划外原材料价格较高，能促进使用单位努力减少消耗和浪费，同时还能抑制低效益企业的需求。

（4）有利于了解市场供求关系和各类商品之间比价关系的变化。由于计划外商品随行就市，价格随市场供求关系变化而涨落，这样，国家就可以通过市场价格变动了解市场供求关系变化情况。同时，计划外商品价格由市场决定，不同商品之间的比价关系可供国家作为计划出厂价格的参考。

价格双轨制在新旧两种体制的转换中不断产生摩擦和碰撞，其弊端主要表现在：

（1）冲击国家计划，影响国家重点建设项目和发展产业的物资保证。一般情况下，由于双轨价差往往较大，生产企业为了多得利润，会想方设法将国家重要统配物资，以各种形式通过各种渠道流入市场。这样，计划外的自销挤占了计划内的统配物资，使国家指令性产品调配约束软化，计划分配物资合同履约兑现率下降。据物资部统计：1985 年钢材分配计划的订货率为 96%，1989 年为 88%，1990 年降为不足 80%；1985 年，5 种有色金属分配计划的订货率为

91%，1988 年降为 87%，其中铜、铝的订货率均不足 80%。[①]

（2）不利于投资规模的宏观控制。由于我国的某些原材料相对短缺，双轨制价格势必使国家基建项目的一部分投资不得不使用高价建筑材料，从而使工程造价提高。据有关部门统计，1988 年，电站每千瓦综合造价比全部供应计划价建材提高 68%，吨煤炭投资提高 85%，每公里铁路新线投资提高 1.2 倍。国家重点项目常常不断追加投资。这样，投资规模很难得到有效控制。

（3）不利于增强大中型企业的活力。大中型企业承担计划内商品生产和财政上缴任务较重，而小企业生产的同种商品则大部分可按市场价格出售。这样，就使大中型企业在竞争中处于不利地位，容易出现小企业排挤大中型企业、落后技术排挤先进技术等不正常现象。

（4）导致短缺商品的囤积居奇。由于双轨制价格差距较大，一些单位往往把相对短缺的原材料作为硬通货囤积起来，这就反过来加重了物资短缺。不但不利于社会流通的正常运行，而且会造成企业和社会库存的增加，降低资金周转效率。

（5）双轨制价格形成的巨大差价容易滋生倒卖牟利的歪风邪气。有人凭借各种手段转手，甚至不惜铤而走险，倒卖紧缺物资，成为经济生活中一些不正之风的重要根源。计划内外价差越大，这方面的问题就越严重。

自 1985 年起，中国价格改革实行以放开价格为主的举措。从此之后，市场调节价比重逐步扩大，政府定价、政府指导价比重随之缩小。到 1992 年中央确立建立社会主义市场经济体制这一经济

① 成致平:《价格改革三十年（1997—2006）》，北京：中国市场出版社，2006 年版，第 91 页。

体制改革目标时，市场调节价的比重在商品零售环节已占 93.0%，在农产品收购环节已占 81.8%，在生产资料出厂环节占 73.8%，在服务行业收费环节中占 64.4%（见表 2–2）。

表 2–2　1984—1992 年部分年份三种价格形式比重变化

单位：元

项目	1984 年	1988 年	1990 年	1992 年
商品零售环节				
政府定价	73.5	47.0	29.8	5.9
政府指导价	10.5	19.0	17.2	1.1
市场调节价	16.0	34.0	53.0	93.0
农产品收购环节				
政府定价	67.5	37.0	25.0	12.5
政府指导价	14.4	23.0	23.4	5.7
市场调节价	18.1	40.0	51.6	81.8
生产资料出厂环节				
政府定价	—	60.0	44.6	18.7
政府指导价	—	0	19.0	7.5
市场调节价	—	40.0	36.4	73.8
服务行业收费环节				
政府定价	—	—	—	15.5
政府指导价	—	—	—	—
市场调节价	—	—	—	64.4

资料来源：张卓元主编：《新价格模式的建立与市场发育的关系》，北京：经济管理出版社，1996年版，第111页。

这些领域率先建立起与社会主义市场经济体制相适应的市场价格体制。

第二节　1988 年“价格闯关”

1988 年，中国价格改革企图迈大步“闯关”，但因当时宏观经济环境严峻，投资增速过快，货币超发过多，中国百姓普遍存在通货膨胀的心理预期。因此当下半年“闯关”改革举措一出台，就引发市场抢购风潮和挤兑银行存款，国家不得不紧急刹车，按下价格改革暂停键，转为集中精力治理经济环境，恢复经济秩序。

一、“价格闯关”始末

（一）“价格闯关”的原因

改革开放后，党和国家实施的一系列调整和放开价格的举措成效明显，不仅大大推动工农业生产的快速发展，而且增强了整个社会的经济活力，市场日趋活跃繁荣。进入 20 世纪 80 年代，经济增速明显加快，我国GDP年增长率逐年提高。与此同时，市场—价格改革任务日显突出。

1985—1987 年，全国零售物价总水平分别上涨了 8.8%、6.0% 和 7.3%。[①] 到了 1987 年，最突出的问题还是物价不稳，许多生产资料价格和消费品价格出现了大幅度上涨的局面。全国商品零售价格总水平比 1986 年上升 7.3%，突破了控制在 6%之内的计划目标。[②]

1988 年，中央强调要建立社会主义商品经济新秩序。同年 5

---

① 《物价连续三年有较大幅度上涨 职工总体家庭生活水平未下降》，《人民日报》，1988 年 4 月 7 日。

② 刘国光：《中国十个五年计划研究报告》，北京：人民出版社，2006 年版，第 502 页。

月，邓小平提出要过价格改革关的任务。他说："理顺物价，改革才能加快步伐。……最近我们决定放开肉、蛋、菜、糖四种副食品价格，先走一步。中国不是有一个'过五关斩六将'的关公的故事吗？我们可能比关公还要过更多的'关'，斩更多的'将'。过一关很不容易，要担很大风险。[①]""物价改革非搞不可，要迎着风险，迎着困难上。[②]"1988 年 5 月 30 日，国家体改委召开经济体制改革中期研讨会，重点讨论物价改革问题。紧接着，5 月 30 日至 6 月 1 日，中共中央政治局第九次全体会议召开，决定着手研究价格工资改革方案，加速价格改革。会议指出，"价格和工资制度改革需要有统盘的考虑和系统的方案。发展社会主义商品经济，要按价值规律办事，理顺原来很不合理的价格关系。要主动地理顺物价，就必须相应地解决工资问题。价格和工资制度的改革，既要理顺关系、促进生产，又要使大多数群众生活水平逐步有所提高。要制定配套的改革措施，创造良好的经济环境"[③]。6 月 9 日，《人民日报》发表评论员文章，指出"中国的改革发展到今天，已经到了一个关键性的阶段，到了非解决物价问题不可的时刻。随着改革的深入发展，价格体系不合理的问题愈益突出，价格改革成为制约、影响经济体制改革的其他很多方面的关键问题。中心问题是必须理顺价格体系。当然，物价改革是要冒风险的。不过，即使在改革的

---

① 邓小平：《理顺价格 加速改革》，《邓小平文选》（第三卷），北京：人民出版社，1993 年版，第 262–263 页。

② 邓小平：《理顺价格 加速改革》，《邓小平文选》（第三卷），北京：人民出版社，1993 年版，第 263 页。

③《坚决稳妥解决好改革中的难题 建立社会主义商品经济新秩序》，《人民日报》，1988 年 6 月 2 日。

过程中，某些人的利益暂时受到一些影响，最终总是会得到妥善解决的”[①]。

（二）“价格闯关”的提出

1988年8月15日至17日，中央政治局在北戴河召开第十次全体会议，讨论和通过国务院物价委员会制订的《关于价格、工资改革的初步方案》。8月19日，《人民日报》刊登新华社《中央政治局召开第十次全体会议 原则通过价格工资改革初步方案》的公报。文章指出，“会议认为，价格改革的总方向是：少数重要商品和劳务价格由国家管理，绝大多数商品价格放开，由市场调节。以转换价格形成机制，逐步实现‘国家调控市场，市场引导企业’的要求，根据各方面的条件和现实可能，今后5年左右的时间，价格改革的目标是初步理顺价格关系，即解决对经济发展和市场发育有严重影响、突出不合理的问题”[②]。

8月24日，《人民日报》发表社论明确指出，“价格改革这一关非过不可，既不能绕过去，也不能再拖下去。价格改革涉及经济体制的全局。抓住价格改革这条主线可以推动整个经济改革”[③]。自此，“价格闯关”这一命题被正式提出。而就在此之前不久，国家决定放开猪肉等主要副食品的零售价格。1988年7月16日，又对13种名烟名酒放开价格。从这一通知发布当天起，全国各大城

① 《改革有险阻 苦战能过关》，《人民日报》，1988年6月9日。

② 《中央政治局召开第十次全体会议 原则通过价格工资改革初步方案》，《人民日报》，1988年8月19日。

③ 《价格、工资改革是整体深层改革》，《人民日报》，1988年8月24日。

市就出现了抢购名烟名酒的风潮。北京、上海、天津等城市的商店在开门后的几个小时内，库存的名烟名酒就被抢购一空。由于普通群众已存在通货膨胀预期，全国范围内很快就出现挤兑银行存款和抢购商品的风潮。据国家统计局资料，1988 年 8 月，社会消费品零售总额比上年同期增加 38.63%。[①] 这次抢购风潮的特点是：来势凶猛，波及面大，抢购风潮自 8 月中旬在少数地方掀起后，迅速蔓延到全国大部分城市和一部分农村。持续时间长，抢购商品范围广、数量大，如洗衣机销量增长 13%，电视机增长 56%，电冰箱增长 82.8%。据统计，这次商品抢购风潮抢购了 60 亿多元。受抢购风潮影响，1988 年 8 月底，银行储蓄存款比 7 月底减少 26 亿多元。[②] 与此同时，物价上涨加快。据国家统计局通报，1988 年前三季度全国物价指数上涨 16%。[③]

（三）“价格闯关”后的整顿治理

由于全国范围内抢购狂潮对社会安定造成了严重威胁，1988 年 8 月 30 日，国务院召开第二十次常务会议，通过了《关于做好当前物价工作和稳定市场的紧急通知》（以下简称《通知》）。《通知》指出，“经中央政治局第十次会议原则通过的价格工资改革初步方案中所讲的‘少数重要商品和劳务价格由国家管理，绝大多数

① 徐棣华、王亚平：《中国社会主义建设新时期经济简史（1976—1991）》，北京：中国物资出版社，1993 年版，第 236 页。
② 彭森、陈立等：《中国经济体制改革重大事件（上）》，北京：中国人民大学出版社，2008 年版，第 319 页。
③ 国家统计局：《成效 · 问题 · 启示——对三年来治理整顿的回顾与思考》，《人民日报》，1991 年 11 月 22 日。

商品价格放开，由市场调节'，指的是五年或更长一些时间的长远目标，目前改革方案还在进一步修订完善之中。明年作为实现五年改革方案的第一年，价格改革的步子是不大的，国务院将采取有力措施，确保明年社会商品零售价格上涨幅度明显低于今年。要据此向群众做好宣传解释工作，消除疑虑"①。同时强调1988年下半年不出台新的涨价措施，控制社会集团购买力，清理整顿公司，并严厉打击囤积居奇、投机倒把等行为。这实际上宣布中止"价格闯关"。中国的价格改革进入紧急控制状态，激进的改革方式遭遇挫折。

1988年9月15日至21日，中共中央政治局召开中共中央工作会议。会议研究了全面深化改革的指导方针和配套措施，认为"深化改革不仅是价格、工资改革，而且是多方面的改革。1989年、1990年两年要把改革和建设的重点放到治理经济环境、整顿经济秩序上来"②。1988年9月23日，中共中央政治局召开工作会议，决定开展治理整顿工作。9月26日至30日，党的十三届三中全会在北京举行。全会确定，"治理经济环境，主要是压缩社会总需求，抑制通货膨胀。整顿经济秩序，就是要整顿目前经济生活中特别是流通领域中出现的各种混乱现象"③。

1988年10月6日，国务院作出《关于从严控制社会集团购买力的决定》，强调"从严控制社会集团购买力，不仅有利于抑制需求膨胀，缓解市场供需矛盾，有利于增收节支，平衡国家预算，而

① 《国务院关于做好当前物价工作和稳定市场的紧急通知》，《中华人民共和国国务院公报》，1988年18期。
② 《中央工作会议在京召开》，《人民日报》，1988年9月23日。
③ 《中共十三届三中全会发表公报》，《人民日报》，1988年10月1日。

且对于实现清廉从政，扭转目前社会上的奢侈浪费之风，都具有重大意义”[①]。一方面，遏制不断通货膨胀，抑制不顾生产经营状况违规发放奖金；另一方面，采取多种办法正确引导消费，吸收和推迟实现社会购买力。

二、“价格闯关”未成的原因和教训

在通货膨胀抬头的客观条件下，价格改革是难以顺利推进的。1988 年，各方面都估计当年物价上涨率将会达到甚至超过 10%，中国百姓也已普遍存在通货膨胀的心理预期。1988 年 3 月，在国内市场就已经刮起了第一次抢购肉、蛋、糖等副食品的狂潮，当时已有经济学家对此表示担心，这样的宏观经济环境是不宜进行“价格闯关”的。总之，1988 年的“价格闯关”，决策层对价格改革必要性、紧迫性的认识是正确的，也抓住了问题的本质与要害，但对“闯关”的条件和当时已抬头的通货膨胀估计不足，对广大群众能否承受两位数的物价上涨率过于乐观。

中国价格改革的实践告诉我们，处理好理顺价格关系和稳定物价水平的关系，在保持物价总水平大体稳定下推进价格改革，是我国顺利推进价格改革最重要的经验。在价格改革过程中，无论是调整价格还是放开价格，如果物价总水平的上涨只限于改变畸形的价格结构或理顺比价差价关系，那么，其上涨率并不会太高，而且这种上涨是分几年、十几年甚至二三十年来实现的，因而其年度上涨

---

① 《国务院关于从严控制社会集团购买力的决定》，《中华人民共和国国务院公报》，1988 年 23 期。

率基本可以控制在5%以内，这样就可以保持物价的基本稳定。也就是说，应当在保持物价总水平稳定的情况下推进价格改革。而一旦出现通货膨胀，物价上涨率就会超出5%，达到群众不能承受的水平。1988年“价格闯关”未成，就是因为当时国内已出现了通货膨胀，一下子全面放开价格，势必引起物价的全面上涨，诱发恶性通货膨胀，引起社会不稳定和经济生活紊乱。价格体系的调整和价格形成机制的转换，其背后是整个经济运行机制、组织和规则的转换，不能一蹴而就，幻想一步到位。[①] 由于价格改革与其他改革的相互制约关系，“长痛不如短痛”的设想根本无法达到理顺价格的预期目的。政府被迫中断价格改革，先稳定经济，只有在经济稳定后才能再推进价格改革。最突出的事例就是1988年底到1990年，国家采取稳健的经济政策，物价上涨率得到有效控制，工业生产资料市场价格也随之逐步回落，使工业生产资料双轨价差从二三倍回落至一倍以内，甚至有的回落至50%以内，从而出现了工业生产资料价格双轨制并轨的良好时机。国家抓住这一有利时机，于1991年至1992年顺利实现并轨，主要并为市场单轨价，使市场化价格改革迈出扎实的步伐。

① 马凯:《中国价格改革20年的历史进程和基本经验》,《价格理论与实践》,1999年01期。

第三节　价格双轨制的并轨

六届全国人大三次会议通过的《政府工作报告》指出，“经过多方面的权衡比较和认真测算，考虑到当前国家财政负担能力、企业消化能力和群众的承受能力，1985 年决定采取放调结合、小步前进的方针。在改革中，必须根据实际情况，认真贯彻价格‘有升有降’的原则，努力保持物价总水平的基本稳定”①。随后，国务院办公厅于 4 月 12 日就当年的价格改革问题举行新闻发布会，时任国家物价局局长成致平在向记者发表的谈话中提出，“1985 年是价格体系改革的头一年，迈好今年的这一步，对以后改革的顺利进行，关系重大。1985 年价格改革的基本方针是：放活价格与调整价格相结合，走小步子，稳步前进”②。

双轨制价格的利弊得失在很大程度上是由计划内外价差决定的，价差小，利大于弊；价差大，积极作用受到限制，导致弊端加剧。这就使工业生产资料价格双轨制成为现实生活中的敏感问题。

到 1988 年，由于钢材、生铁、煤炭等主要工业生产资料市场价格均高出计划价格一倍以上甚至两三倍之多，使双轨价的弊端暴露得更为突出，遭到社会各界的非议。那时人们基本达成共识：努力创造条件，使双轨制价格尽快向单轨价过渡，已成为改革的紧迫任务。

---

① 《当前的经济形势和经济体制改革——一九八五年三月二十七日在第六届全国人民代表大会第三次会议上的政府工作报告》，北京：人民出版社，1985 年版，第 17 页。
② 《在国务院办公厅举行的新闻发布会上国家物价局长谈 1985 年价格改革基本方针是放调结合小步前进》，《人民日报》，1985 年 4 月 13 日。

一、开放工业生产资料价格

“价格闯关”后，国家实行了一系列治理措施，千方百计增加市场供给，稳定物价，努力探索如何将计划经济与市场经济更好地结合。此后，治理整顿工作取得实效，社会总需求和总供给随之恢复平衡，工业生产资料价格计划外市场价格逐渐回落，计划内外差价逐步缩小。到 1990 年，产品差价一般已缩小到一倍以内甚至不到 50%。

1990 年 1 月，《人民日报》发文指出，“我国社会主义经济是公有制基础上的有计划的商品经济。在社会主义的条件下，社会主义经济以生产资料公有制为主体，国家必须从总体上对国民经济进行计划管理，保持各项比例关系的综合平衡，尽量避免盲目失控状态。随着商品生产的发展，企业之间的经济关系又以商品生产、商品交换为纽带，计划管理和市场调节共同作用与企业的生产经营活动。在我国经济发展的不同阶段和不同情况，两方面作用的程度、方式、范围应有所不同，在实际工作中，有时强调计划多一些，有时注意市场调节多一些，在这些方面计划多一些，在另一些方面市场调节多一些”[①]。

1990 年 12 月，党的十三届七中全会通过《中共中央关于制定国民经济和社会发展十年规划和“八五”计划的建议》（以下简称《建议》），《建议》明确指出，“逐步取消生产资料价格双轨制，有些商品的价格要逐步同国际市场价格相适应。进行价格改革要坚持

① 《经济体制改革的一个重要原则——谈计划经济与市场调节相结合》，《人民日报》，1990 年 1 月 23 日。

以下原则：一是态度要积极，步骤要慎重，时机选择要适当，并且把物价上涨的幅度控制在居民、企业和国家财政所能承受的范围以内；二是严格控制社会总需求，保持社会总供求基本平衡，为价格改革创造良好的经济社会环境；三是在调整基础产品价格的同时，采取措施促使企业消化一部分涨价因素，防止各类商品价格等幅上涨，造成不合理的比价复归；四是解决农副产品购销价格倒挂和调整消费品价格，要保证广大城乡居民实际收入不降低；五是价格调整和改革，要逐步减少国家的物价补贴”①。并强调，“积极稳妥地推进价格改革。目标是建立和健全合理的价格形成机制和价格管理体制，逐步做到关系国计民生的少数重要商品和劳务价格由国家管理，其他一般商品和劳务价格由市场调节的价格管理制度”②。

此时，工业生产资料价格双轨制并轨条件已经成熟（见表 2–3）。由于整个经济体制改革一直坚持市场化取向，工业生产资料价格双轨制主要并为市场单轨制成为普遍共识。

表 2–3　部分计划外生产资料出厂价与市场成交价

单位：元 / 吨，元 / 立方米，%

部分计划外生产资料出厂价						
	1989 年	1990 年		1991 年 6 月		
	价格	价格	比 1989 年	价格	比 1990 年	比 1989 年
煤炭	153.4	137.34	–11.5	136	–1	–11.3
原油	509.8	517.01	+1.4	551.01	+6.7	+8.0

① 《中共中央关于制定国民经济和社会发展十年规划和“八五”计划的建议》，北京：人民出版社，1991 年版，第 43–44 页。

② 《中共中央关于制定国民经济和社会发展十年规划和“八五”计划的建议》，北京：人民出版社，1991 年版，第 43 页。

续表

部分计划外生产资料出厂价						
	1989 年	1990 年		1991 年 6 月		
	价格	价格	比 1989 年	价格	比 1990 年	比 1989 年
汽油	1075.27	1043.86	–2.9	1054.3	+1	–2.0
柴油	918.92	894.26	–2.7	911.25	+1.9	–1.0
钢材	1870.8	1869.0	0	1600	–14.4	–14.4
铸造生铁	635.8	711.1	+11.8	725.3	+1.8	+14.1
铝锭	10430	1006	–3.6	8900	–11.5	–14.7
电解镍	61000	61000	0	59720	–2.1	–2.1
电解铜	1621	17500	+7.9	16500	–5.7	+1.8
纯碱	1050	1050	0	963	–11.0	–11.0
烧碱	2050	2100	+2.3	1988	–5.3	–3.0
水泥	170.68	165.95	–2.5	147	–11.6	–13.9
木材	481.4	404.92	–15.9	391.96	–3.2	–18.6
部分计划外生产资料市场成交价						
烟煤	230	155	–48.4	153	–1.3	–33.5
原油	509.87	517.01	1.4	551.01	6.7	8.0
汽油	1802	1599	–11.3	1615	1.0	–10.4
柴油	1591	1515	–4.8	1545	1.9	–2.9
线材（6.5mm）	1764	1495	–15.2	1649	10.3	–6.5
铸造生铁	830	795	–4.8	809	1.8	–2.5
铝锭	13237	9337	–29.5	9000	–3.6	–32
电解镍	59114	56407	–4.6	59720	5.9	1.0
电解铜	18100	16645	–8.0	16782	0.8	–7.3
纯碱	1299	958	–26.3	936	–2.3	–27.9
烧碱	2720	2125	–11.9	1988	–6.5	–26.9
水泥	188	175	–6.9	152	–13.2	–19.1
木材	675	555	–17.8	510	–9.1	–24.4

资料来源：杨圣明、李军：《价格双轨制的历史命运》，北京：中国社会科学出版社，1993年版，第63–64页。

1991 年，国家又相继调整了粮食、原煤、原油和铁路货运的价格（见表 2–4）。

表 2–4　1991 年价格改革计划

调价品种	计量单位	计划价格（元）	调价金额（元）	调价幅度（%）
粮食	公斤	0.39	0.04	10.4
原煤	吨	61	15	25
原油	吨	171	70	40
铁路货运	吨公里	0.027	0.013	48

资料来源：田源、乔刚主编：《中国价格改革研究（1984—1990）》，北京：电子工业出版社，1991年版，第101页。

二、确立社会主义市场经济目标模式

1992 年 1 月 18 日至 2 月 21 日，邓小平在武昌、深圳、珠海、上海等地发表一系列谈话。科学地总结了改革开放和现代化建设的基本实践经验，明确回答了改革开放以来经常困扰和束缚我们思想的许多重大认识问题和理论问题。

邓小平南方谈话之后，中共中央政治局召开全体会议，作出了加快改革开放和经济发展的决议，加快了价格市场化的步伐。1992 年 10 月，党的十四大确立社会主义市场经济体制改革的目标。大会明确提出，“我们要建立的社会主义市场经济体制，就是要使市场在社会主义国家宏观调控下对资源配置起基础性作用，使经济活动遵循价值规律的要求，适应供求关系的变化；通过价格杠杆和竞争机制的功能，把资源配置到效益较好的环节中去，并给企业以压力和动力，实现优胜劣汰；运用市场对各种经济信号反应比较灵敏的优点，促进生产和需求的及时协调”[1]。标志着中国改革开放和现代化建设事业进入一个新的阶段，价格改革的市场取向得到进一步明确。

1993 年 11 月 14 日，党的十四届三中全会通过《关于建立社会主义市场经济体制若干问题的决定》，再次强调推进价格改革，建立主要由市场形成价格的机制，并具体指出，“深化价格改革的主要任务是：在保持价格总水平相对稳定的前提下，放开竞争性商品和服务的价格，调顺少数由政府定价的商品和服务的价格；尽快取消生产资料价格双轨制；加速生产要素价格市场化进程；建立和完善少数关系国计民生的重要商品的储备制度，平抑市场价格”[2]。

1992 年 8 月，国家物价局重新修订和颁布了中央管理价格的分工目录，大幅度减少中央管理的价格项目。其中，重工业生产资料和交通运输价格由 1991 年的 737 种减少为 89 种，一次放开近 600 种；农产品价格由 40 种减少为 10 种；轻工商品由 41 种减少为 9 种。[3] 1993 年，国家放开了钢铁产品价格和大多数机械产品价格。

三、推进价格双轨制并轨

由于宏观经济环境逐步得到改善，计划外高价逐步稳定下降，

---

① 江泽民：《加快改革开放和现代化建设步伐 夺取有中国特色社会主义事业的更大胜利——在中国共产党第十四次全国代表大会上的报告》，北京：人民出版社，1992 年版，第 23 页。

② 《中共中央关于建立社会主义市场经济体制若干问题的决定》，北京：人民出版社，1993 年版，第 10–11 页。

③ 《国家物价局及国家有关部门分工管理价格的重工商品和交通运输目录（1992 年本）》，《中国物价》，1992 年 11 期。

与计划内产品的国家定价相接近。不同产品采用不同形式，国家实行了工业品生产资料价格的并轨，价格形成机制市场化的步伐大大加快了。

在放开价格的同时，大力推进工业生产资料价格双轨制的并轨，将绝大部分产品计划内价格放开由市场调节。国家对关系国计民生的产品，通过价格调整逐步并为国家定价；对供求弹性较大，竞争性较强的产品，逐步并为市场调节价，对少数还不具备并轨条件的产品，通过分步提高国家定价、采取最高限价等措施，逐步缩小双轨价差。到 1994 年工业生产资料价格双轨制基本取消。

1992—1997 年，国家五次提高原油出厂价格，全国平均价格每吨由 380 元提高至 1020 元；四次提高铁路货运价格，国家铁路统一货运价格每吨公里由 3.85 分提高到 6.55 分；五次提高电力价格，平均销售电价每千瓦时由 0.147 元提高到 0.332 元。[①] 从 1997 年开始，国家颁布《价格法》以及配套的一系列法规，标志着我国价格管理体制的不断完善。1997 年 9 月，党的十五大报告提出，“充分发挥市场机制作用，健全宏观调控体系。要加快国民经济市场化进程。继续发展各类市场，着重发展资本、劳动力、技术等生产要素市场，完善生产要素价格形成机制”[②] 。1997 年与改革开放前的 1978 年相比，在商品零售总额中，国家定价的比重由 97%减少到 5.5%，市场价格的比重由 3%上升为 93.2%，其余 1.3%实行国家指

---

① 国家发展改革委价格司:《价格改革的历程和经验》，载彭森主编:《中国价格改革三十年 1978—2008》，北京：中国市场出版社，2010 年版，第 85-86 页。

② 江泽民:《高举邓小平理论伟大旗帜 把建设有中国特色社会主义事业全面推向二十一世纪——在中国共产党第十五次全国代表大会上的报告》，北京：人民出版社，1997 年版，第 27 页。

导价，按全社会各类商品价格总额计算，直接生产经营者由过去基本上没有定价权，发展为掌握着约占全社会百分之八九十的产品定价权。采掘工业产品价格累计上升了712%，原材料工业产品价格累计上升了411%，加工工业产品价格累计上升了201%，原材料和加工工业产品之间价格不合理的比价关系得到明显改善。[①]

1998年6月，国务院决定改革原油、成品油价格形成机制，将原油价格与国际市场接轨。将汽油、柴油零售价格由政府定价改为政府指导价。在这期间，价格结构性调整也迈出较大步伐。同年10月，取消螺纹钢、圆钢、线材等10种钢材指导价格，钢材价格完全放开由市场形成。11月，国务院决定改进化肥价格管理方式，建立政府指导下市场形成价格的机制，化肥出厂价格由政府定价改为政府指导价，放开化肥零售价格。[②]

---

① 马凯:《中国价格改革20年的历史进程和基本经验》,《价格理论与实践》，1991年01期。

②《国务院批转国家计委关于改革化肥价格管理办法请示的通知》，中国政府网，2015年12月31日。

第三章

新世纪以资源及其产品的价格改革为重点

▼

进入 21 世纪后，我国经济在此之前连续保持高速发展，而与此同时各种资源的瓶颈制约逐渐显现。我国粗放型增长方式之所以能多年延续，主要原因之一是资源及其产品价格受国家管制，严重偏低，导致对资源的滥用，造成极大浪费。我国针对当时突出的资源瓶颈制约问题，提出转变为节地、节能、节水、节材的生产方式和生活方式。这就必须深化资源产品价格改革，建立反映市场供求状况和资源稀缺程度的价格形成机制，提高资源利用效率。

第一节　推进资源价格改革的原因

一、新世纪初我国资源价格存在的问题

21 世纪初，我国资源存在的问题主要是：资源价格不能充分反映资源的稀缺程度，资源价格水平偏低。

（1）地价低。一些地方政府用行政权力向农民低价征收耕地，

然后兴建开发区、工业园等，用低价出让的方式招商引资。一段时间以来，在农地向建设用地流转过程中，压低补偿安置标准和各种寻租等侵害农民权益的行为屡有发生。

（2）水价低。以 2003 年为例，我国城市的每立方米水价为 0.15 美元，农用水几乎是免费的，而国外每立方米水价，南非是 0.47 美元，美国是 0.51 美元，德国是 1.45 美元。各个城市水价普遍偏低，总体来看，仅为国际水价的三分之一。到了 2005 年上半年，我国水行业全行业亏损。[①]

（3）能源价格包括煤价、油价、电价低。例如，中国的燃油税是美国的十分之一，是欧洲的 3%—5%。大量高耗能产品之所以争着出口，就是因为中国能源价格偏低。各种能源比价不合理，2007 年，我国原油、天然气之间的比价关系为 1∶0.41。国内天然气价格明显偏低，造成资源产地争上甲醇项目。同年，单位兆焦的电力价格只相当于燃料油和天然气的 70%、液化气的 67%、人工煤气的 56%，电价低于替代能源价格。[②]

（4）矿产品价格低。在我国 15 万家矿山企业中，仅有 2 万家矿山企业要付费取得矿山开采权，绝大部分矿山企业是通过行政授权无偿占有的。当然，我国的矿产资源补偿费平均率为 1.18%，而国外一般为 2%—8%；我国石油、天然气的费率为 1%，远远低于美国的 12.5%和澳大利亚的 10%。[③]

此外，污染者付费原则没有得到有效落实。我国排污费征收标

① 张卓元：《深化改革，推进粗放型经济增长方式转变》，《经济研究》，2005 年 11 期。
② 张卓元：《深化改革，推进粗放型经济增长方式转变》，《经济研究》，2005 年 11 期。
③ 张卓元：《深化改革，推进粗放型经济增长方式转变》，《经济研究》，2005 年 11 期。

准严重偏低，只相当于污染防治成本的 50%，实际征缴率更低。如 2007 年，我国工业排放二氧化硫约 2140 万吨，按规定应征收排污费约 135 亿元，但实际征收率仅为 45%。污水处理率、污水处理费标准均严重偏低。2007 年，全国城市污水处理率不足 50%，大多数中小城市污水处理费标准不能补偿污水处理成本，许多县城尚未建设污水处理厂，当地政府也没有开征污水处理费。大多数城市没有实施生活垃圾处理收费制度，已开征垃圾处理费的城市收费标准也明显偏低，且平均征收率甚至不足 40%，有些地区不足 10%。县城及农村基本没有垃圾无害化处理设施。①

二、粗放型增长方式

（一）“高投入、高消耗、高污染、低效益”

一方面，我国人均主要资源低于世界平均水平。以 2005 年为例，我国人均占有的石油、天然气和煤炭资源储量分别为世界平均水平的 40%、4.5%和 79%，45 种矿产资源人均占有量不到世界平均水平的一半，铁、铜、铝等主要矿产资源储量分别为世界平均水平的六分之一、六分之一和九分之一，人均耕地占有量为世界平均水平的五分之二，人均淡水资源占有量为世界平均水平的四分之一。

另一方面，我国能源资源利用效率低。以 2005 年为例，我国万元国内生产总值能耗为 1.22 吨标准煤，相当于美国的 3.2 倍，日本的 8.7 倍。2005 年，我国GDP占世界GDP总量的 5%，但一次能

① 王小宁、侯守礼、赵俊强:《资源要素价格和环保收费的市场化改革》，载彭森主编:《中国价格改革三十年 1978—2008》，北京：中国市场出版社，2010 年版，第 641-642 页。

源消耗量占世界总量的14.7%，钢材消耗量占世界总量的27%，水泥消耗量占世界总量的50%。2006年，我国GDP占世界GDP总量的5.5%，但一次能源消耗量占世界总量的15%，钢材消耗量占世界总量的30%，水泥消耗量占世界总量的54%。[①] 多年来能源资源的过度消耗，使我国能源资源日益短缺，越来越依靠进口。同时，伴随着能源消耗的迅猛增长，主要污染物排放量不断增加，生态和环境也在恶化。我国能源结构长时间以煤炭为主，能耗高往往带来环境污染的加重，从而带来经济损失。根据国家环保总局和国家统计局发布的《2004中国绿色国民经济核算研究报告》，2004年，全国因环境污染造成的经济损失为5118亿元，占当年GDP的3.05%。[②]

（二）节能减排过程中尚存的问题

我国节能减排的开展与当时所处的发展阶段存在一定矛盾。进入新世纪，我国正处于工业化加速发展的中期阶段，保护环境，开展节能减排面临着诸多挑战。

1．增长方式的转变决定环境和能耗问题解决的长期性

尽快改变我国的高能耗、高污染的粗放型经济增长方式已成当务之急，然而，增长方式转型要着力解决被扭曲的要素价格、完善对经济社会发展实绩的考核指标和机制、培育有利于创新的制度和政策环境等重点问题，这些都不是一蹴而就的，需要一个过程。在这一过程中，支持我国经济增长的诸多因素将发生实质性变化，如劳动力、土地等生产要素成本上升，能源和其他重要资源、环境约

---

① 《未来20年我国重要矿产资源供不应求局面将加剧》，《中国环境报》，2005年8月22日。
② 《2004中国绿色国民经济核算研究报告》，《环境保护》，2006年18期。

束压力的显著加大，金融风险增加等，增长方式转型面临过去未曾有过的压力。

2．资源禀赋的制约决定环境和能耗问题解决的艰巨性

我国是一个多煤炭少油气的国家。这种资源禀赋就注定了我国以煤为主要能源的能源结构，这样，我国向低碳发展模式转变，就将比其他国家承受更多的压力，要从价格要素、技术要素等方面付出更高的代价。

3．节能减排新技术和新产品价格偏高造成消费市场疲软

价格要素与技术要素没有得到充分配合，没有形成从研发到推广再到研发的良性循环，客观上阻碍了节能降耗技术的普遍推广和广泛应用。发展节能减排、实现低碳发展对于处于发展中的中国而言，在技术创新能力方面提出了更强烈的要求。

第二节　着力推进资源环境价格改革

21 世纪以来，我国经济进入新一轮的快速发展期。与此同时也给资源环境造成巨大的压力，资源不合理开发利用是造成生态环境恶化的主要原因。切实解决生态环境保护的矛盾与问题，是我国面临的一项长期而艰巨的任务。在我国，对许多资源产品的开采和使用往往会损害环境和破坏生态，所以它们的价格还要反映环境损害和生态破坏成本。要转变经济发展方式，建立资源节约型社会，形成节能、节地、节水、节材的生产方式和消费模式，国家必须深化生产要素和资源产品价格改革，使它们的价格能很好地反映资源的稀缺程度。总的思路应是逐步提高价格，用价格杠杆迫使生产企业和消费者节约使用资源，提高资源利用效率，使整个经济运行走上资源节约型轨道、科学发展轨道。

2002 年 11 月，党的十六大报告提出，“健全现代市场体系，加强和完善宏观调控。在更大程度上发挥市场在资源配置中的基础性作用，健全统一、开放、竞争、有序的现代市场体系”[①]。2003 年 10 月 11 日至 14 日，党的十六届三中全会在北京召开，会议通过了《中共中央关于完善社会主义市场经济体制若干问题的决定》(以下简称《决定》)，《决定》提出，“坚持以人为本，树立全面、协调、可持续的发展观，促进经济社会和人的全面发展”[②]。对价格形成机制改革提出了新的要求：“大力推进市场对内对外开放，加快要素价格市场化，发展电子商务、连锁经营、物流配送等现代流通方式，促进商品和各种要素在全国范围自由流动和充分竞争。[③]”

2005 年，党的十六届五中全会再次强调转变经济增长方式、建设资源节约型和环境友好型社会的任务后，着力推进资源和资源品价格改革。全会首次提出“建立反映市场供求状况和资源稀缺程度的价格形成机制”[④]。此后，稀缺资源的价格逐步提高，价格发挥出促进资源节约的作用。

---

① 江泽民：《全面建设小康社会 开创中国特色社会主义事业新局面——在中国共产党第十六次全国代表大会上的报告》，北京：人民出版社，2002 年版，第 27 页。

②《中共中央关于完善社会主义市场经济体制若干问题的决定》，北京：人民出版社，2003 年版，第 13 页。

③《中共中央关于完善社会主义市场经济体制若干问题的决定》，北京：人民出版社，2003 年版，第 19 页。

④《中共中央关于制定国民经济和社会发展第十一个五年规划的建议》，北京：人民出版社，2005 年版，第 6 页。

2007 年，党的十七大报告进一步提出，“完善反映市场供求关系、资源稀缺程度、环境损害成本的生产要素和资源价格形成机制”①，为深化资源价格改革指明了方向。

一、资源价格市场化改革的具体措施

（一）石油价格改革

2001 年，针对前两个时期改革中存在的问题，原国家计委发布了《关于完善石油价格接轨办法及调整成品油价格的通知》(以下简称《通知》),《通知》规定国内成品油零售中准价* “以三地市场上月价格加权平均值作为基础，外加关税、运杂费和成品油流通费用最终确定……当加权平均价格按月波动累计超过 8%时，由国家计委重新计算中准价，并向社会公布”②。成品油的最终零售价格由中石油、中石化在中准价上下 8%的幅度内自行确定。这一改革提高了国内成品油价格与国际市场的接轨程度。国内原油价格于 2006 年放开，价格变动由市场决定。汽油、柴油零售价格实行中央政府指导价，国家规定各省、自治区、直辖市和中心城市最高零售价格，加油站具体销售价格由企业在不超过国家规定的最高价格水平的前提下自主确定。国家实施以完善石油价格形成机制、调节利益分配为中心的综合配套改革。决定将国内成品油价格由根据

* 中准价是国家为了统一的销售，出台的一种指导价格，生产厂和经销商可以按中准价自行制定销售价格，即按中准价上浮或下浮。

① 胡锦涛:《高举中国特色社会主义伟大旗帜 为夺取全面建设小康社会新胜利而奋斗——在中国共产党第十七次全国代表大会上的报告》，北京：人民出版社，2007 年版，第 26 页。

② 《关于完善石油价格接轨办法及调整成品油价格的通知》，国家能源局网站，2011 年 8 月 16 日。

新加坡、鹿特丹、纽约成品油加权平均价格确定，改为以国际市场原油平均价为基础，加上国内炼油企业平均加工成本和适当利润制定。同时将“国际市场成品油价格月平均变化超过8%时相应调整国内成品油价格”的规定，改为“当国际市场一段时间移动平均价格变化超过4%时，相应调整国内成品油价格”。我国成品油价格与国际原油价格“有控制地间接接轨”的局面开始形成，对成品油定价机制的改革起到了积极的探索作用。但是由于国际原油价格的波动频繁，波动的幅度也相对较大，引起了国内成品油价格的过于频繁波动，从而对国内经济产生消极的影响，因此这次改革并未得到完全的实行。2008年12月，国家抓住国际市场油价持续回落有利时机，成功推出成品油价格和税费改革，解决了成品油价格、燃油税和交通收费等三方面沉积多年的问题。柴油价格调整周期由22个工作日缩短至10个工作日，同时取消了国际市场油价波动4%才能调价的幅度限制。[①] 2009年5月，国家发改委又颁布了《石油价格管理办法（试行）》，规定“当国际市场原油价格低于每桶40美元时，按正常加工利润率计算成品油价格。高于每桶80美元时，开始扣减加工利润率，直至按加工零利润计算成品油价格。高于每桶130美元时，按照兼顾生产者、消费者利益，保持国民经济平稳运行的原则，采取适当财税政策保证成品油生产和供应，汽、柴油价格原则上不提或少提”[②]。航空煤油出厂价格基本实现市场化，自2015年3月起，由中石油、中石化、中海油和中航油集团

① 《明年起实施成品油价格和税费改革》，《金融时报》，2008年12月19日。
② 《发展改革委关于印发〈石油价格管理办法（试行）〉的通知》，《中华人民共和国国务院公报》，2009年23期。

公司按国家规定的原则办法自行计算、确定。

（二）天然气价格改革

为解决我国天然气价格严重偏低、市场供应紧张的问题，2005年、2007年、2010年，经国务院批准，三次调整天然气出厂价格，并逐步将单一的政府定价改为政府指导价。2011年底，在广东、广西两省区开展天然气价格形成机制改革试点。将出厂价格管理改为门站价格管理，门站价格实行最高上限价格管理，供需双方在不超过最高门站价格*的范围内协商确定具体门站价格。同时将现行以“成本加成”为主的定价方法改为按“市场净回值”方法定价**，建立起天然气与燃料油、液化石油气（权重分别为60%和40%）等可替代能源价格挂钩的动态调整机制。

* 天然气门站价格即国产陆上或进口管道天然气的供应商与下游购买方在天然气所有权交接点的价格。

**“市场净回值”定价与“成本加成”定价相对应，即以商品的市场价值为基础确定上游供货价格，而商品的市场价值按照竞争性替代商品的当量价格决定，最终用户价格按市场价值确定。

（三）电力价格改革

在这一阶段，我国仍然由政府主导进行电价的制定。我国的电力产业主要包括“发、输、配、售”四个环节，主要形成了发电与售电两个市场。自2003年起，为了形成科学的电价体系与合理的电价形成机制，我国便开始着手推进电价的改革。具体表现为以下两方面：一是竞价上网流于形式。2003年3月，国家电力监管委员会正式挂牌运行。同月，国家计委发出了《关于整顿电价秩序规范电价管理有关问题的通知》，对厂网分开后部分电网挤压发电厂的上网电价和发电小时数的问题，提出了不得以收取调度费、竞价、置换电量为由损害发电企业利益的要求。并重申“竞价上网”工作必须在国家电力体制改革的统一安排和部署下逐步进行，各电网不得擅自实施。同时也不得以对特定企业实行优惠扶持等名目变更销售电价，损害国家利益。同年4月，国家发改委发出了《关于运用价格杠杆调节电力供求促进合理用电有关问题的通知》，对销售电价的调整提出了指导意见，并首次提出根据实施上述电价措施的收益情况，由省级价格主管部门每年校核一次，由此产生的盈亏，纳入下一年度电价调整方案统一考虑。[①]从2003年开始，我国煤炭价格上涨迅速，使得各地的电厂上网电价只能遵循国家发布的标杆电价。二是我国缺乏独立的输配电价，我国现行的输配电价是采用倒扣法，即“输配电价销售电价平均上网电价输配电损耗”，也就是说目前我国的输配电价采用的是销售电价和上网电价之间的差额。仍然由国务院价格主管部门负责制定销售电价。2004年1月，中国电监会开始在东北电网进行发电市场竞价上网的试点工作，华东电网、川渝电网也在随后进行。2001—2005年，我国的电力市场化实现以厂网分开、竞价上网为标志的初期目标；2006—2010年，实现以输配电分开，开展发电公司与独立配电公司和大用户双边交易为标志的中期目标；2010年以后，在售电端引入竞争机制，实现以所有市场主体参与的全面竞争为标志的远期目标。

（四）水价改革

我国水资源严重短缺，人均水资源量约2100立方米，仅为世界平均水平的28%，位列世界第121位，被联合国列入全球13个贫水国家之一。全国每年缺水500多亿立方米，400多座城市即全

① 《关于运用价格杠杆调节电力供求促进合理用电有关问题的通知》，国家能源局网站，2011年8月16日。

国三分之二的城市存在不同程度的缺水问题，其中110座城市严重缺水。与此同时，我国水资源利用效率不高，粗放、浪费用水问题普遍存在。随着我国经济发展和城市化进程的加快，城市缺水范围不断扩大，缺水程度日趋严重。与此同时，水价不合理、节水措施不落实和水污染严重等问题也比较突出。2000年11月，国务院下发《关于加强城市供水节水和水污染防治工作的通知》，要求："加强水资源的统一管理和规划，重点加强地下水资源开发利用的统一管理。大力提倡城市污水处理回用等非传统水资源的开发，并纳入水资源的统一管理和调配。[①]"从2000年开始，水价改革逐渐展开。水资源费的征收范围逐渐扩大，征收标准逐渐提高，城市供水价格有较大幅度提高，农业用水价格也在减少收费环节、降低管理成本的同时有一定程度的提高。我国逐步推广居民生活用水阶梯水价制度，普遍实施非居民用水超计划超定额加价，对不同行业用水实行分类定价。

2002年10月，修订后的新《水法》正式实施，标志着我国依法治水管水进入了一个新的发展阶段。新《水法》与原《水法》比较，一个重要的特点是强化水资源的流域管理，注重在流域范围内的水资源宏观配置。新《水法》明确流域管理机构在流域水资源管理中的管理作用。新《水法》规定，水资源属于国家所有。水资源的所有权由国务院代表国家行使。国家对水资源实行流域管理与行政区域管理相结合的管理体制。国务院水行政主管部门负责全国水资源的统一管理和监督工作。国务院水行政主管部门在国家确定

① 《国务院关于加强城市供水节水和水污染防治工作的通知》，《中华人民共和国国务院公报》，2001年01期。

的重要江河、湖泊设立的流域管理机构（简称流域管理机构），在所管辖的范围内行使法律、行政法规规定的和国务院水行政主管部门授予的水资源管理和监督职责。新《水法》建立流域管理体制意在克服我国原有统一管理与分级、分部门管理体制实际上演变成地区、部门“条块”分割体制的弊端，以期科学、合理地搞好流域水资源保护工作。

水资源费征收管理和取水许可制度密切相关，是国家水资源政策的一个重要组成部分。2006 年 1 月，国务院发布《取水许可和水资源费征收管理条例》，就有关水资源费问题作出了明确规定。水资源费实施的一个重要目的是通过水资源费的经济调节作用进行调配水资源，是国家行使水资源所有权的一种形式。《取水许可和水资源费征收管理条例》规定了取用水资源的收费对象、征收标准、管理与使用、农业用水的水资源费有关规定等内容。在水资源费标准的制定过程中应考虑到各地社会经济发展的实际情况，对不同的用水单位制定不同的水资源费标准。[①]

二、环境服务市场化价格改革的具体办法

深化资源价格改革必然引发环境服务价格改革。资源价格过低带来资源的滥用和浪费，必然导致环境损害和生态破坏。所以，资源节约型社会和环境友好型社会要同时建设，在资源价格市场化改革的同时，环境服务市场化价格也要一起推进。

---

① 《取水许可和水资源费征收管理条例》,《中华人民共和国国务院公报》，2006 年 13 期。

国家在一定范围内利用市场机制来推动生态补偿政策的实施进程，通过市场交易来降低环境保护的成本，其中包括培育资源市场，开放生产要素市场，使环境价格化、使环境要素的价格真正反映其稀缺程度，收到节约资源和减少污染的双重效应。同时，相关部门探索建立区域内污染物排放指标有偿分配机制，逐步推行政府管制下的排污权交易，运用市场机制降低治污成本，提高治污效率。积极探索资源使用权、排污权交易等市场化的补偿模式，完善水资源合理配置和有偿使用制度，加快建立水资源取用权出让、转让和租赁的交易机制。

2003 年，国务院颁布《排污费征收使用管理条例》，明确了排污费征收、使用和管理方式。原国家计委、财政部和国家环保总局出台了《排污费征收标准管理办法》等一系列政策文件，使得我国排污收费制度逐步形成。《中华人民共和国国民经济和社会发展第十一个五年规划纲要》中明确指出，“按照谁开发谁保护、谁受益谁补偿的原则，建立生态补偿机制”[①]。这是建设“两型社会”的重要组成部分，也是建立环境服务价格改革的出发点。

2009 年 9 月，党的十七届四中全会把原来隶属社会建设的生态文明建设单独提出来，与其他四大建设相并列，提出要“全面推进社会主义经济建设、政治建设、文化建设、社会建设以及生态文明建设”[②]。而在《中华人民共和国国民经济和社会发展第十二个五

---

① 《中华人民共和国国民经济和社会发展第十一个五年规划纲要》，北京：人民出版社，2006 年版，第 46 页。

② 《中国共产党第十七届中央委员会第四次全体会议公报》，《人民日报》，2009 年 9 月 19 日。

* 生态补偿机制包括对污染环境的补偿和对生态功能的补偿。

年规划纲要》中更明确指出，“按照谁开发谁保护、谁受益谁补偿的原则，加快建立生态补偿机制*。加大对重点生态功能区的均衡性转移支付力度，研究设立国家生态补偿专项资金”[①]。

① 《中华人民共和国国民经济和社会发展第十二个五年规划纲要》，北京：人民出版社，2011 年版，第 73 页。

第四章
党的十八大后价格改革进一步加快

▼

2012 年党的十八大后，随着全面深化改革新征程的开启，价格改革的步伐也在加快。到 2017 年，我国 97%以上的商品和服务价格已放开由市场调节。市场调节价比重远远超出人们在改革初期对价格改革目标的设想。由市场形成价格的机制基本得到完善。

第一节　完善主要由市场决定价格的机制

一、党的十八届三中全会《决定》吹响了价格改革新号角

2013 年，党的十八届三中全会通过《中共中央关于全面深化改革若干重大问题的决定》（以下简称《决定》），在 60 条改革项目中，专门讲到了价格改革："完善主要由市场决定价格的机制。凡是能由市场形成价格的都交给市场，政府不进行不当干预。推进水、石油、天然气、电力、交通、电信等领域价格改革，放开竞争

性环节价格。政府定价范围主要限定在重要公用事业、公益性服务、网络型自然垄断环节，提高透明度，接受社会监督。完善农产品价格形成机制，注重发挥市场形成价格作用。①”这就为我国此后的价格改革吹响了新号角。

2015年10月12日，经中央全面深化改革领导小组第十六次会议审议通过的《中共中央国务院关于推进价格机制改革的若干意见》（以下简称《意见》）正式印发。这是第一个以党中央、国务院名义出台的专门针对价格机制改革的文件，对此后价格机制改革作出了总体谋划和系统部署。《意见》要求：“到2017年，竞争性领域和环节价格基本放开，政府定价范围主要限定在重要公用事业、公益性服务、网络型自然垄断环节。到2020年，市场决定价格机制基本完善，科学、规范、透明的价格监管制度和反垄断执法体系基本建立，价格调控机制基本健全。②”《意见》分四个方面明确了推进价格改革的重点任务。首先是深化重点领域价格改革。包括：完善农产品价格形成机制，加快推进能源价格市场化，完善环境服务价格政策，理顺医疗服务价格，健全交通运输价格机制，创新公用事业和公益性服务价格管理。其次是建立健全政府定价制度，使权力在阳光下运行。对于极少数保留的政府定价项目，要推进定价项目清单化，规范定价程序，加强成本监审，推进成本公开，坚决管细管好管到位，最大限度减少自由裁量权，推进政府定

① 《中共中央关于全面深化改革若干重大问题的决定》，北京：人民出版社，2013年版，第12–13页。

② 《中共中央国务院关于推进价格机制改革的若干意见》，《人民日报》，2015年10月16日。

价公开透明。加强市场价格监管和反垄断执法，逐步确立竞争政策的基础性地位，包括健全市场价格行为规则，推进宽带网络提速降费，加强市场价格监管，强化反垄断执法，完善社会监督体系。充分发挥价格杠杆作用，更好服务宏观调控。在全面深化改革、强化价格监管的同时，加强和改善宏观调控，保持价格总水平基本稳定；充分发挥价格杠杆作用，促进节能和结构调整，推动经济转型升级。[①] 这一重要文件是落实党的十八届三中全会《决定》关于价格改革的具体部署。

二、大力缩减政府定价项目

按照中央《决定》和《意见》精神，政府定价目录大大缩减，凡是能由市场形成价格的都交给市场。2015 年 10 月下旬，国家发改委发布了新修订的《中央定价目录》，定价范围大幅缩减，种类由 13 种（类）减少到 7 种（类），减少 46%。具体定价项目由 100 项左右减少到 20 项，减少 80%。与此同时，地方具体定价目录平均减少约 50%。[②] 2020 年 3 月，经国务院批准，国家发改委对《中央定价目录》（2015 年版）进行了修订，修订后的定价项目缩减近 30%，并自 2020 年 5 月 1 日起施行。国家发改委价格司有关负责人介绍，此次修订内容主要集中在：一是删除近年来已经明确放开价格或取消收费的定价项目。二是突出垄断环节价格监管和竞争性

---

① 《中共中央国务院关于推进价格机制改革的若干意见》，《人民日报》，2015 年 10 月 16 日。
② 《中央定价目录》，《中华人民共和国国务院公报》，2016 年 01 期。

环节价格市场化改革方向。三是根据机构改革调整定价部门。此外，还对基础交通运输、重大水利工程供水、重要邮政服务等项目部分表述进行修改完善，推进定价项目清单化、规范化。修订后的《中央定价目录》主要包括输配电、油气管道运输、基础交通运输、重大水利工程供水、重要邮政服务、特殊药品及血液等7类16项。[①]此次《中央定价目录》的修订，充分反映了2015年以来价格改革的显著进展。

由于政府定价范围的缩减，到2017年，97%以上的商品和服务价格已放开由市场调节，表明中国已经很好地建立起市场价格体制。

第二节 深化重点领域价格改革

一、完善农产品价格形成机制

在完善农产品价格形成机制方面，《意见》强调统筹利用国内国际两个市场，注重发挥市场机制作用，农产品价格主要由市场决定。按照“突出重点、有保有放”原则，立足我国国情，对不同品种实行差别化支持政策，调整改进“黄箱”支持政策，逐步扩大“绿箱”支持政策*实施规模和范围，保护农民生产积极性，促进农业生产可持续发展，确保谷物基本自给、口粮绝对安全。继续执行并完善稻谷、小麦最低收购价政策，改革完善玉米收储制度，继续

* WTO《农业协定》将所有国内支持措施形象地划分成“绿箱”支持政策、“黄箱”支持政策和“蓝箱”支持政策。其中，“绿箱”支持政策指对生产和贸易不造成扭曲影响或者影响非常微弱的政策；“黄箱”支持政策指对生产和贸易有直接扭曲作用的政策。另外，还有“蓝箱”支持政策，指在实行价格支持措施的同时，还限制生产面积、牲畜头数和产品产量的措施。

① 《中央定价目录》，《中华人民共和国国务院公报》，2020年15期。

实施棉花、大豆目标价格改革试点，完善补贴发放办法。加强农产品成本调查和价格监测，加快建立全球农业数据调查分析系统，为政府制定农产品价格、农业补贴等政策提供重要支撑。[①]

国家从 2008 年起连续七年提高粮食最低收购价格，2014 年早籼稻、中晚籼稻、粳稻、小麦最低收购价分别为每斤 1.35 元、1.38 元、1.55 元、1.18 元，累计分别提高 93%、92%、107%、65%。对玉米、大豆、油菜籽、棉花，2008 年以来，先后在主产区实行临时收储政策。2014 年放开了烟叶和桑蚕茧收购价格，至此，我国农产品价格已全部放开由市场形成。更为重要的是，探索推进农产品价格形成机制与政府补贴脱钩的改革，在保护农民利益的基础上更好发挥市场机制作用。按照党中央和国务院的决策部署，2014 年启动了新疆棉花、东北和内蒙古大豆目标价格改革试点，同时取消棉花、大豆临时收储政策。目标补贴政策是在市场形成农产品价格的基础上，通过差价补贴保护生产者利益的一项农业支持政策。即政府在农作物播种前确定目标价格，农民随行就市出售农产品，当市场价格低于目标价格时，政府将二者价差直接补贴给生产者，当市场价格高于目标价格时，不发放补贴。[②]

2021 年 6 月，国家发改委出台的《关于“十四五”时期深化价格机制改革行动方案的通知》提出，加强和改进价格调控。健全重点商品监测预测预警体系，加强粮油肉蛋菜果奶等重要民生商品

① 《中共中央国务院关于推进价格机制改革的若干意见》，《人民日报》，2015 年 10 月 16 日。

② 胡祖才主编：《〈中共中央国务院关于推进价格机制改革的若干意见〉学习读本》，北京：人民出版社，2016 年版，第 62 页。

价格调控，坚持并完善稻谷、小麦最低收购价政策，完善棉花目标价格政策，做好玉米等大宗商品价格异动应对，及时提出综合调控措施建议，强化市场预期管理。[①]

二、加快推进能源价格市场化

国家按照“管住中间，放开两头”总体思路，推进电力、天然气等能源价格改革，促进市场主体多元化竞争，稳妥处理和逐步减少交叉补贴，还原能源商品属性。择机放开成品油价格，尽快全面理顺天然气价格，加快放开天然气气源和销售价格，有序放开上网电价和公益性以外的销售电价，建立主要由市场决定能源价格的机制。把输配电价与发售电价在形成机制上分开，单独核定输配电价，分步实现公益性以外的发售电价由市场形成。按照“准许成本加合理收益”原则，合理制定电网、天然气管网输配价格。扩大输配电价改革试点范围，逐步覆盖到各省级电网，科学核定电网企业准许收入和分电压等级输配电价，改变对电网企业的监管模式，逐步形成规则明晰、水平合理、监管有力、科学透明的独立输配电价体系。在放开竞争性环节电价之前，完善煤电价格联动机制和标杆电价体系，使电力价格更好反映市场需求和成本变化。[②]

“我国持续深化能源价格改革，输配电、天然气管道运输等领

① 《国家发展改革委关于“十四五”时期深化价格机制改革行动方案的通知》，国家发改委网站，2021 年 5 月 25 日。
② 《中共中央国务院关于推进价格机制改革的若干意见》，《人民日报》，2015 年 10 月 16 日。

域价格成本监管不断加强，竞争性环节价格逐步放开，但能源结构转型的任务依然十分艰巨。根据国家发改委 2021 年 5 月印发的《关于“十四五”时期深化价格机制改革行动方案的通知》，“十四五”时期深化能源价格改革将紧紧围绕“碳达峰、碳中和”目标，在充分考虑相关方面承受能力的基础上，发挥价格机制的激励、约束作用，促进经济社会发展全面绿色转型。为此，行动方案从能源供给、消费两方面提出了重点举措。一是促进能源供给结构低碳转型。持续深化水电、核电、天然气发电等上网电价市场化改革，完善风电、光伏发电价格形成机制，落实新出台的抽水蓄能价格机制，建立新型储能价格机制，推动新能源及相关储能产业发展。继续推进输配电价改革，理顺输配电价结构，提升电价机制灵活性，促进新能源就近消纳以及电力资源在更大范围的优化配置。二是推动能源消费结构优化。完善针对高耗能、高排放行业的差别电价、阶梯电价等绿色电价政策，加大实施力度，促进节能减碳等。[①]

电力市场化价格改革也在不断推进。2021 年 10 月，国家发改委发布《关于进一步深化燃煤发电上网电价市场化改革的通知》(以下简称《通知》)，其中显示，有序放开全部燃煤发电量上网电价。将燃煤发电市场交易价格浮动范围由现行的上浮不超过 10%、下浮原则上不超过 15%，扩大为上下浮动原则上均不超过 20%，高耗能企业市场交易电价不受上浮 20%限制。[②] 2021 年以来，全球能

---

① 《国家发展改革委关于“十四五”时期深化价格机制改革行动方案的通知》，国家发改委网站，2021 年 5 月 25 日。

② 《关于进一步深化燃煤发电上网电价市场化改革的通知》，国家发改委网站，2021 年 10 月 11 日。

源行业出现新的变化，国际市场能源价格大幅上涨；国内煤炭、电力供需持续偏紧，一些地方出现限电限产。党中央、国务院对此高度关注。2021 年 10 月 8 日，国务院常务会议作出专门部署，在保障安全生产前提下推动煤矿增产、优先保障煤炭运输、实施税收金融政策支持煤电企业增加电力供应、改革完善煤电价格市场化形成机制等一系列举措，部署做好今冬明春电力和煤炭供应保障工作。国家发改委迅速出台措施，在发电侧，有序放开全部燃煤发电电量上网电价。我国燃煤发电电量占比高，燃煤发电上网电价在发电侧上网电价形成中发挥着“锚”的作用。截至 2021 年 10 月，已有约 70%的燃煤发电电量通过参与电力市场形成上网电价。国家发改委明确，要推动其余 30%的燃煤发电电量全部进入电力市场。在用电侧，有序放开工商业用户用电价格。2021 年 10 月，大约 44%的工商业用电量已通过参与市场形成用电价格。《通知》明确提出有序推动工商业用户都进入电力市场，按照市场价格购电，取消工商业目录销售电价。尚未进入市场的工商业用户中，10 千伏及以上的工商业用户用电量大、市场化条件好，全部进入市场；其他工商业用户也要尽快进入。同时，目录销售电价只保留居民、农业类别，基本实现“能放尽放”。考虑到不同用户的情况，国家发改委也作了针对性安排。一是各地根据情况有序推进工商业用户进入市场，并建立电网企业代理购电机制，确保平稳实施；二是鼓励地方对小微企业和个体工商户用电实行阶段性优惠政策；三是继续落实好已经出台的支持民营企业发展、中小微企业融资、制造业投资等一系列惠企纾困措施。《通知》还强调，居民（含执行居民电价的学校、社会福利机构、社会服务中心等公益性事业用户）、农业用电由电网企业保障供应，执行现行目录销售电价政策。各地要优先将低价电源用于保障居民、农业用电。为了保障改革平稳实施，落地见效，《通知》明确了多项保障措施。一是全面推进电力市场建设。有序放开各类电源发电计划，健全电力市场体系，加快培育合格售电主体。二是加强与分时电价政策衔接。加快落实分时电价政策，出台尖峰电价机制，做好市场交易与分时电价政策的衔接。三是避免不合理行政干预。要求各地严格按照国家相关政策推进电力市场建设，对市场交易电价合理浮动不得进行干预。四是加强煤电市场监管。及时查处违法违规行为，维护良好市场秩序；指导发电企业特别是煤电联营企业合理参与市场报价。①

2021 年 10 月和 11 月，中国煤炭价格出现大起大落的不正常现象。当煤炭价格大幅上涨时，个别燃煤发电企业不愿意多发电，导致一些地区出现拉闸限电现象，后经政府调控才逐步恢复正常。针对这一问题，2021 年 11 月 24 日，国家发改委价格司召开座谈会，研究进一步完善煤炭市场价格形成机制相关问题。与会专家一致认为，煤炭是关系国计民生的重要商品，充分发挥市场在资源配置中的决定性作用，更好地发挥政府作用，建立煤炭价格区间调控机制，对保障能源安全、保持国民经济稳定运行意义重大。从我国改革实践来看，煤炭产业集中度高，供给和需求主要取决于国内市场。所以，应在坚持煤炭价格由市场形成的基础上，综合运用经济、法律等手段，对煤炭价格进行区间调控，及时纠正市场失灵，这既符合市场经济运行的内在规律，又具备现实可操作性，可以更好地实现有效市场和有为政府有机结合。与会专家建议，应加快建

① 《关于进一步深化燃煤发电上网电价市场化改革的通知》，国家发改委网站，2021 年 10 月 11 日。

立煤炭价格区间调控的长效机制，引导煤炭价格在合理区间运行，使煤炭价格真实反映市场供求基本面，防止价格大起大落。当煤炭价格超出合理区间上限，可根据《价格法》的有关规定，按程序及时启动价格干预措施；当煤炭价格过度下跌超出合理区间下限，可综合采取适当措施引导煤炭价格合理回升。完善煤电价格市场化形成机制，鼓励煤炭企业与燃煤发电企业在合理区间内开展中长期交易，鼓励燃煤发电企业与电力用户在中长期交易中明确煤炭、电力价格挂钩联动机制。国家发改委表示，将进一步听取各方面意见建议，研究完善煤炭市场价格形成机制，综合采取市场化、法治化措施，引导煤炭价格回归合理区间并保持在合理区间内运行，一旦超出合理区间，及时采取措施予以调控，推动上下游产业协调高质量发展，更好保障能源安全稳定供应。①

三、完善环境服务价格政策

在这一时期，国家统筹运用环保税收、收费及相关服务价格政策，加大经济杠杆调节力度，逐步使企业排放各类污染物承担的支出高于主动治理成本，提高企业主动治污减排的积极性。按照“污染付费、公平负担、补偿成本、合理盈利”原则，合理提高污水处理收费标准，城镇污水处理收费标准不应低于污水处理和污泥处理处置成本，探索建立政府向污水处理企业拨付的处理服务费用与污水处理效果挂钩调整机制，对污水处理资源化利用实行鼓励性价格

①《防止煤价大起大落 专家建议建立煤炭价格区间调控长效机制》，人民网，2021年11月25日。

政策。积极推进排污权有偿使用和交易试点工作，完善排污权交易价格体系，运用市场手段引导企业主动治污减排。

随着生态文明建设的开展，社会经济向绿色转型，各方面对治理环境污染力度加大。2018 年 7 月 2 日，国家发改委发布《关于创新和完善促进绿色发展价格机制的意见》（以下简称《意见》），用较长篇幅对污水处理收费政策进行修订完善，提出了五项政策措施。

第一，定准则、明边界，建立城镇污水处理费动态调整机制。一是明确了制定污水处理费标准原则，即补偿污水处理和污泥处置设施运营成本并合理盈利，但不含污水收集和输送管网建设运营成本，清晰界定了价格和财政在成本上的分担边界。二是明确了建立定期评估和动态调整机制。三是明确了具体时限要求，即到 2020 年底前城市污水处理费标准与污水处理服务费标准大体相同。四是明确了收费范围，即具备污水集中处理条件的建制镇全面建立污水处理费用制度，同步开征污水处理费。

第二，差异化、控源头，建立企业污水排放差别化收费机制。差别化收费政策是在总结部分地方经验做法基础上形成并进一步完善的，主要是针对工业污水排放进行精准施策，实行高污染高收费、低污染低收费，促使企业从源头上减少污染物排放。

第三，高标准、严要求，建立与污水处理标准相协调的收费机制。不同区域，环保要求不同，污水排放标准不同，污水处理费上也应有所体现。支持污水处理排放标准提高至一级A或更严格标准的城镇和工业园区，相应提高污水处理费标准，并强调长江经济带相关省份要率先实施。

第四，补短板、强意识，探索建立污水处理农户付费制度。在已建成污水集中处理设施的农村地区，探索建立农户付费制度，重在强化农村居民环保意识，助力农村人居环境整治。

第五，市场招标、定期报告，健全城镇污水处理服务费市场化形成机制。推动各地通过招投标等市场竞争方式，形成公开、透明、合理的污水处理服务费标准，并鼓励将城乡不同区域、规模、盈利水平的污水处理项目打包招投标，促进城市、建制镇和农村污水处理均衡发展。同时建立污水处理服务费收支定期报告制度，为完善污水处理费标准提供参考。

《意见》要求全国城市及建制镇全面建立生活垃圾处理收费制度。2016年，我国城市和县城生活垃圾清运量达2.7亿吨。《意见》明确提出，全面建立覆盖成本并合理盈利的固定废物处理收费机制，加快建立鼓励约束收费机制，促进垃圾分类和减量化、资源化、无害化处理，完善危险废物处置收费政策。2020年12月之前，全国城市及建制镇全面建立生活垃圾处理收费制度。积极推进城镇生活垃圾处理收费方式改革，对配套设施完备、已经具备条件的用户，推行垃圾计量收费，并实行分类垃圾与混合垃圾差别化收费等政策。同时，按照补偿危险废物收集、运输、贮存和处置成本并合理盈利的原则，制定和调整危险废物处置收费标准，提高危险废物处置能力。对工业危险废物和社会源危险废物，则需要加强处置成本调查，合理确定并动态调整收费标准。[①]

能源价格方面，2017年以来，我国对铁合金、烧碱等7个高耗能行业实行了基于设备工艺的差别电价，对限制类、淘汰类企业用电实行加价；对电解铝、水泥、钢铁行业实行基于能耗的阶梯电

① 《发展改革委关于创新和完善促进绿色发展价格机制的意见》，《中华人民共和国国务院公报》，2018年33期。

价。这些政策的实施促进了市场优胜劣汰。以水泥行业为例，在阶梯电价实施前，有20%左右的生产线达不到国家能耗标准。阶梯电价实施后，不达标企业中，约一半被淘汰。为鼓励进一步节约能源资源、促进技术进步，全面清理取消对高耗能行业的优惠类电价以及其他各种不合理价格优惠政策。各地可根据实际需要，扩大差别电价、阶梯电价执行的行业范围，提高加价标准，让浪费资源、高污染排放者付出更大的成本和代价。加大峰谷电价实施力度。各地可结合本地实际，扩大峰谷电价的执行范围，合理确定并动态调整高峰时段、低谷时段的电价价差。[①]

2020年，我国正式宣布，力争2030年前实现碳达峰、2060年前实现碳中和。[②] 2021年5月，国家发改委印发《关于“十四五”时期深化价格机制改革行动方案的通知》，指出“十四五”时期深化能源价格改革将紧紧围绕“碳达峰、碳中和”目标，在充分考虑相关方面承受能力的基础上，发挥价格机制的激励、约束作用，促进经济社会发展全面绿色转型。[③]

为推动我国经济绿色转型，2021年，全国碳排放交易市场已正式上线交易。截至2021年11月26日，全国碳市场碳排放配额（CEA）累计成交量3722.82万吨，累计成交额15.97亿元。截至2021年11月，我国碳配额现货交易量在全球主要碳市场中位居首

① 《发展改革委关于创新和完善促进绿色发展价格机制的意见》，《中华人民共和国国务院公报》，2018年33期。

② 《力争2030前实现碳达峰，2060年前实现碳中和——打赢低碳转型硬仗》，《人民日报》，2021年4月2日。

③ 《关于“十四五”时期深化价格机制改革行动方案的通知》，国家发改委网站，2021年5月25日。

位。首批纳入全国碳排放交易的为发电行业重点排放单位，全国超过2000家。2021年10月，生态环境部下发通知，督促发电行业重点排放单位尽早完成全国碳市场第一个履约周期配额清缴，确保12月31日全部重点排放单位完成履约。相关部门正在制定有色金属、建材、钢铁行业的碳配额分配方法，推动更广范围的行业企业参与碳交易。

四、理顺医疗服务价格

围绕深化医疗卫生体制改革目标，国家按照“总量控制、结构调整、有升有降、逐步到位”原则，积极稳妥推进医疗服务价格改革，合理调整医疗服务价格，同步强化价格、医保等相关政策衔接，确保医疗机构发展可持续、医保基金可承受、群众负担不增加。建立以成本和收入结构变化为基础的价格动态调整机制，到2020年基本理顺医疗服务比价关系。落实非公立医疗机构医疗服务市场调节价政策。公立医疗机构医疗服务项目价格实行分类管理，对市场竞争比较充分、个性化需求比较强的医疗服务项目价格实行市场调节价，其中医保基金支付的服务项目由医保经办机构与医疗机构谈判合理确定支付标准。进一步完善药品采购机制，发挥医保控费作用，药品实际交易价格主要由市场竞争形成。①

2012年5月，国家发改委同原卫生部、国家中医药管理局印发《关于规范医疗服务价格管理及有关问题的通知》，公布了《全

① 《发展改革委关于创新和完善促进绿色发展价格机制的意见》，《中华人民共和国国务院公报》，2018年33期。

国医疗服务价格项目规范（2012 年版）》，共有 9365 个服务项目，是各级各类非营利性医疗机构提供医疗服务收取费用的项目依据，各地不得以任何形式进行分解；需合并、组合项目收费的，需经省级价格主管部门会同同级卫生行政部门按照有利于减轻患者费用负担的原则从严审批。2015 年 12 月，国家发改委印发《关于加快新增医疗服务价格项目受理审核工作有关问题的通知》，要求各地制定并向社会公布新增项目的受理条件、审核程序、审核时限和部门职责等，并及时受理，高效办理，促进医疗新技术及时进入临床使用，以鼓励研发创新，为大众创新、万众创业营造良好环境。①

2012 年 9 月，国家发改委会同原卫生部、人力资源社会保障部正式出台了《关于推进县级公立医院医药价格改革工作的通知》，对推进县级公立医院医药价格改革的各项工作进行了全面部署。要求各地按照建机制、控费用、调结构、强监管的原则，积极稳妥推进县级公立医院医药价格改革工作，通过取消药品加成、调整医疗服务价格、改革收付费方式和落实政府办医责任等综合措施和联动政策，破除“以药补医”机制，降低群众医药费用负担。②

国家逐步放开非公立医疗机构医疗服务价格。2014 年 3 月，按照国务院关于促进健康服务业发展的要求，国家发改委会同卫生计生委、人力资源和社会保障部联合印发《关于非公立医疗机构医疗服务实行市场调节价有关问题的通知》，出台了放开非公立医疗

① 《国家发展改革委关于加快新增医疗服务价格项目受理审核工作有关问题的通知》，国家发改委网站，2015 年 12 月 30 日。

② 《关于推进县级公立医院医药价格改革工作的通知》，国家发改委网站，2012 年 9 月 3 日。

机构医疗服务价格、鼓励社会办医的政策措施。其中明确指出，非公立医疗机构提供的所有医疗服务价格实行市场调节，由非公立医疗机构按照公平、合法和诚实信用的原则合理制定。非公立医疗机构可根据自身特点，提供特色服务，满足群众多元化、个性化的医疗需求。各地要将符合医保定点相关规定的非公立医疗机构纳入社会医疗保险的定点服务范围，实行与公立医疗机构相同的报销支付政策。①

医疗服务价格改革主要有五方面任务。一是推进医疗服务价格分类管理。公立医疗机构提供的基本医疗服务实行政府指导价，提供的特需医疗服务和市场竞争比较充分、个性化需求比较强的医疗服务，实行市场调节价。非公立医疗机构提供的医疗服务，实行市场调节价。二是逐步理顺医疗服务比价关系。首先，统筹考虑取消药品加成及当地政府补偿政策，同步调整医疗服务价格。其次，通过规范诊疗行为，降低药品、耗材等费用，腾出空间，动态调整，逐步理顺。价格调整要与医保支付、医疗控费等政策相互衔接，保证患者基本医疗费用负担不增加。三是改革医疗服务价格项目管理。国家制定医疗服务项目技术规范，统一项目名称和服务内容。各地依据技术规范确定具体收费项目；及时受理新增医疗服务项目，促进医疗新技术尽早进入临床使用。四是推进医疗服务定价方式改革。扩大按病种、服务单元收费范围，逐步缩小按项目收费的数量。各地可结合实际，将医疗服务价格调整权限下放给设区的市和有条件的县（市）。五是加强医疗服务价格监管。加强医疗服务

---

①《关于非公立医疗机构医疗服务实行市场调节价有关问题的通知》，国家发改委网站，2014 年 4 月 19 日。

成本监审和价格监测，完善定价过程中公众参与、专家论证等制度，加强医疗费用控制，强化价格行为监管。[①]

2017年4月，北京市3700多家医疗机构在全国率先实施“医药分开综合改革”，降低药品和大型医用设备检查、检验价格，提高手术、护理等价格。改革后的药品价格平均降幅超过8%。2014年以来，除麻醉药品和第一类精神药品外的药品价格已放开由市场调节。到2017年，公立医院药品加成已全面取消，对由此减少的医院合理收入，通过调整医疗服务价格补偿80%至90%。通过改革，我国将公立医院补偿渠道改为服务收费和政府补助两个渠道，结束了“以药补医”的历史，初步建立了公立医院科学运行新体制。[②]

2020年，面对新冠肺炎疫情，国家继续全力以赴提升基本医疗服务水平。新增经费继续强化对大病保障，特别是加大对农村贫困人口、城乡低保对象倾斜力度。对确诊新冠肺炎患者坚持特殊报销政策，对诊疗方案中的药品和服务项目全部纳入支付范围，同时发挥医疗救助资金兜底保障作用。

与此同时，国家积极推进药品耗材集中招标采购改革。自2019年起，开展药品耗材集中招标采购，无论是全国性的还是地方性的，均取得非常明显成效，大批医保药品因带量采购大幅降价。最突出的是，心脏支架从均价1.3万元降到700元，降价幅度达93%，年可节省费用117.25亿元。2022年版医保药品目录在历

---

① 胡祖才主编：《〈中共中央国务院关于推进价格机制改革的若干意见〉学习读本》，北京：人民出版社，2016年版，第111–113页。

② 《价格改革进入攻坚阶段能源医疗等领域仍是重点》，《经济参考报》，2017年10月17日。

经6个月调整后于2021年12月3日敲定，74种新药进医保，其中谈判成功的67种独家药品平均降价61.71%，一些“高价药”降为“平民价”。一些原来价格昂贵的药品开出“平民价”，符合“保基本”的定位，经谈判后顺利进入目录。国家医保药品目录内药品总数为2860种，其中西药1486种，中成药1374种，于2022年1月1日执行。①

五、健全交通运输价格机制

国家逐步放开铁路运输竞争性领域价格，扩大由经营者自主定价的范围；完善铁路货运与公路挂钩的价格动态调整机制，简化运价结构；构建以列车运行速度和等级为基础、体现服务质量差异的旅客运输票价体系。逐步扩大道路客运、民航国内航线客运、港口经营等领域由经营者自主定价的范围，适时放开竞争性领域价格，完善价格收费规则。放开邮政竞争性业务资费，理顺邮政业务资费结构和水平。实行有利于促进停车设施建设、有利于缓解城市交通拥堵、有效促进公共交通优先发展与公共道路资源利用的停车收费政策。进一步完善出租汽车运价形成机制，发挥运价调节出租汽车运输市场供求关系的杠杆作用，建立健全出租汽车运价动态调整机制以及运价与燃料价格联动办法。②

---

①《医保目录“上新”：谈判成功的独家药品平均降价61.71%》，《经济日报》，2021年12月5日。

②《中共中央国务院关于推进价格机制改革的若干意见》，《人民日报》，2015年10月16日。

（1）改革铁路货运价格形成机制。2012 年以来，积极有序推进铁路货运市场化价格改革。按照铁路与公路货运保持合理比价关系的原则，连续四年提高国铁货物统一运价，累计调价幅度每吨公里 5 分钱，实现了分步理顺铁路货物运价水平的预期目标；建立铁路货运价格上下浮动机制，在 2014 年 2 月将铁路货运价格由政府定价改为政府指导价、上限控制基础上，2015 年 2 月建立货物运价上下浮动的机制，允许上浮不超过 10%、下浮不限，进一步增加运价弹性；放开竞争性运输产品价格，2014 年 4 月放开社会企业投资建设的准池铁路货物运价，实行市场调节，这是国内放开铁路货运价格的首次尝试。2014 年底以来，进一步放开了铁路散货快运价格、包裹运输价格，以及社会资本投资控股新建铁路货物运价等具备竞争条件的铁路运输价格，通过修改《铁路法》放开铁路运输杂费，指导地方放开铁路运输延伸服务收费，由相关经营者根据生产经营成本、市场供求和竞争状况、社会承受能力等自主确定具体价格水平。

（2）有序改革完善铁路旅客票价形成机制。2012 年以来，随着运输市场竞争形势变化，国家坚持市场化取向，积极稳步推进铁路旅客票价改革，高铁动车组特等座、商务座、动卧票价先后实行市场调节价，300 公里高铁动车组也依据《价格法》，由铁路运输企业根据市场供求和竞争状况自主制定试行票价水平。2015 年 10 月 21 日，国家发改委公布的《中央定价目录》，将铁路旅客运输政府定价范围限定在中央管理企业所属及控股铁路普通旅客列车票价率（竞争性领域除外）。[1] 高铁动车组票价从 2016 年 1 月 1 日起

① 《中央定价目录》，国家发改委网站，2015 年 10 月 21 日。

由铁路运输企业依法自主制定。

（3）积极推进民航旅客票价市场化改革。2013年以来，国家顺应运输市场竞争形势变化，陆续放开了132条与地面主要运输方式形成竞争的短途航线旅客票价；2014年12月全面放开国内航线货物运价，由航空公司根据生产经营成本、市场供求和竞争状况等自主确定具体运价水平；进一步改进政府指导价基准票价定价办法，由政府审批航线基准票价改为政府制定定价规则，由航空公司按规则自行制定、调整基准票价，变事前审批为事中、事后监管；建立健全民航国内航线客运燃油附加与航空煤油价格联动机制，增强企业应对油价波动能力等。

（4）不断推进港口收费改革。2014年11月，国家放开港口码头货物装卸等劳务性收费、航舶供应服务收费，同步实行劳务性收费包干计费，简化计费方式，提高收费透明度。2015年7月，对船舶使用费由原来的政府定价改为实行政府指导价上限管理，下浮不限，增加收费弹性。2015年底，国家印发《港口收费计费办法》，统一港口内、外贸收费规定，规范港口收费计费行为，保护港口企业和用户双方的合法权益。①

（5）放开部分竞争性邮政资费。2015年6月，根据新修订的《邮政法》，国家明确放开国内特快专递资费、明信片寄递资费、印刷品寄递资费，以及竞争性包裹寄递资费。其具体规定为："邮政普遍服务业务资费、邮政企业专营业务资费、机要通信资费以及国家规定报刊的发行资费实行政府定价，资费标准由国务院价格主管部

① 《交通运输部 发展改革委关于印发〈港口收费计费办法〉的通知》，《中华人民共和国国务院公报》，2016年10期。

门会同国务院财政部门、国务院邮政管理部门制定。邮政企业的其他业务资费实行市场调节价，资费标准由邮政企业自主确定。[①]”这样，实行政府定价管理的邮政业务资费范围缩小为：信函、邮政汇兑、机要通信、国家规定报刊发行资费，以及部分包裹寄递资费。其他邮政业务均由邮政企业根据生产经营成本、市场供求和竞争状况等自己确定具体资费水平。

六、创新公用事业和公益性服务价格管理

清晰界定政府、企业和用户的权利义务，区分基本和非基本需求，建立健全公用事业和公益性服务财政投入与价格调整相协调机制，促进政府和社会资本合作，保证行业可持续发展，满足多元化需求，是党的十八大以来国家一直强调的内容。全面实行居民用水用电用气阶梯价格制度，推行供热按用热量计价收费制度，并根据实际情况进一步完善。教育、文化、养老、殡葬等公益性服务要结合政府购买服务改革进程，实行分类管理。对义务教育阶段公办学校学生免收学杂费，公办幼儿园、高中（含中职）、高等学校学费作为行政性收费管理；营利性民办学校收费实行自主定价，非营利性民办学校收费政策由省级政府按照市场化方向根据当地实际情况确定。政府投资兴办的养老服务机构依法对“三无”老人免费；对其他特殊困难老人提供养老服务，其床位费、护理费实行政府定价管理，其他养老服务价格由经营者自主定价。分类推进旅游景区门

① 《中华人民共和国邮政法》，北京：中国法制出版社，2015 年版，第 14 页。

票及相关服务价格改革。推动公用事业和公益性服务经营者加大信息公开力度，接受社会监督，保障社会公众知情权、监督权。[①]

（1）关于教育收费方面，义务教育实行免费教育。2005年，国家决定从2006年春季学期开始，免除西部地区农村义务教育阶段中小学生学杂费；2007年，全国农村义务教育阶段中小学生全部免收学杂费；2008年秋季学期开始，免收城市义务教育阶段公办学校学生学杂费。2015年，国务院印发《关于进一步完善城乡义务教育经费保障机制的通知》，决定从2017年春季学期开始，统一城乡义务教育学生“两免一补”政策*。民办学校学生免除学杂费标准按照中央确定的生均公用经费基准定额执行。[②]

*“两免一补”政策，即在对农村学生免除学杂费、免费提供教科书和对家庭经济困难寄宿生补助生活费，及对城市学生免除学杂费的同时，向城市学生免费提供教科书并推行部分教科书循环使用制度，对城市家庭经济困难寄宿生给予生活费补助。

公办高中（含中职）、高校学费实行属地化管理。职业教育逐步推行免费教育。国家规定从2009年秋季学期起，对中等职业学校农村家庭经济困难学生和涉农专业学生免收学费。从2012年秋季学期开始，对公办中等职业学校全日制正式学籍一、二、三年级在校生中所有农村（含县镇）学生、城市涉农专业学生和家庭经济困难学生免除学费（艺术类相关表演专业学生除外）。2013年，国家发改委、财政部、教育部印发了《关于加强研究生教育学费标准管理及有关问题的通知》，从2014年秋季学期开始，高等学校向所有纳入全国研究生招生计划的新入学研究生收取学费。全日制学术型硕士研究生、博士研究生的学费标准，现阶段分别按照每生每学年不超

① 《中共中央国务院关于推进价格机制改革的若干意见》，《人民日报》，2015年10月16日。

② 《国务院关于进一步完善城乡义务教育经费保障机制的通知》，《中华人民共和国国务院公报》，2015年35期。

过 8000 元、10000 元确定。民办教育收费逐步实行市场调节价。积极探索营利性民办学校收费统一实行市场调节价，非营利性民办学校收费的价格管理方式由省级人民政府根据本地实际情况确定。[①]

（2）关于养老服务收费，各地价格部门对政府举办的公办养老机构收养老年人的服务收费。一般实行政府指导价或政府定价管理，列入地方定价目录，由市、县价格主管部门制定具体收费标准。据不完全统计，实行政府定价或政府指导价管理的养老机构数量只占全部养老机构的 20%左右。对社区和乡村举办的敬老院、福利院等养老机构服务收费一般实行市场调节价管理，由养老机构自主确定，个别省份对民办养老机构服务收费实行备案管理，如北京市民办非营利性养老机构的收费标准需向当地民政部门备案。受地区经济发展水平、养老机构等级、服务质量等因素影响，养老服务收费水平差异较大，床位费每月从一百元左右到几千元不等，护理费每月从几十元到几千元不等，伙食费、医疗费等代收费都是据实收取。

居民用水、用电、用气阶梯价格。截至 2015 年 12 月底，31 个省、自治区、直辖市中，除青海、西藏以外的 29 个省份已建立城镇居民阶梯水价制度，推广率约为 94%。到 2015 年 5 月，除新疆、西藏外，全国 29 个省份价格主管部门陆续召开了价格听证会，并对阶梯电价试行方案进行了修改和完善后出台具体实施方案，自 2012 年 7 月 1 日起实行。截至 2015 年 12 月底，已通气的 30 个省、自治区、直辖市中，除重庆、新疆以外的 28 个省份已建立阶梯气价制

① 《关于加强研究生教育学费标准管理及有关问题的通知》，财政部网站，2013 年 5 月 21 日。

度，推广率达 90%。[①]

第三节　健全政府定价制度

一、形成完整的价格法律规范体系

对于极少数保留的政府定价项目，国家着力推进定价项目清单化，规范定价程序，加强成本监审，推进成本公开，坚决管细管好管到位，最大限度地减少自由裁量，推进政府定价公开透明。

1997 年颁布、1998 年实施的《价格法》是价格领域落实依法治国的重要法律。《价格法》实施以来逐步形成了由法律、法规和规章构成的比较完整的价格法律规范体系。以《价格法》为核心，以《反垄断法》《反不正当竞争法》《消费者权益保护法》以及其他法律相关价格条款为重要支撑，以《价格管理条例》《价格违法行为行政处罚规定》《制止牟取暴利的暂行规定》等行政法规，百余部地方性法规、部门规章和地方政府规章为配套，主要涉及政府定价行为规则、听证、成本监审、行政处罚、价格举报、反价格垄断等。《价格法》对规范政府和经营者价格行为，强化市场价格监管执法，维护良好的价格秩序，保持价格总水平基本稳定，切实保护消费者价格权益，促进经济社会持续健康发展发挥了积极作用。

① 胡祖才主编：《〈中共中央国务院关于推进价格机制改革的若干意见〉学习读本》，北京：人民出版社，2016 年版，第 153 页。

二、加强成本监审

在《价格法》指引下，不断推进政府定价项目清单化，规范政府定价程序，加强成本监审。下面着重介绍成本监审方面的进展。

科学制定政府管理的价格，必须合理核定成本。健全政府定价制度，必须健全成本监审制度。成本监审是指政府价格主管部门对纳入政府定价范围的商品或服务，在调查、测算和审核经营者成本基础上核定定价成本的行为。成本监审应当遵循三条基本原则，即合法性原则、相关性原则和合理性原则。合法性原则主要是指计入定价成本的各项费用必须符合国家有关法律、法规和财务会计制度等规定。相关性原则指计入定价成本的费用必须是为经营被监审商品或服务而支出的费用。合理性原则是成本监审应当遵循的核心原则，主要包括：生产经营过程中各种技术标准（如物耗指标、损耗率等）要符合行业规范；各项成本费用指标（如人工费用、管理费用等）要符合国家有关规定或社会公允水平；共同费用的计提和分摊方法要科学合理等。

随着成本监审制度体系的建立，各级价格主管部门开展成本监审项目逐年增加，涉及领域迅速扩大。2006—2014 年，全国各级价格主管部门累计开展成本监审项目 26 万余个，覆盖教育、城市供水、天然气、有线数字电视、旅游景点、出租车、医药、房地产、物业管理等二十多个领域。2014 年各级价格主管部门开展监审项目 3696 个，比 2006 年增长近 3 倍。经过多年的发展，成本监审工作已经成为政府定价的重要程序，在大部分地区和领域实现了逢调必审，在城市供水领域还实行了成本公开。到 2015 年底，在新推出阶梯水价的五百多个城市中，均已实现了制定价格前的成本公开。[1]价格主管部门克服重重困难，在成本监审方面取得了显著成果。比如，2015 年以来，国家发改委共核减与输配电不相关资产和不应计入输配电成本的费用约 1200 亿元，平均核减比例 14.5%，使输配电价改革试点得以顺利推进，《省级电网输配电价定价办法》顺利出台。从而使省级电网输配电价水平核定实现全国全覆盖。不仅电力领域，天然气、铁路运输等领域也建立了成本监审办法。各地建立了城市供水、供热、管道燃气、污水处理、交通、教育等行业的成本监审制度，有效地约束和激励有关企业降低成本、提高效率，促进了合理消费结构的形成。据统计，2013—2016 年，各级价格主管部门开展了约 24000 项成本监审，核减不应计入定价成本的费用约 8000 亿元。[2]

第四节　加强市场价格监管和反垄断执法

一、建立公平、开放、透明的市场监管规则

清理和废除妨碍全国统一市场和公平竞争的各种规定和做法，严禁和惩处各类违法实行优惠政策行为，建立公平、开放、透明的市场监管规则，大力推进市场价格监管和反垄断执法，反对垄断和不正当竞争。加快建立竞争政策与产业、投资等政策的协调机制，实施公平

① 胡祖才主编：《〈中共中央国务院关于推进价格机制改革的若干意见〉学习读本》，北京：人民出版社，2016 年版，第 157–158 页。

② 本刊特约评论员：《抓好成本监审这个关键环节》，《价格理论与实践》，2017 年 04 期。

竞争审查制度，促进统一开放、竞争有序的市场体系建设。①

党的十八大以来，党和政府特别强调反垄断和反不正当竞争。2020 年 12 月，中央经济工作会议专门提出，“强化反垄断和防止资本无序扩张。反垄断、反不正当竞争，是完善社会主义市场经济体制、推动高质量发展的内在要求。国家支持平台企业创新发展、增强国际竞争力，支持公有制经济和非公有制经济共同发展，同时要依法规范发展，健全数字规则。要完善平台企业垄断认定、数据收集使用管理、消费者权益保护等方面的法律规范。要加强规制，提升监管能力，坚决反对垄断和不正当竞争行为。金融创新必须在审慎监管的前提下进行”②。

二、反垄断执法进展状况

根据国务院“三定方案”，中国负责反垄断执法的部门包括国家发改委价格监督检查与反垄断局、商务部反垄断局、国家市场监督管理总局反垄断与反不正当竞争执法局三家。其中国家发改委价格监督检查与反垄断局负责价格垄断行为查处工作，并完全授权省级发改（物价）部门开展涉价反垄断工作。价格主管部门具体查处的反垄断案件包括两大类型、三种行为*。自 2008 年至 2015 年 7 月，国家发改委及地方价格主管部门调查并已作出执法决定的反

* 两大类型指经济垄断行为和行政垄断行为；三种行为指经济垄断行为中的经营者达成或实施垄断协议行为、滥用市场支配地位行为及行政垄断行为，或者说行政机关和法律规章授权的具有管理公共事务职能的组织滥用行政权力排除、限制竞争的行为。

① 《中共中央国务院关于推进价格机制改革的若干意见》，《人民日报》，2015 年 10 月 16 日。

② 《中共中央国务院关于推进价格机制改革的若干意见》，《人民日报》，2015 年 10 月 16 日。

垄断案件 90 件，其中国家发改委查处案件 24 件，地方价格主管部门查处案件 66 件。查处案件中，涉及单位 422 家，其中内资企业及相关行业协会 387 家，外资企业 35 家；共没收违法所得 2.13 亿元，罚款 96.37 亿元，合计实施经济制裁 98.5 亿元。[①]

2020 年 12 月，市场监管总局反垄断局编撰的《中国反垄断执法年度报告（2019）》（以下简称《报告》）发布，这是首次单独发布年度反垄断执法报告。《报告》披露：2019 年共立案调查垄断案件 103 件，结案 46 件，罚没金额 3.2 亿元。其中立案调查垄断协议案件 28 件，作出行政处罚 12 件；立案调查滥用市场支配地位案件 15 件，作出行政处罚 4 件；办理滥用行政权力排除、限制竞争案件 84 件，其中立案调查 24 件，纠正 12 件；调查经营者集中未依法申报案件 36 件，作出行政处罚 18 件。收到经营者集中申报 503 件，立案 462 件，审结 465 件。报告还透露 2020 年 1 月将反垄断法修订草案在市场监管总局官网公开征求社会公众意见。与此同时，还发布 2019 年反垄断执法十大典型案例，包括长安福特汽车有限公司垄断协议案，延安市 10 家混凝土企业垄断协议案，丰田汽车（中国）投资有限公司垄断协议案，伊士曼（中国）投资管理有限公司滥用市场支配地位案，天津市自来水集团有限公司滥用市场支配地位案，高意股份有限公司收购菲尼萨股份有限公司股权案，浙江花园生物高科技股份有限公司与皇家帝斯曼有限公司新设合营企业案，诺贝丽斯公司收购爱励公司股权案，浙江省气象局滥用行政权力排除、限制竞争案，哈尔滨市交通运输局滥用行政权力

① 胡祖才主编：《〈中共中央国务院关于推进价格机制改革的若干意见〉学习读本》，北京：人民出版社，2016 年版，第 261–262 页。

排除、限制竞争案。[①]

2021 年，反垄断执法力度加大，连落“重锤”，震惊全国的阿里巴巴被罚 182 亿元、美团被罚 34 亿元就是突出事例。据统计，截至 11 月 20 日，与垄断协议、滥用市场支配地位以及经营者集中等相关的行政处罚案件大幅上行至 110 件，远高于过去 5 年的平均 25 件左右；相关行政处罚规模大幅上行至 228 亿元左右，远高于过去 5 年的平均 4 亿元左右。南京宁卫医药有限公司滥用市场支配地位，实施以不公平的高价销售氯解磷定原料药、附加不合理交易条件的垄断行为，罚没款超过 658 万元；宜兴港华燃气有限公司滥用市场支配地位，向居民用户收取高额采暖增容费、在非居民用户燃气管道安装工程上，收取不公平高价，被处罚没款共计 4044 万元。[②]

2021 年 11 月 18 日，国家反垄断局挂牌成立，进一步充实反垄断监管力量，提升反垄断执法的统一性、权威性，反垄断监管迎来新格局。此后，反垄断监管框架有望更完善，平台经济、科技创新、信息安全、民生保障等重点领域反垄断利剑高悬，监管执法将进一步加强，为各类市场主体投资兴业、规范健康发展营造更良好的竞争环境。2021 年 11 月 22 日，《反垄断法（修正草案）》结束征求意见。这是施行 13 年的《反垄断法》首次“大修”，在鼓励创新和强化竞争政策基础地位的同时，将回应数字经济发展提出的新挑战。[③]

---

① 《中国反垄断执法年度报告（2019）》，市场监管总局网站，2020 年 12 月 25 日。

② 《强监管信号延续 多领域反垄断利剑高悬 营造更良好竞争环境，平台经济、信息安全、民生保障等成执法重点》，《经济参考报》，2021 年 12 月 15 日。

③ 《强监管信号延续 多领域反垄断利剑高悬 营造更良好竞争环境，平台经济、信息安全、民生保障等成执法重点》，《经济参考报》，2021 年 12 月 15 日。

第五章

改革开放以来价格改革理论研讨的开展

▼

价格是国民经济中最灵敏的杠杆。在市场经济条件下，价格是最有效的信号，是调节生产、流通、消费的指示器。价值规律这只看不见的手是通过价格的涨跌来调节社会经济活动的。即使是在计划经济体制条件下，只要还保留商品生产和交换，价格的作用就无法被忽视。行政定价造成的价格扭曲，往往给国民经济带来消极的影响，甚至造成国民经济比例的严重失衡。价格杠杆的灵敏性、有效性和重要性，使它成为改革开放以来经济学界关注的一个重点，掀起了一次又一次讨论的热潮。

第一节　改革开放初期价格改革目标的讨论

一、价格改革目标讨论的三个阶段

中国价格改革的目标是什么？是否应以市场价格体制取代原来的行政定价体制作为改革目标？这是改革开放初期大家研讨的重点话题，也是价格改革首先必须明确的问题。贯穿 20 世纪 80 年代的讨论，大体可以分为三个阶段。

第一阶段：20世纪70年代末至1983年。当时许多研究价格理论的学者，常把价格结构的有计划调整看作价格改革的全部。1979年，由于对农副产品收购价格的调整取得显著成效，客观上加强了这一认识。当时，不少学者认为中国拥有辽阔土地和10亿人口，各地经济发展很不平衡，国家不能放弃对主要商品价格的制定和调整工作，否则会导致经济生活的混乱。大家普遍认识到当时价格体系不合理，有的偏高，有的畸低，对此，有学者认为对此只需进行适当的改进和完善即可，反对价格体系的根本改革。所以，改进计划价格的制定和调整工作，完善计划价格体系，被有些人当作价格改革的目标。当时经济学界的精力集中在讨论计划价格形成的基础和理论价格问题。1979年，在江苏省无锡市举行的全国经济理论讨论会上，各方讨论热烈，在计划价格形成的基础问题上，有生产价格论、双渠价格论、三渠价格论等主张，反映了当时大家对改进计划价格的关心，而在思想上、理论上仍未能跳出计划经济和计划定价的束缚。

第二阶段：1984年《中共中央关于经济体制改革的决定》公布前后至1986年。随着中央明确社会主义经济是有计划的商品经济，学术界对价格改革目标的探讨有重大进展。在1984年9月3日开幕的莫干山中青年经济科学工作者学术研讨会上，各方就价格改革目标模式及其理论依据进行了讨论。一种主张“以计划价格为主体”同时“放开部分价格”，如有的学者指出，“价格改革的目标模式大致是：以计划价格为主体，其中包括统一定价和浮动价格，其他的不适于纳入计划价格的放开为自由议价”①。在改革路径上，他们认为调放结合中应以调为主。而另一种观点则侧重于强调“导入市场机制”。其中有代表指出，“中国经济体制改革的基本目标应该是：通过改革，把计划建立在价值规律的基础上，导入市场机制，建立一个具有自动调节功能的计划经济的新体制”，“市场机制的核心是价格，价格体制的改革过程实际上就是市场机制的形成过程”②。在改革路径上，认为调放结合应以放为主。

1984 年 11 月 25 日至 30 日，在江苏省常州市举行的中国价格学会*第三次价格理论讨论会上，学者对于如何改革现行价格管理体制，应采取何种价格模式，提出三种意见：第一种，国家统一定价、浮动价、自由价并存，以浮动价为主。第二种，中央定价、地方定价、企业定价并存，以企业定价为主。有的学者还把这种价格模式明确为计划指导下的市场价格模式。他们认为从长期看，可作为目标模式，而为了达到这个目标模式，需要有过渡模式。过渡模式是以浮动价格为主，其他价格形式为辅。第三种，谁经营谁定价。③当时，有的经济学家已比较明确地提出要放弃行政定价体制，价格形成要充分考虑国内外供求情况。他们指出，价格改革要“逐步从中央行政固定价格向计划指导的市场灵活价格过渡”，“我们必须放弃行政集中定价制度”，“定价的基本原则是，在符合国

* 中国价格学会成立于 1981 年，是国家发改委主管的全国性、非营利性的专业社团组织。2000 年 11 月更名为中国价格协会。

① 陈德尊、田源：《理论价格测标的方法问题》，《经济理论与经济管理》，1985 年 01 期。
② 张维迎：《价格体制改革是改革的中心环节》，《经济日报》，1984 年 9 月 29 日。
③《中国价格学会第三次价格理论讨论会纪要》，载中国价格学会编：《价格论文选集》（第三集），1985 年版，第 6 页。

家政策法律的前提下，充分考虑国内外市场的供求情况”[①]。有的学者也提出，“自由价格在价格体系中的地位：就是自由价格将和浮动价格一齐构成价格体系的主要形式，并与一定量的固定价格作为稳定价格体系的支柱”[②]。还有学者强调，以供求平衡指导价格作为价格改革的方案。[③]

第三阶段：1986 年以后，明确以市场价格体制作为价格改革的目标。伴随着价格改革从国家有计划调整价格为主，逐步转变为以放开价格为主，政府采取了许多重大的、勇敢的措施。如 1985 年放开城市蔬菜、肉类等主要副食品价格和除粮、棉、油等合同订购以外的主要农产品价格并取得成效，1986 年全部放开小商品价格和主要工业消费品价格。越来越多的人已逐渐明确价格改革的目标模式，即用市场定价体制代替行政定价体制，以促进价格体系的合理化。因此，对于从 1979 年以来我国价格改革开始走调放结合的道路，并逐步从以调为主转变为以放为主。与此同时，国家通过运用财政政策、货币政策和法律规章等手段，保持物价总水平基本稳定的做法，众多学者基本持肯定的态度。1987 年，党的十三大报告明确指出，“要逐步建立少数重要商品和劳务价格由国家管理，其他大量商品和劳务价格由市场调节的制度”[④]。这实际上就是确定市场价格体制作为价格改革的目标。

---

① 郭树清：《关于价格体制改革的目标模式》，《中国社会科学院研究生院学报》，1985 年 03 期。

② 边勇壮：《试新“双渠价格”》，《经济科学》，1985 年 05 期。

③ 楼继伟、周小川：《论我国价格体系改革方向及其有关的模型方法》，《经济研究》，1984 年第 10 期。

④《沿着有中国特色的社会主义道路前进——在中国共产党第十三次全国代表大会上的报告》，《人民日报》，1987 年 11 月 4 日。

二、价格改革目标模式讨论的两种观点

对于价格改革目标模式的讨论从未停止。其中，有两种观点尤为值得评介。

第一种观点：国家指导价需要与可能成为我国的主要价格形式。持这一观点的学者认为，“国家指导价格是计划性和协商性并存，强制性与自由性并存，兼由国家定价和生产者经营者定价，可以减少和防止单纯由国家定价容易僵化难变，和单纯由生产者经营者定价容易暴涨暴落等弊端。因此，我认为国家指导价格最适应有计划的商品经济的体制模式，应当以国家指导价格作为主要价格形式。国家指导价格应该实行于比较重要的大宗商品和劳务，它们都是以产值比重较大为特征的”[①]。但这一观点遭到质疑。因为国家指导价几乎包括了除国家统一定价和市场调节价以外的各种价格，其中以浮动价格和多种限价为主。我国从 1979 年 8 月 1 日起，对一部分电子产品实行浮动价格，之后其范围扩大到机械产品等。实践证明，实行浮动价格，对于一部分供求大体平衡的产品具有一定成效。但是针对这部分产品，同时也可以把价格放开，这样能更充分发挥价格调节生产和流通，促进优胜劣汰的作用。因此，实行浮动价格，可以作为实现目标模式的过渡模式。至于各种限价举措，迄今为止都并不成功。这种价格形式只能作为国家的临时应急措施，并非长久之计。物价部门公布最低价，但如果没有资金收购，其意义就等于零。当然，从长远看，将来

---

① 杨鲁：《农产品价格改革急待新的抉择——兼论应该规定国家指导价格是主要价格形式》，《北京商学院学报》，1987 年 03 期。

对一部分生产受价格波动影响较大的农副产品，实行最低保护价是有必要的，但需要有资金、仓储设备等作为后盾。显然，这只适用于一部分产品，并且只在必要时实行，因而也难以充当目标模式。①

第二种观点：采用决策价格体系。所谓决策价格体系，是指一套使企业行为决策符合资源最优配置的价格体系。②而持不同意见者认为，这套价格体系不是在市场中形成的，而是通过人们有计划地借助各种参数计算出来的，类似世界银行和联合国工业发展组织建议在发展中国家里推行的，在投资项目评价方法中使用的一套以世界市场形成的比价为基础的影子价格。关于这种影子价格，国家计委也决定在重大投资项目评价等方面试行。计划核算价格体系，虽然以世界市场价格为基础，但它毕竟不是实际价格，也不像实际价格那样随着市场供求关系的变化而变化，从而不可能在实际生活中经常而广泛地发挥调节生产、流通和消费的作用。决策价格对于重大国家投资项目的估算和进出口结构的合理调整，乃至对于税率、汇率的合理调整等，都具有重要意义。但它适用的范围有一定限制，有学者估计其覆盖面只占国民生产总值的6%—8%，或总投资的20%—25%。因此，对这种价格体系的功能和适用范围不能估计过高，不能成为我们推进价格改革的主要思路。③

---

① 张卓元主编:《中国价格模式转换的理论与实践》，北京：中国社会科学出版社，1990年版，第48页。

② 国务院经济技术发展研究中心产业政策研究组:《资源最优配置与决策价格体系》，《成本与价格资料》，1987年20期。

③ 张卓元主编:《中国价格模式转换的理论与实践》，北京：中国社会科学出版社，1990年版，第48–49页。

第二节　推进价格改革方式与经济改革主线的争论

一、关于价格改革是一步到位，还是逐步推进的讨论

改革开放初期，对于中国应怎样推进价格改革，不同学者有不同思路。一种看法主张快速推进，最好一步到位。多数经济学家则主张逐步推进，不能操之过急。在中国改革的实践中，采取的是后一种思路。

持前一种思路的学者主张，在改革过程中要抛弃稳定物价的口号。他们认为，稳定物价是一种非商品观念的物价意识，稳定物价会束缚手脚，可能使我们越搞越被动。而持后一种思路的学者则认为，由于中国长期实行政府定价，许多商品，特别是基础性商品（如主要农产品）的价格被人为地压低了。进行价格改革，无论是调整价格还是放开价格，都会使物价水平有所上涨。一般认为，要达到理顺价格关系的目的，物价要上涨一倍左右甚至更多。如果企求快速推进价格改革，甚至一步到位，使物价水平大幅度上涨，肯定会带来社会震荡，使市场出现混乱，包括抢购物资等。而采取逐步推进价格改革的办法，虽然在改革过程中也会带来物价上涨，但可以在一个比较长的时间内消化、分摊下来。这样，每年物价涨幅不会超过两位数，风险较小，相对稳妥。事实上，1978—2017 年，我国居民消费价格指数年均上涨为 4.86%，物价处于大体平稳状态，使我国价格改革能够比较顺利地推进。[①]

---

① 张卓元、张晓晶主编：《新中国经济学研究 70 年》（上卷），北京：中国社会科学出版社，2019 年版，第 274–275 页。

主张价格改革一步到位的学者往往援引第二次世界大战以后，联邦德国、日本在一两年之内便从统治价格体制转变为自由价格体制为例，来证明价格改革能一次完成。持反对意见者则认为，我国国情与战后联邦德国、日本的情况差别很大，联邦德国和日本战前都实行市场经济制度，只是在战争时期和战后初期实行统治经济，然后再恢复市场经济。而我国已实行计划经济体制多年，改革开放后要建立市场体系，必须有一个发育和健全阶段，所以联邦德国、日本的经验难以完全适用。我国由于双重体制并存，紧缩通货、放开价格的观点，对于我国步履维艰的价格改革来说，虽然有一定吸引力，却不具备现实的客观环境。首先，指令性计划、物资统配和计划价格是一个共同组成体。指令性计划的贯彻执行，统配物资的流转，都是以计划价格为保证的。因此，转换价格形成机制要受到计划体制、物资调配体制的制约，当生产和物资流通体制未发生根本变革之前，价格改革很难单独推进。其次，根据我国实际情况，价格结构的调整必然要带来价格总水平的上升。我国价格结构性调整，主要是消除历史造成的对部分重要商品的抑制性低价状态，这些低价商品大都是农产品和矿产品，属于上游产品。这些偏低的上游产品的价格是经过长时期积累起来的，需要调整价格的产品面广，调价的幅度大，不能指望一下子完全由生产下游产品的企业消化吸收，因而进行结构性价格调整，必然会引起价格总水平的上升。价格的调整涉及各个经济单位的利益的重新分配，由于利益刚性，使价格易升难降。在价格结构严重扭曲、市场供需矛盾十分突出的情况下，如果采取一步到位把价格全部放开，价格水平变动就会很大，利益变动也很容易产生社会震荡，国家财政、企业和人民群众都难以承受。再次，考虑到目前我国市场机制还不完善，难以真正全面形成正常的市场调节价格体系，价格管理和监督的法规也不健全，因此价格改革只能采取分步渐进的方式。[①]

二、中国经济改革应以价格改革还是企业改革为主线的争论

1987 年 10 月—1988 年 6 月，原国家体改委组织中国社会科学院课题组、北京大学课题组、中央党校课题组、中国人民大学课题组、吴敬琏课题组、国务院农研中心发展研究所课题组、国家计委课题组和上海课题组，就我国中期（1988—1995）改革规划纲要分别提出报告。这是在我国经济体制改革由旧体制机制向新体制机制转变的关键时期，国家经济体制改革专职部门委托有关经济主管部门、科研院所、高等院校、直辖市上百名专家学者，就此后 5 到 8 年的经济改革应如何展开，提供具体的思路、设想和规划纲要。当时，各课题组在形成报告过程中，还集中在一起交流讨论，展开不同意见的交锋，十分热烈。中国经济改革的实践证明，规划纲要提出的许多观点、思路和设想，既有现实针对性，又具有超前性、创新性，对推动经济改革发挥了重要作用。因此，这是一次集中各方智慧，为改革献计献策的成功探索。

（1）以价格改革为主线的论据。按照国家体改委综合规划司对 8 家课题组做规划期间交流讨论会的归纳，关于市场—价格改革方面，第一种观点是“市场—价格改革中心”论。主张以价格改革为

① 张卓元主编：《中国价格模式转换的理论与实践》，北京：中国社会科学出版社，1990 年版，第 64 页。

主线的是吴敬琏课题组。这种观点认为，以市场取向的改革的关键在于价格改革。在取消指令性计划的同时，如果不及时放开价格，形成真正的市场，整个经济活动就不可避免地陷于混乱。放开价格，从而建立起竞争性市场体系，是让新体制的整体功能得以发挥的基本条件。因此，市场—价格改革是经济体制改革的中心，中期改革规划必须以价格改革、建立市场为基本线索。[①]

关于理顺价格的期限或价格改革的过程，他们认为价格改革推出虽有艰险，但舍此别无他途。随着时间的流逝，困难和风险会越来越大。价格改革不宜“逐渐缓解”，此关早晚要过，迟过不如早过，长痛不如短痛。贵在当机立断。所以，应从现在起，用四年时间基本理顺价格。

持这一主张的学者还认为，我们在宏观经济问题上，就一直面临着三种可能的选择：第一，在货币供应放松的条件下，用加强对价格行政管理的办法制止物价上涨；第二，在不改变扩张性的货币政策的情况下积极进行价格改革；第三，适当控制货币供应量，然后有步骤地推行价格改革。从历史和别国经验中论证得出，“管住货币、放开价格”的办法，是唯一可能获得成功的选择。[②]

（2）以企业改革为主线的论据。主张以企业改革为主线的主要是北京大学课题组和中央党校课题组。它们的主张又被称为“市场—价格改革非中心”论。当时，北京大学课题组认为，设计未来改革的方案，不能以价格为突破口。这是因为，价格说到底是市场

---

① 国家经济体制改革委员会综合规划司编：《中国改革大思路》，沈阳：沈阳出版社，1988 年版，第 201 页。

② 国家经济体制改革委员会综合规划司编：《中国改革大思路》，沈阳：沈阳出版社，1988 年版，第 202 页。

当事人之间转让所有权的交易条件，没有有效的所有权结构，就不可能有对企业和消费者有效的财产权利关系的约束，也就不可能有真正合理的价格体系。况且，在短缺经济中存在较多的数量配额的条件下，力图放开价格来刺激经济趋于稳定增长是不现实的。在较严重的短缺配额背景下，价格和价格水平的调整对于经济恢复均衡的作用是微乎其微的。在企业不具有真正商品生产者法人的自由度的状况下，即使放开价格也不会收到预期效果。价格改革对全部经济生活的功效如何，只能取决于社会主义条件下企业法人地位的明确程度。而商品经济下的价格制度，与其说是政府放给企业的，还不如说是企业真正成为商品生产者之后自我创造出来的。因此，价格改革只能是企业改革的归宿。作为全部经济体制改革的核心，只能是企业制度本身的重新改造。围绕这一核心，逐步调整价格，形成市场，最终实现价格放开，由市场定价。[1]

关于理顺价格的期限，主张“市场—价格改革非中心”论的学者认为，用八年时间、分三个阶段基本理顺。理由是，由于各种各样的原因，在短期内不能完全理顺价格，只能从现在起，逐步放开价格。这些原因大体包括：通货膨胀日趋严重，总供给与总需求严重不平衡，经济环境紧张，经济发展极不稳定；价格理顺不仅取决于价格改革本身，更重要的是取决于其他方面的改革，而后者的成功需要一个相对长的时期。[2]

---

① 国家经济体制改革委员会综合规划司编：《中国改革大思路》，沈阳：沈阳出版社，1988 年版，第 96–97 页、第 157 页。

② 国家经济体制改革委员会综合规划司编：《中国改革大思路》，沈阳：沈阳出版社，1988 年版，第 96–97 页。

持这一主张的学者认为，我国所面临的不是一个市场均衡体系。因此，设计未来的方案，不能以价格为突破口。这是因为：商品价格以生产要素价格为基础，生产要素价格又以所有权为基础，所以价格说到底是市场当事人之间转让所有权的交易条件。一方面，价格改革势在必行，不能回避；另一方面，价格改革的实现，即市场定价制度的实现，只能是企业改革的归宿，而不是企业改革的突破口。作为全部经济体制改革的核心，必然是企业制度本身的重新改造，即财产关系的改造。

中央党校课题组也认为，我国下一步改革的中心任务是创建现代企业制度。多年的实践反复证明，生产力的基础在企业，经济体制改革的基础也在企业。能否真正搞活企业，使之成为名副其实的商品生产者，关系到改革的全局和命运。从“简政放权”、“减税让利”、两步“利改税”到普遍推行承包经营责任制，我们已经做了许多工作，取得了引人注目的成果。形势的发展要求我们的改革再迈上一个新台阶：从改善企业经营机制走向全面创建现代企业制度。同时，在走向“国家调节市场，市场引导企业”目标模式逼进的过程中，价格改革以及与之有关的市场制度建设无疑是十分重要的任务。但是市场运行的主体是企业。市场价格信号固然是企业经济核算和生产导向的依据，但企业的基本行为（战略决策）并不是由价格决定的，而是由企业组织构成的性质和特点决定的。正本清源，市场不过是企业之间价值交换关系的总和，价格只是这一交换关系的货币表现。[①]

---

① 国家经济体制改革委员会综合规划司编：《中国改革大思路》，沈阳：沈阳出版社，1988 年版，第 130–131 页。

（3）“市场—价格改革”和“企业—所有制改革”双线推进的论据。中国社会科学院课题组主张“市场—价格改革”和“企业—所有制改革”双线推进。他们认为，这两方面改革是互为因果、互有联系的连环套，而且没有“谁领先、谁在后”的问题。企业产权制度转换要求作为外部条件的价格改革和竞争性市场形成同步，价格的理顺和放开又要求企业行为机制发生相应的转换。因此，深化改革的基本思路还在于同时抓住两条主线，坚持两方面改革有机辩证地结合，协调配套地进行。①

关于价格改革的期限，持这一观点的学者认为，八年只能初步理顺价格，由于受客观条件的限制，如人口、就业、农业、资源和资金等方面因素的制约，在规划期内，还不可能真正建立起有计划商品经济的新体制的基本框架，而只能为新体制基本框架的建立创造基础性的条件。就市场来说，还只能形成不很完善的有一定开放程度的市场体系，新的价格形成和运行机制还不能完全建立，价格关系也只能在规划期初步理顺。

“企业—所有制改革”和“市场—价格改革”如同一个硬币的两面，不可偏废。从东欧和我国改革的经验来看，只有使两个方面改革协调配套地进行，改革才有可能深化。因此，深化改革的基本思路还在于同时抓住两条主线，即“所有制关系改革”和“运行机制改革”有机地结合、协调配套地进行。

① 国家经济体制改革委员会综合规划司编：《中国改革大思路》，沈阳：沈阳出版社，1988 年版，第 63–65 页。

三、不同理论观点的评述

20 世纪 80 年代末关于中国经济体制改革策略的讨论充分说明：

（1）即使大家对市场化改革道路的认识是一致的，但对当时市场化改革需采取哪种具体改革策略作为主线来推进，仍然存在较大分歧。

（2）20 世纪 80 年代末关于改革主线的讨论真正做到了百家争鸣、各抒己见，提出了一些超前的真知灼见。

（3）从中国改革的实践来看，20 世纪 80 年代后期至 1995 年，主要是推进价格改革，使经济运行从计划导向转为市场导向，而国有企业改革则相对滞后。1993 年，党的十四届三中全会才明确国企改革的方向是建立现代企业制度。国有经济在 1998 年开始的三年脱困后才迅速发展壮大起来。

回望历史，当时大家对改革时限的估计过于乐观，有的学者预计四年、八年即可基本实现转轨。现在来看，他们对改革的长期性、艰巨性普遍认识不足。

第三节　市场单轨制还是计划单轨制及排除通胀干扰的争论

一、工业生产资料价格双轨制主要是并为市场价单轨制还是计划价单轨制

针对这一问题，在 20 世纪 90 年代初曾发生争论。中国工业生

产资料价格实行双轨制（即计划价和市场价并存）是中国渐进式改革的产物，从 1984 年起持续了五六年的时间。20 世纪 80 年代末至 90 年代初，双轨价差大幅缩小，已具备并轨的条件。有的经济学家以工业生产资料有许多是关系国计民生的产品，在社会经济活动中有重要作用和供求不平衡为由，主张工业生产资料双轨价主要并为计划单轨价。有的学者更为明确地主张，工业生产资料价格双轨制并轨时，80%以上要并为计划单轨价。应着力研究和计算这些产品的合理利润水平，作为定价的依据。[①] 与此同时，也有人主张本应并为市场单轨价的工业生产资料双轨价并为市场单轨价的条件已经成熟。

与此观点不同，更多的经济学家认为，在工业生产资料双轨制价格改革中，应坚持以市场为导向，着力解决价格形成机制问题，扩大市场机制作用。当时，绝大部分消费品价格已经放开并且成效显著，不能让工业生产资料价格转为计划价格而同消费品价格形式相对峙。20 世纪 90 年代初，我国工业生产资料双轨价差已大大缩小，主要并为市场单轨价不会带来价格总水平的大幅度上升。在转轨过程中，不应把主要精力用在计算各种产品的价格水平和利润水平上，而应尽可能放开由市场调节。这一主张得到价格主管部门的采纳。1992 年，国家物价局通过重新修订和颁布中央管理价格的分工目录，其中，重工业生产资料和交通运输价格一次放开近 600 种，使绝大部分工业生产资料双轨价迅速并为市场单轨价。

① 温桂芳:《在治理整顿中适度推进价格改革——中国价格学会座谈会纪要》,《价格理论与实践》，1989 年 12 期。

二、价格改革要不要排除通货膨胀干扰

关于价格改革要不要排除通货膨胀干扰的问题，在1988年中国“改革闯关”时争论特别突出。当时有经济学家认为，即使出现通货膨胀，价格改革仍然可以“闯关”。他们的理论依据是巴西等拉丁美洲国家的经济调查，有些国家近百分之一千的通货膨胀却没有对本国经济繁荣造成障碍，所以，他们表示应当对在高通货膨胀、高增长速度下成功进行物价“价格闯关”抱有信心。而也有经济学家反对在当时宏观经济条件下立即进行“闯关”的主张，依据是：（1）1987年第四季度从农产品开始的涨价风正在向其他领域扩散；（2）交通、生产资料供应的“瓶颈制约”日趋严重；（3）各地零星抢购已经发生；（4）1987年4月的居民储蓄存款出现了负增长。这些情况都表明，当时通货膨胀压力很大，如不首先进行宏观经济环境的治理，一旦宣布进行价格改革，通胀预期就会在大众中普遍形成，引发严重的通货膨胀和经济波动。他们建议先用三年左右的时间治理国内经济环境，控制货币增发数量，然后才能把大多数价格放开，让市场发挥调节作用。[①] 著名经济学家薛暮桥也指出，“1988年有的同志又想绕过制止通货膨胀这一步，不顾物价飞涨而加速价格改革的步伐。这年夏季下决心要‘闯关’，但是消息刚刚透露，各地立即发生提存抢购风潮，这一风潮把主观设想的加快价格改革的方案一下子冲得无影无踪。事实证明，要实现价格改革，必须坚决遏制通货膨胀，这是一条应该牢记不忘的教训”[②]。

① 吴敬琏：《中国经济改革进程》，北京：中国大百科全书出版社，2018年版，第120页。
② 薛暮桥：《薛暮桥回忆录》，天津：天津人民出版社，1996年版，第421页。

第四节　对价格改革规律性和基本经验的探索与总结

一、关于价格改革的规律性探索

随着价格改革的不断展开和深化，经济学界对于中国价格改革的一些规律性问题和基本经验，提出了各自的看法。如有学者提出，价格改革的规律性主要有以下几个方面：第一，价格改革包括价格体系改革和价格管理体制改革两大方面，这两方面改革要配套进行，并且要善于通过价格管理体制改革推动价格体系的合理化。而价格管理体制改革最根本的是实现从行政定价为主到市场定价为主的过渡。第二，新价格模式要求有计划控制宏观价格（包括控制物价总水平、主要比价关系和战略性价格）和放活微观价格（以市场价格为主），价格改革在总体上要符合这一要求。第三，价格体制改革，要逐步进行，一般包括如下阶段：调整价格，使各行业能够得到大致相同的利润水平；放开价格，使价格能充分反映市场供求关系；同国际市场价格挂钩。第四，理顺价格关系，要分步骤和配套进行，首先要理顺基础产品价格，基础产品价格理顺了，就能促进整个价格体系的合理化。第五，价格改革的难度和主要矛盾在于要处理好理顺价格和稳定价格的关系，价格改革能迈多大的步子，其进程和成效取决于改革会带来多高的物价上涨率，国家、企业和人民群众能否具有相应的承受力。第六，为价格改革创造比较良好的经济环境，其中最主要的是经济协调发展，总供给和总需求及其主要结构的平衡，货币供应量的增长同经济发展和经济市场化需要相适应，即使出现超前增长也要控制在5%以内。[①]

二、关于价格改革的基本经验总结

关于中国价格改革的基本经验，更多的学者进行了研究和总结。马凯认为，中国价格改革的基本经验是：（1）进行价格改革，必须有一个良好的社会环境，最重要的是两条。第一条是政局稳定，人心安定，这是顺利进行价格改革的基本政治前提。第二条是坚持社会总需求和总供给的大体平衡，控制总量，管好货币，不搞通货膨胀政策，这是顺利推进价格改革的宏观经济条件。（2）进行价格改革，必须坚持市场取向，以转换价格形成机制为核心。在价格改革中坚持市场取向体现在：在改革的目标模式方面，实现由计划价格体制向市场价格体制的转换；在价格改革的基本内容方面，要以转换价格形成机制为核心；在价格改革的途径和方式方面，实行调放结合，逐步加大“放”的分量，最终以放为主。（3）进行价格改革，必须采取“渐进改革”的方式。中国之所以选择这种渐进的改革方式，不是偶然的，而是由中国现阶段的国情决定的，是由中国价格改革起步时的现实基础决定的，也是由价格改革与其他改革相互制约的关系决定的。（4）进行价格改革，必须同其他改革协调配套，不能孤军深入。包括必须把价格改革同企业改革结合起来，造就合格的市场主体，增强企业的“消化能力”；必须把价格改革和培育市场结合起来，加速建立健全完整、开放、竞

---

① 张卓元：《价格改革规律性探索》，《江汉论坛》，1987年08期。

争的市场体系和正常的市场秩序；必须把价格改革同财政、税收体制改革结合起来，实行价税联动，使价格改革既能触动现有的利益格局，又能使各方面都过得去，不致引起较大的社会震动；把价格改革与工资改革结合起来，增强群众对价格上涨的经济承受能力，确保大多数人在价格改革中实际生活水平不降低，是价格改革必须遵循的一条重要原则。（5）顺利推进价格改革，必须审时度势，适时调整改革力度。①

而中国价格协会课题组则认为，中国价格改革的基本经验是：（1）以中国特色社会主义理论体系为指导，坚持市场化改革方向，是价格改革30年来最根本的经验。（2）敢闯敢冒，解放思想，理论创新，是打破计划价格体制、建立完善市场价格体制的思想理论准备。（3）围绕经济社会发展需要，按照经济体制改革部署，与其他改革协调配套是价格改革实现预期目的、取得成效的重要条件。（4）调放结合，先以调为主，后以放为主的渐进式改革，为价格改革积极稳妥有序进行、实行价格体制平稳过渡找到了代价小、效益大的改革方式。（5）以人为本，充分考虑各方面承受能力，兼顾各方面利益，取得大多数人的理解、支持，使价格改革有利益支撑的动力。（6）加强领导，精心策划，周密部署，价格主管部门统一负责，各相关部门分工协作，形成合力，为价格改革提供强有力的组织保证。②

① 马凯：《中国价格改革的理论与实践探索》，载柯伟、魏杰主编：《中国党政人士论改革》，西安：陕西人民出版社，1992年版，第47页。
② 中国价格协会课题组：《勇于变革 勇于创新 深化价格改革》，载彭森主编：《中国价格改革三十年1978—2008》，北京：中国市场出版社，2010年版，第111–113页。

还有学者提出中国价格改革的行动经验是：（1）价格改革必须处理好改革、发展和稳定的关系。（2）遵循价值规律，转换价格机制，建立以市场形成为主的价格机制。（3）渐进式推进、逐步深化。（4）各项改革协调配合，有序推进。（5）加强党和政府对价格改革的领导，使价格改革沿着正确的轨道前进。[①]

另有学者总结了中国价格改革头三十年的成功经验，包括：（1）以具有中国特色的社会主义理论为指导，从中国的实际出发，坚持改革的市场取向，是改革取得成功的根本保证。（2）解放思想、敢闯敢干、善于创新是价格改革顺利推进的强大动力。（3）积极稳妥，认真探索，实行渐进式改革，是中国特色的价格改革成功之路。（4）坚持以人为本，关注民生，妥善地协调和解决改革中的种种利益关系和矛盾，取得广大人民群众的理解和支持，是改革取得成功的动力所在。（5）既坚持价格改革的关键地位，又做好同其他改革的协调配套工作，争取各方面的支持，使改革获得可靠的物质保障。（6）加强价格管理和研究机构的建设，为价格改革顺利进行提供理论指导和组织保证。[②]

理论是实践的先导。在中国价格改革过程中，一些重要问题的研究和讨论体现着人们不断解放思想、深化认识、发展理论创新，并对改革实践起到重要的推动作用。比如，关于必须尊重价值规律的作用、让价格回到市场交换中形成的讨论，关于价格改革目标模式的讨论，关于工业生产资料价格双轨制主要是并为市场价单轨制还是计划价单轨制的讨论等，对于价格改革坚持市场化取向至关重

① 李盛霖主编：《价格知识问答》，北京：中国市场出版社，2005年版，第69页。
② 温桂芳：《价格改革30年：回顾与思考》，《财贸经济》，2008年11期。

要。另外，价格改革实践经验日益丰富，又使改革理论不断深化和发展。比如，关于价格改革规律性的探索，在很大程度上是改革实践提供的经验概括得出的。而价格改革理论的创新，对深化价格改革，又起着新的带动作用。

主要参考资料

1. 习近平. 习近平谈治国理政[M]. 北京：外文出版社，2014.
2. 习近平. 习近平谈治国理政（第二卷）[M]. 北京：外文出版社，2017.
3. 习近平. 习近平谈治国理政（第三卷）[M]. 北京：外文出版社，2020.
4. 邓小平. 邓小平文选（第二卷）[M]. 北京：人民出版社，1994.
5. 邓小平. 邓小平文选（第三卷）[M]. 北京：人民出版社，1993.
6. 江泽民. 江泽民文选（第二卷）[M]. 北京：人民出版社，1995.
7. 江泽民. 论社会主义市场经济[M]. 北京：中央文献出版社，2006.
8. 胡锦涛. 胡锦涛文选（第二卷）[M]. 北京：人民出版社，2016.
9. 中共中央宣传部. 习近平新时代中国特色社会主义思想学习纲要[M]. 北京：学习出版社、人民出版社，2019.
10. 成致平. 中国物价五十年 1949—1998[M]. 北京：中国物价出版社，1996.
11. 成致平. 价格改革若干大事聚焦[M]. 北京：中国市场出版社，2002.
12. 成致平. 价格改革三十年（1977—2006）[M]. 北京：中国市场出版社，2006.

13. 张卓元. 社会主义价格理论与价格改革[M]. 北京：中国社会科学出版社，1987.
14. 张卓元. 中国价格模式转换的理论与实践[M]. 北京：中国社会科学出版社，1990.
15. 张卓元. 新价格模式的建立与市场发育的关系[M]. 北京：经济管理出版社，1996.
16. 张卓元. 论争与发展：中国经济理论 50 年[M]. 昆明：云南人民出版社，1999.
17. 张卓元、张晓晶. 新中国经济学研究 70 年（上卷）[M]. 北京：中国社会科学出版社，2019.
18. 吴敬琏、刘吉瑞. 论竞争性市场体制[M]. 北京：中国财政经济出版社，1991.
19. 吴敬琏. 吴敬琏改革论集[M]. 北京：中国发展出版社，2008.
20. 吴敬琏. 中国经济改革进程[M]. 北京：中国大百科全书出版社，2018.
21. 李炳坤. 工农业产品价格剪刀差问题[M]. 北京：农业出版社，1981.
22. 薛暮桥. 我国物价和货币问题[M]. 北京：红旗出版社，1986.
23. 赵德馨. 中华人民共和国经济史 1967—1984[M]. 郑州：河南人民出版社，1989.
24. 段晓光. 经济改革必闯的险关——论中国的价格改革[M]. 北京：经济日报出版社，1991.
25. 田源、乔刚. 中国价格改革研究（1984—1990）[M]. 北京：

电子工业出版社，1991.

26. 徐棣华、王亚平. 中国社会主义建设新时期经济简史（1976—1991）[M]. 北京：中国物资出版社，1993.
27. 杨圣明、李军. 价格双轨制的历史命运[M]. 北京：中国社会科学出版社，1993.
28. 林毅夫、蔡昉、李周. 中国的奇迹：发展战略与经济改革[M]. 上海：上海三联书店、上海人民出版社，1994.
29. 樊纲. 渐进改革的政治经济学分析[M]. 上海：上海远东出版社，1996.
30. 张军. “双轨制”经济学：中国的经济改革（1978—1992）[M]. 上海：上海三联书店、上海人民出版社，1997.
31. 郭树清. 整体的渐进[M]. 北京：经济科学出版社，1998.
32. 苏星. 新中国经济史[M]. 北京：中共中央党校出版社，1999.
33. 王梦奎. 中国经济转轨二十年[M]. 北京：外文出版社，1999.
34. 盛洪. 寻找改革的稳定形式[M]. 上海：上海财经大学出版社，2002.
35. 林毅夫. 发展战略与经济改革[M]. 北京：北京大学出版社，2004.
36. 邹东涛. 社会主义市场经济学[M]. 北京：人民出版社，2004.
37. 李盛霖. 价格知识问答[M]. 北京：中国市场出版社，2005.
38. 刘国光. 中国十个五年计划研究报告[M]. 北京：人民出版社，2006.

39. 张维迎. 价格、市场与企业家[M]. 北京：北京大学出版社，2006.

40. 任兴洲. 建立市场体系——30 年市场化改革进程[M]. 北京：中国发展出版社，2008.

41. 新望. 改革 30 年：经济学文选（上册）[M]. 北京：生活·读书·新知三联书店，2008.

42. 柳红. 八〇年代：中国经济学人的光荣与梦想[M]. 桂林：广西师范大学出版社，2010.

43. 周其仁. 改革的逻辑[M]. 北京：中信出版社，2013.

44. 胡祖才.《中共中央国务院关于推进价格机制改革的若干意见》学习读本[M]. 北京：人民出版社，2016.

45. 蒋和胜、曾兴、李小瑜. 中国四十年价格改革研究[M]. 成都：四川大学出版社，2019.

46. 郑庆东. 习近平经济思想研究文集[M]. 北京：经济日报出版社，2022.

47. 国家经济体制改革委员会综合规划司. 中国改革大思路[M]. 沈阳：沈阳出版社，1988.

48. 中国经济体制改革研究会. 见证重大改革决策——改革亲历者口述历史[M]. 北京：社会科学文献出版社，2018.

49. 楼继伟、周小川. 论我国价格体系改革方向及其有关的模型方法[J]. 经济研究，1984（10）.

50. 郭树清. 关于价格体制改革的目标模式[J]. 中国社会科学院研究生院学报，1985（03）.

51. 马凯. 中国价格改革 20 年的历史进程和基本经验[J]. 价格理论与实践，1999（01）.

52. 王学庆、杨娟. 三十年价格体制改革的历程、成就与经验[J]. 中国物价，2008（09）.

53. 温桂芳. 价格改革 30 年：回顾与思考[J]. 财贸经济，2008（11）.

54. 吴敬琏. 中国经济改革三十年历程的制度思考[J]. 新华文摘，2009（01）.

55. 深入贯彻落实党的十九大精神 迈出全面深化价格机制改革新步伐[J]. 价格理论与实践，2017（11）.

56. 共同谱写新时代价格工作新篇章[J]. 价格理论与实践，2018（01）.

第二部分

史料篇

政策法规

▼

国务院关于严格控制物价、整顿议价的通知[①]

（1980 年 12 月 7 日）

各省市自治区人民政府，国务院各部委、各直属机构：

最近一段时期，市场上随意提价、变相涨价、哄抬议价的情况比较严重，引起广大群众的不满。为了进一步贯彻执行今年四月中共中央、国务院《关于加强物价管理，坚决制止乱涨价和变相涨价的通知》精神，稳定经济，安定人民生活，保证社会主义建设的顺利进行，特作如下通知：

一、从本通知公布之日起，凡由国家规定牌价的工农业商品，在全国各地的零售价格，一律执行国家的规定，不得提高。12 月 1 日以前按照物价管理权限规定有关部门已发调价通知的，按原通知继续调整。

二、各种议价商品，在全国各大城市、中等城市、小城市、工

① 《国务院关于严格控制物价、整顿议价的通知》，《中华人民共和国国务院公报》，1980 年 19 期。

矿区、县城和县以下城镇的零售价格，一律按 1980 年 12 月 7 日的价格出售，只能降低、不许提高。

三、以上两条规定，适用于一切国营商业，合作商业，社队企业，农工商联合企业，信托公司，贸易货栈，国营或集体经营的自销门市部，展销会，试销专柜，城市生产服务合作社，军人服务部和代销点等全民的、集体的销售单位，以及经销国家商品的个体户。以上这些单位和个人都必须严格执行本规定，不得违反。

四、议购议销必须按照国务院规定的原则和各省、市、自治区人民政府规定的品种范围执行。

国家计划调拨的生产资料，包括超产部分和自销部分，必须执行国家定价，不准议价。按照国家规定允许价格向下浮动的，可以向下浮动。

一、二类日用工业品不准搞议价。三类工业品由工商企业协商定价，品种范围要严格控制。

一、二类农副产品，在完成国家收购任务以前，不许议价成交，上集市出售，也不许把集体产品分给个人出售。到三类农副产品集中产区进行采购的单位，要向当地工商行政管理部门进行登记，服从统一管理，统一分配货源，不准互相哄抬价格。议价收购商品的最高限价，由省、市、自治区人民政府规定，并布告周知。

五、鲜活商品（如蔬菜、蛋、鱼、水果等）应当有一定的季节差价。在实行本通知时，凡是已经规定了季节差价的，仍然应当根据不同季节进行调整。国家有统一规定的，按国家的统一规定执行；国家没有统一规定的，由省、市、自治区人民政府加以规定，并布告周知。

六、一切机关、团体、部队、事业单位，不准从事倒手转卖从中渔利的活动。

七、各级税务机关必须严格照章收税，对欠交税款的，必须立即追交。

各级人民银行要加强信贷管理和现金管理，控制货币投放。对购销活动要进行监督。发现违反本通知规定的，要在信贷、结算、支付上加以限制。

八、铁道、交通部门必须严格执行旅客携带行李的限额，不得超过。

九、集市贸易是社会主义商业的补充，要按照国家的政策，加强管理，做好工作，继续搞活，发挥它的积极作用。

十、各级人民政府在本通知发布后，要连续组织几次物价大检查，并动员广大人民群众对违反本通知的行为进行揭发检举。对于确实违反本通知的单位，可以采取罚款、停发奖金、扣发应当负责的人员工资、给予行政处分等措施。情节严重的，工商行政部门可以勒令停业，并向司法部门提出控告。物价大检查，以后应定期进行，不得放松。

要加强对一切生产单位和从事购销活动的部门的思想政治工作，使他们认识到目前随意提价、变相涨价、哄抬议价的严重危害性。教育干部和职工顾全大局，遵守纪律，全心全意为人民服务，反对只考虑本单位、本地区的局部利益，自行其是。严禁用抬高物价的办法增发奖金等违法乱纪行为。所有的企业，都要努力搞好生产，增加商品供应，认真地、切实地为稳定经济、稳定物价、安定人民生活作出应有的贡献。

国务院关于坚决稳定市场物价的通知[①]

（1982 年 1 月 8 日）

各省、市、自治区人民政府，国务院各部委、各直属机构：

第五届全国人民代表大会第四次会议责成国务院在今年的经济工作中，“注意在发展生产和大力节约的基础上，进一步加强财政、信贷和物价管理，保持财政收支的基本平衡，保证市场物价的基本稳定。”为此，特就稳定市场物价问题，作如下通知。

一、凡由国家规定牌价的工农业商品，在全国各地的零售价格，一律执行国家的规定，不得提高。

二、各种议价商品，在全国各大城市、中等城市、小城市、工矿区、县城和县以下城镇的零售价格，只能降低，不许提高。

三、以上两条规定，适用于一切国营商业，合作社商业，社队企业，农工商联合企业，信托公司，贸易货栈，国营或集体经营的自销门市部，展销会，试销专柜，城市生产服务合作社，军人服务部和代销点等全民的、集体的销售单位，以及经销国家商品的个体户。以上这些单位和个人都必须严格执行本规定，不得违反。

四、一、二类日用工业品不准搞议价。三类工业品实行工商企业协商定价的品种范围，要严格控制。

五、农产品收购价格要贯彻基本稳定的方针。一、二类农副产品，非经国务院批准，任何地区和部门，都不准自行提价或变相提价，在完成国家收购任务之前，不许议价成交或上集市出售。到三

① 《国务院关于坚决稳定市场物价的通知》，《中华人民共和国国务院公报》，1982 年 01 期。

类农副产品集中产区进行采购的单位，要向当地工商行政管理部门登记，服从统一管理，统一分配货源，不准相互哄抬价格。

六、凡规定有季节差价的商品，仍应根据不同季节调整价格。国家有统一规定的，按国家的统一规定执行；国家没有统一规定的，由省、市、自治区人民政府加以规定，并布告周知。

七、各级税务机关必须严格照章收税，对欠交税款的，必须立即追交。

各级人民银行要加强信贷管理，控制货币投放。对购销活动要进行监督，发现违反本通知规定的，要在信贷、结算支付上加以限制。

八、一切机关、团体、部队、事业单位，不准从事倒手转卖从中渔利的活动。

九、集市贸易是社会主义商业的补充，要按照国家的政策，加强管理，做好工作，继续搞活，发挥它的积极作用。要坚决打击投机倒把和哄抬物价等不法行为。对少数蓄意造谣惑众扰乱市场的人，要认真查清，严肃处理。

十、各级人民政府在本通知发布后，要组织有关部门进行几次物价大检查，并动员广大人民群众对违反本通知的行为进行揭发检举。对于确实违反本通知的单位，可以采取罚款，停发奖金，扣发应当负责的人员工资，给予行政处分等措施。对于拒付罚款和非法收入的单位和个人，物价部门有权通知银行或信用社从其存款中强行划拨。违反物价纪律情节严重的，工商行政部门可以勒令停业，并向司法部门提出控告。物价大检查，以后要定期进行，不得放松。

各级人民政府要进一步加强对物价工作的领导，充实市、县和工商企业的物价工作人员，组织各有关部门的力量，坚决贯彻执行本通知的各项规定。

国务院关于整顿市场秩序加强物价管理的通知 ①

（1987年8月19日）

随着改革和开放的深入发展，今年以来我国工业生产增长迅速，夏收取得了较好的收成，市场繁荣，购销两旺，以公有制经济为主体的多种经济成份共同发展。值得注意的是经济活动中违法行为显著增加。不少无照商贩和有些个体工商户不遵守国家的规定，套购紧俏商品，倒买倒卖，哄抬物价，强买强卖，欺行霸市，抗拒管理，结成团伙，为非作歹。有些国营、集体企业以擅自提价、变相涨价等违法手段牟取暴利。有的单位和个人甚至违法生产、销售假冒伪劣商品和不符合卫生标准的商品，坑害群众。这些行为严重破坏市场秩序，影响物价的稳定，损害国家和消费者的利益，引起广大群众的强烈不满。根据国务院颁布的《城乡集市贸易管理办法》、《工商企业登记管理条例》和《城乡个体工商户管理暂行条例》等法规，各级人民政府和工商行政管理、物价、税务、公安等部门，必须依靠和发动群众，加强对市场和物价的监督管理，坚决打击投机倒把活动，维护市场秩序，制止乱涨价，保护人民利益。为此，特通知如下：

一、加强对个体工商户的管理。所有个体工商户，都必须在核准的经营范围内，亮照经营，明码标价；经过工商行政管理机关登记批准，可以从事城乡之间、地区之间的贩运。严禁掺杂使假、短尺少秤、投机诈骗、偷税漏税、欺行霸市等违法行为。省、自治

① 《国务院关于整顿市场秩序加强物价管理的通知》，《中华人民共和国国务院公报》，1987年22期。

区、直辖市人民政府根据稳定市场物价的需要，对重要工农业生产资料和紧俏消费品，必要时可以规定不许私人经营的品种范围，由工商行政管理机关统一发布。

二、坚决取缔无照经营，对现有的无照商贩立即进行全面清理。本人具备经营条件，社会又有需要的，应向工商行政管理机关申请登记，经核准后，持照经营。有些从事季节性经营的，可以申请领取临时营业执照。

三、加强对国营和集体工商业的管理。国营和集体工商业必须模范地遵守国家法令和各项政策，严格按照工商行政管理部门核准的经营范围从事经营活动，积极吞吐调剂、平抑物价，发挥主渠道作用。市场紧俏的日用消费品，要在地方政府领导下，协调工商企业的购销关系，保证当地市场的必要供应。不准把国家计划内的生产资料转为计划外，议价出售；不准参与市场投机倒把活动；不准抬价抢购农副产品和紧俏物资；不准借口“协作”和串换紧俏物资，变相涨价，偷税漏税；不准将紧俏商品“卖大户”，供个体商贩高价倒卖。对违反法纪的，要依法处理。

四、集市贸易的农副产品，由买卖双方协商议价。对于粮、油、肉、禽、鱼、蛋和大路菜等主要农副产品，必要时地方物价部门可规定限价，严格执行。已经放开的小商品可以进入集市，价格随行就市。工商行政管理机关应当加强对集市的管理，教育参加集市的单位和个人遵守法令，讲求信誉，货真价实，公平交易。要改善集市的条件，逐步建立集中的销售场所，实现市场管理的规范化，进一步开展创建文明集市的活动。

五、加强对价格的监督检查。各地区、部门和企业以及个体工商户，都必须严格执行国家定价的商品价格、交通运价和收费标准，不准擅自涨价或变相涨价，不准以各种名目的附加条件索取额外收入，不准强迫中转，层层加收手续费。国家实行指导性价格的商品和收费项目，只能在规定的范围内浮动，不得突破。所有企业，都不准串通商定垄断价格。对违反物价政策的，由物价部门没收其全部非法收入，并处以罚款。对于违纪的主要负责人，要按情节轻重，给予经济和行政处分，直至追究法律责任。

六、各级人民政府要组织好商品生产，安排好市场供应。特别是大中城市的主要副食品，要努力做到供应良好，价格合理。各级人民政府要依靠工会、消费者协会、个体劳动者协会和街道组织，发动群众搞好整顿市场秩序和加强物价管理的工作。社会主义市场既要搞活，又必须加强管理，各级有关的管理部门要认真执行国家的有关方针、政策和法令，严守纪律，廉洁奉公，秉公执法，坚持不懈地与各种违法行为作斗争。政法机关要支持各级管理部门的工作，对于围攻殴打工商行政、物价、税收等管理人员的不法分子，一定要依法惩办。对群众和群众组织检举和投诉的违章、违纪、违法案件，要严肃处理。对检举、揭发的单位和个人要加以保护，立功的应给予奖励。

七、各级人民政府尤其是大中城市人民政府接到本通知后，要立即行动，组织工商行政管理、物价、税收、公安等部门具体部署，用一至两个月的时间，对市场进行整顿，对价格加强检查，对无照商贩进行清理，以建立正常的市场秩序，保持物价的基本稳定。各省、自治区、直辖市人民政府要将部署情况向国务院报告。

国务院关于做好当前物价工作和稳定市场的紧急通知①

（1988 年 8 月 30 日）

八月三十日，国务院第二十次常务会议认真讨论了当前的市场和物价形势，针对一些地方出现抢购商品和大量提取储蓄存款的问题，作出了相应的决定。现通知如下：

一、经中央政治局第十次会议原则通过的价格工资改革初步方案中所讲的“少数重要商品和劳务价格由国家管理，绝大多数商品价格放开，由市场调节”，指的是五年或更长一些时间的长远目标，目前改革方案还在进一步修订完善之中。明年（1989 年）作为实现五年改革方案的第一年，价格改革的步子是不大的，国务院将采取有力措施，确保明年（1989 年）社会商品零售价格上涨幅度明显低于今年（1988 年）。要据此向群众做好宣传解释工作，消除疑虑。

二、必须坚决贯彻执行国务院关于今年（1988 年）下半年不出台新的涨价措施的决定。国务院有关部门管理的商品价格和收费标准，各地一律不得擅自提高。地方管理的商品价格和收费标准，也不得任意提高。企业也不得违反规定乱涨价。违者要严肃追究主要负责人的责任。

三、为了稳定金融和保护人民群众的利益，由人民银行开办保值储蓄业务，使三年以上的长期存款利息不低于或稍高于物价上涨幅度。具体办法由人民银行近期内制定公布。

---

①《国务院关于做好当前物价工作和稳定市场的紧急通知》，《中华人民共和国国务院公报》，1988 年 18 期。

四、必须采取有力措施，坚决压缩固定资产投资规模，停建、缓建一批楼堂馆所项目，严格控制社会集团购买力，抓紧清理整顿公司，清理整顿非银行的金融机构。要把今年的信贷和货币发行控制在国家要求的数额之内。银行及非银行金融机构对非生产性建设项目，要按照国务院的规定停止贷款；对生产性建设项目的贷款，也要从严掌握。

五、要切实做好农副产品的收购工作。粮、棉、油的合同订购任务要确保完成，在粮食增产和丰收的地区要力争多收购一些议价粮油。省、市、区之间议价粮油的调剂，由商业部有领导有组织地进行。棉花的收购与经营，要坚决按照国务院国发〔1988〕52 号文件的规定，由供销社统一经营，不开放棉花市场，违者严加惩处。

六、各级人民政府要组织好市场供应，严格市场管理。要努力增产工业消费品，特别要抓好城市肉、蛋、菜等副食品的生产和供应工作。对人民日常生活必需品，各地必须采取措施保证正常供应。要认真整顿市场秩序，坚决取缔和打击囤积居奇、投机倒把、中间盘剥等行为。要充分发挥城乡群众、社会舆论对市场物价的监督作用，对制造谣言、哄抬物价、扰乱市场的要坚决打击。

以上各项，是近日来党中央、国务院从实际出发作出的重要决策，是实现“稳定经济，深化改革”方针的重要保证。各省、自治区、直辖市人民政府和国务院有关部门接到本通知后，要立即进行讨论部署，本着“顾全大局，严守纪律”的精神，结合本地区、本部门的实际情况，提出贯彻执行的具体办法，认真落实。执行中的问题和重要情况，要及时报告国务院。

国务院关于加强物价管理严格控制物价上涨的决定[①]

（1988 年 10 月 24 日）

国务院《关于做好当前物价工作和稳定市场的紧急通知》发出后，各地区、各部门认真贯彻执行，并收到了一定成效。但目前市场价格尚未完全稳住，一些商品的价格涨势未减，各地对此必须引起高度重视。要进一步采取坚决有力的措施，加强物价管理，整顿市场秩序，严格控制物价上涨，确保明年的物价上涨幅度明显低于今年。为此，特作如下决定：

一、坚决稳定群众生活基本必需品的价格。要严格按照国务院国发〔1988〕67 号文件的有关规定，坚决稳定市场粮价。城市居民定量供应的粮食、食油的价格一律不动。大中城市要由市长负责，增加肉、蛋、菜等主要副食品的生产和供应，保持“菜篮子”价格的基本稳定。大城市的大路菜，要实行计划价格，不能放开。北方大城市冬储菜的零售价格，今年一般不提高。现已对猪肉定量供应的大城市，定量供应部分不准涨价。要进一步搞好大中城市蔬菜批发市场和农贸市场，物价和工商行政管理部门要切实加强价格管理和指导。

同群众日常生活密切相关的棉纱、涤棉纱、棉布、涤棉布、食盐、食糖、民用煤、洗衣粉、肥皂、卫生纸、火柴等工业品，要安排好生产和供应，不能断档脱销。对这些商品的价格，国家物价局

① 《国务院关于加强物价管理严格控制物价上涨的决定》，中国政府网，2011 年 8 月 30 日。

和各级地方政府要按管理权限，分别进行整顿，严格管理。有些商品的价格要向社会公布，接受群众监督。

二、坚决制止农用生产资料乱涨价。各省、自治区、直辖市人民政府要在年底以前，对实行专营的化肥、农药、农膜核定综合零售价格，公布执行。在春耕之前，要组织农用生产资料价格大检查，严禁乱涨价和变相涨价。

三、严格执行计划外重要生产资料的最高限价。凡超过最高限价的，均属价格违法行为，任何地区，包括广东、福建、海南以及经济特区，都不得例外。对石油、铜、铝、紧俏钢材等实行统一经营，严禁倒卖。国家物价局应尽快会同主管部门向大型企业派驻物价督察员，监督企业严格执行国家的价格政策、规定。国务院有关部门定价的生产资料出厂价格可由地方审批临时价格的规定，暂停执行。

四、对已经放开的工业消费品价格，也要进行管理和引导。大中城市应选择一批比较重要的品种，最迟在十一月十五日前，实行工商企业提价申报制度。对企业申报的提价要求，物价部门可根据控制物价水平的需要，制止提价或推迟提价。

五、整顿流通领域的价格，取缔中间盘剥。重点是整顿经营批发业务的各类公司。各级物价部门要会同有关部门，对重要的紧俏工业品和耐用消费品规定合理的流通环节，核定合理的进销差率、地区差率和批零差率，国营、集体和个体经营者（包括工业企业自销）都要执行。零售商店包括个体摊贩，要明码标价，文明经商，接受消费者的监督。工业品在同一城市市区，批发不得超过一道环节，零售单位不得按零售价进货再加价销售。为制止商品旅游，易地涨价，同一商品不得对当地和外地实行两种价格。

六、整顿城市公用事业和服务行业收费。同群众生活关系密切的公用事业和服务行业收费，明年不得提高。对群众反映强烈的某些医院、学校等单位乱收费的问题，各级政府要认真组织检查，切实纠正，并建立严格的财务管理制度。各级行政部门和事业单位，明年不得擅自增加收费项目和提高收费标准。

七、严肃物价法纪。国家统一安排的调价项目，必须严格按照国务院规定的调价范围、幅度和时间执行。各级政府和物价部门、业务主管部门要严格按照物价管理权限办事，不得越权擅自调价或变相提价。各级政府和物价部门管理价格的权限明年不得继续下放，放开价格的品种范围也不得扩大。对国务院有关部门管理价格的执行情况，国家物价局要负责进行全面检查。各地区、各部门如有越权擅自涨价，或以变通为名擅自涨价的，要在文到后一个月内清理纠正，并向国家物价局作出报告。有些地方自行规定的“价格特区”、“价格特厂”、“价格特店”等，要立即取消。国务院各业务主管部门对主管商品的价格，除了国务院决定调价的之外，一律不许变动，不得自行发涨价文件。

八、依靠广大群众，搞好物价检查。要重点查处生产资料、紧俏消费品和生活必需品的转手倒卖、哄抬物价和乱涨价行为。要充分发挥专业物价检查队伍的骨干作用，同时组织消费者协会以及各种群众物价监督组织，对物价和收费实行经常性的监督检查。要认真贯彻执行《中华人民共和国价格管理条例》，违者要从严惩处，决不让其在经济上得到好处。构成犯罪的，要追究刑事责任。对典型案件要公开报道，扩大宣传，以儆效尤。

九、一九八九年物价上涨幅度要明显低于今年。各省、自治区、直辖市人民政府和国务院各有关部门，要为实现这个目标，共同分担责任，并作为政绩的主要考核指标。控制明年物价，必须从现在起就采取措施。国务院关于今年下半年不出台新的涨价措施的决定，延续到明年市场基本平稳以前，各地必须坚决执行。

各级人民政府和国务院有关部门应根据本通知，迅速制定具体实施办法，认真贯彻执行。过去国务院和有关部门的规定，凡与本通知不一致的，一律按本通知执行。

国务院关于整顿和规范市场经济秩序的决定[①]

（2001 年 4 月 27 日）

各省、自治区、直辖市人民政府，国务院各部委、各直属机构：

建立规范的市场经济秩序，既是保证当前经济正常运行的迫切需要，又是完善社会主义市场经济体制的重要举措。为了进一步深化改革、扩大对外开放，营造国民经济持续快速健康发展的良好环境，根据当前我国市场经济秩序的现状，国务院决定，在全国范围内开展整顿和规范市场经济秩序的工作。

一、充分认识整顿和规范市场经济秩序的重要意义

（一）良好的市场经济秩序，是建立社会主义市场经济体制的客观要求。近年来，全国开展了打击走私、偷税、骗税、骗汇和制售假冒伪劣商品等违法犯罪活动的专项斗争，取得了明显成效，对促进社会主义市场经济的健康发展，发挥了重要作用。

（二）市场经济秩序混乱的问题必须引起高度重视。由于复杂的经济、社会和思想原因，当前一些领域中市场经济秩序仍然相当混乱，主要表现在：假冒伪劣产品充斥市场，偷税、骗税、骗汇和走私活动屡禁不止，商业欺诈、逃废债务现象日益严重，财务失真、违反财经纪律的行为比较普遍，工程建设领域招投标弄虚作假、工程质量低劣的问题相当突出，文化市场混乱问题群众反映强烈，生产经营中的重大特大安全事故时有发生。这些问题触目惊

① 《国务院关于整顿和规范市场经济秩序的决定》，《中华人民共和国国务院公报》，2001 年 18 期。

心，不仅严重影响国民经济健康运行，给国家、企业和人民群众利益造成重大损害，而且造成投资环境恶化，社会道德水准下降，败坏国家信誉和改革开放的形象。大力整顿和规范市场经济秩序，已经成为当务之急。

（三）整顿和规范市场经济秩序具有重要意义。今后五年，是我国完善社会主义市场经济体制和扩大对外开放的重要时期。建立良好的市场经济秩序，既是重大的经济问题，也是严肃的政治问题；既是提高国民经济整体素质和竞争力的必然选择，也是进一步扩大对外开放的必要条件；既是巩固我国现代化建设成果的重大举措，也是全面推进社会文明进步的内在要求。各地区、各部门必须从贯彻落实江泽民总书记“三个代表”重要思想的高度，站在国家安危、民族兴衰和现代化事业成败的高度，充分认识整顿和规范市场经济秩序的重要性、紧迫性和艰巨性，坚持不懈地抓好这项工作。

二、整顿和规范市场经济秩序的主要内容和当前工作重点

（四）今后五年的主要任务。整顿和规范市场经济秩序是一项涉及面广、十分复杂的工作。必须坚持深化改革与加强法制并举的指导思想，标本兼治，边整边改，着力治本。针对市场经济秩序方面存在的问题，“十五”时期整顿和规范市场经济秩序的主要内容包括以下几个方面：

1. 打击制售假冒伪劣商品、偷税、骗税、骗汇、走私、制贩假币等违法犯罪活动。继续查处制假售假问题突出的重点商品、重点市场、重点地区和大案要案。打击伪造、倒卖、虚开增值税专用发票进行涉税犯罪活动的专业化作案团伙。取缔非法买卖外汇。严防走私回潮。

2．整顿建筑市场。查处在工程建设中规避招标和招投标中的弄虚作假，转包、违法分包和无证、越级承包工程，以及违反法定建设程序及不执行强制性技术标准、偷工减料、以次充好等行为。

3．整顿和规范金融秩序。查处银行、证券、保险机构的违法违规经营活动。取缔非法金融机构和非法变相从事金融业务的活动。打击和制止金融欺诈、操纵证券市场和内幕交易、恶意逃废债务等行为。

4．严肃财经纪律。加强对财政资金、重大投资项目、重点专项资金、国有金融机构和国有企业资产质量的审计。查处私设“小金库”、帐外经营、截留、坐支、挪用国家资金等违反财经法纪行为。打击伪造各种票据、会计凭证、会计帐簿和提供虚假财务会计报告等违法行为。

5．规范中介机构的行为，实行中介机构市场准入制度。整顿经济鉴证服务市场。严肃查处中介机构出具虚假资信证明、虚假评估、虚假鉴证等不法行为，对严重违法违规的中介机构和人员实行禁入制度。

6．推进文化和旅游市场整顿。开展“扫黄打非”斗争，打击侵权盗版、制贩非法出版物等违法犯罪活动。加强对电子游戏、歌舞娱乐经营场所的监管。查处非法经营的各类“网吧”。整顿文物市场。规范旅游业经营秩序。

7．打破地区封锁和部门、行业垄断。查处行政机关、事业单位、垄断性行业和公用企业妨碍公平竞争，阻挠外地产品或工程建设类服务进入本地市场的行为，以及其他各种限制企业竞争的做法。

8．强化安全生产管理和安全监察。抓紧重点行业的安全整顿，加强对事故隐患及危险源的综合治理。对不符合基本安全生产条件或整改无效的企业和经营单位，坚决予以关闭。

（五）当前的工作重点。在全面整顿和规范市场经济秩序的基础上，根据每个时期的不同特点，分别确定各阶段整治的重点。当前，要紧紧抓住直接关系广大群众切身利益、群众反映强烈、社会危害严重的几个突出问题，主要包括：以食品、药品、农资、棉花以及拼装汽车等为重点，打击制售假冒伪劣商品的行为；以查处规避招标、假招标和转包为重点，整顿和规范建筑市场；以查处偷税、骗税、非法减免税为重点，强化税收征管；以查处地区封锁和部门、行业垄断为重点，打击地方保护主义；以清理压缩音像集中经营场所，查处非法经营的“网吧”、“游戏机房”为重点，整顿文化市场。

经过全国范围内的集中整顿和打击，争取用一年左右的时间，使严重破坏市场经济秩序违法犯罪活动蔓延的势头得到明显遏制；后果严重、影响恶劣的大案要案得到揭露和处理；触犯刑律的犯罪分子移送司法机关得到严厉惩处；有关法律、法规得到进一步完善；执法队伍和执法力度得到加强；群众对市场经济秩序的满意程度明显提高，整顿和规范市场经济秩序的工作取得阶段性的成果。

三、加大打击力度，严惩破坏市场经济秩序的违法犯罪活动

（六）加大打击违法犯罪活动的力度。依法严惩破坏市场经济秩序的违法犯罪行为，是整顿和规范市场经济秩序的重要措施。行政主管部门与执法部门要加强协调配合，始终保持严打的高压态势。行政执法部门在查处违法行为中发现的犯罪线索，必须及时通报并依法移送公安部门及其他有关部门，坚决制止一些地方和部门

存在的瞒案不报、以罚代管、以罚代刑现象，造成严重后果的要严肃追究责任。依法加大对破坏市场经济秩序行为的处罚力度，让违法犯罪者为其行为付出巨大代价，切实起到震慑作用。

（七）严惩各种违法犯罪分子。集中力量侦破一批涉及面广、数额巨大、影响恶劣、严重破坏市场经济秩序的大案要案，依法严惩一批违法犯罪的首恶分子和惯犯。对国家机关中与犯罪分子相互勾结，包庇、纵容违法犯罪活动的人员，要一查到底，绝不姑息。违纪的必须严肃处理，触犯刑律的必须依法追究刑事责任。

（八）建立健全举报奖励制度。各地区、各部门要建立通畅的渠道，认真受理群众和企业的举报、投诉，制定并完善举报奖励办法，筹措奖励经费，对举报有功人员予以重奖，并采取有效的保护措施。

四、深化改革，转变政府职能

（九）进一步理顺政府部门职能，明确分工。规范市场经济秩序，首先要规范政府行为。各级政府都要与各类生产经营活动和中介机构彻底脱钩，把培育市场体系、监督市场运行、维护公平竞争、调整经济结构、推进营销方式改革、创造良好的经济运行环境，作为自己的重要责任。政府部门之间要明确职责分工，避免因职能交叉造成管理上的重复或疏漏，影响市场经济秩序。

（十）切实减少行政性审批。加快清理政府审批事项，大幅度减少行政性审批，主要发挥市场在资源配置中的基础性作用。对没有法律、法规依据，或可以用市场机制代替的行政审批，坚决予以废止。依法需要保留的行政性审批，要程序公开，手续简便，除法定规费外，一律不准收费。按照审批权力与责任挂钩的原则，建立行政审批责任追究制度。

（十一）打破地方封锁和行业垄断。彻底清理并废除各地区、各部门制定的带有地方封锁和行业垄断内容的规章。禁止任何单位或个人违反法律、行政法规，以任何形式阻挠、干预外地产品或工程建设类等服务进入本地市场，或者对阻挠、干预外地产品或工程建设类等服务进入本地市场的行为纵容、包庇，限制公平竞争。进一步加快垄断行业的改革和重组，推进政企分开，强化竞争机制，推行现代化服务方式，实现规模经营。

五、健全市场法律法规，严格执法

（十二）完善市场法律法规体系。根据整顿和规范市场经济秩序的需要，清理不符合市场经济要求的法律法规，按照立法的法定程序适时提出制定、修订有关法律的建议，制定、修订行政法规。加强现有法律法规的宣传教育，在全社会树立政府部门必须依法行政、企业和公民必须守法经营的观念。

（十三）坚决纠正执法不严、违法不究的现象。依法行政、有法必依、严格执法是政府的重要职责，对扰乱市场经济秩序行为不予制止是政府的失职。加强行政执法与刑事执法的衔接，建立信息共享、沟通便捷、防范有力、查处及时的打击经济犯罪的协作机制，对破坏市场经济秩序构成犯罪行为的，及时移送司法机关处理。

（十四）加强行政执法机构和执法队伍建设。进一步改善执法机构装备，加强执法系统基础设施建设。严格执行行政性收费和罚没收入“收支两条线”的规定，坚决纠正各种形式的收支挂钩现象。同时，要增加财政投入，保证办案经费需要。加强执法队伍建设，努力提高执法人员的业务素质和执法水平，提高工作效率，从严惩治并清除执法队伍中的腐败分子。

六、完善市场监督机制，加大监管力度

（十五）加快建设“金关”、“金税”、“金卡”、“金盾”工程等信息网络监管系统。以信息技术为手段，强化市场监督管理。已经建成的电子监管系统要尽快实现全国联网，并加快相关部门之间的网络互联，实现监管信息交流和共享，充分发挥高新技术在整顿和规范市场经济秩序中的作用。信息网络监管手段建设进展迟缓的部门和单位，可视情节轻重追究主管领导的责任；故意设置障碍严重影响市场监管的，要撤销其领导职务。

（十六）建立健全以行业自律、新闻监督、群众参与为主要内容的社会监督体系。充分发挥商会、行业协会等组织的作用，教育、监督、约束企业自觉遵守法律法规。进一步加强电视、广播、报刊、网络等媒体的舆论监督，加大对大案要案的披露和对查处工作的宣传报道力度，扶正压邪，形成整顿和规范市场经济秩序的浓厚舆论氛围。提高全民质量意识和安全意识，人人自觉抵制假冒伪劣商品，制止违反安全规程的行为，维护自身合法权益。社会中介机构作为维护市场经济秩序的重要力量，要进一步发挥其服务、沟通、公证、监督的功能。

七、加强思想道德教育，建立健全社会信用制度

（十七）把依法治国和以德治国结合起来。在全社会进行诚实守信的思想道德教育，努力建立适应社会主义市场经济发展的思想道德体系，使全体人民自觉遵守市场经济秩序，形成良好的道德风尚，带动和促进社会风气的进一步好转。

（十八）建立健全符合市场经济体制要求的社会信用制度。缺乏信用不仅造成经济关系的扭曲，社会交易成本增加，而且败坏社

会风气，已经成为当前影响我国经济健康运行的一个突出问题。因此，要逐步建立企业经济档案制度和个人信用体系，防止商业欺诈、恶意拖欠及逃废债务等不法行为的发生。

八、加强领导，分工负责

（十九）建立“全国统一领导，地方政府负责，部门指导协调，各方联合行动”的工作格局。

1. 成立全国整顿和规范市场经济秩序领导小组，并设立办公室（设在国家经贸委）。领导小组的主要任务是统一领导全国整顿和规范市场经济秩序的工作，指导、部署和协调各项专项整治行动；定期检查各地区、各部门的工作进展情况，及时向国务院报告整顿和规范市场经济秩序中的重大事项。

2. 实行省长（主席、市长）负责制，由省（区、市）政府组织领导本地区的整顿和规范市场经济秩序工作。各地区也要确定本地的整顿工作重点，进行具体部署并加强监督检查。对整顿工作不力，市场经济秩序混乱而又长期得不到有效治理的地区，要依法、依纪追究当地政府主要负责人和有关负责人的责任，构成犯罪的要依法追究刑事责任。

3. 国务院各部门要按照职责分工，对主管领域市场经济秩序的整顿和规范工作，切实负起责任。对列入全国重点整顿范围的问题，要按照国务院的统一部署，深入开展专项整治；没有列入全国重点整治范围的，也要确定整顿和规范的具体内容，提出标本兼治的措施。各部门要尽快提出同本决定配套的法规和政策，协助搞好对各级政府公务员的培训，并指导地方政府抓好在全国有影响的大案要案的查处工作。要严肃执法，边整边改，转变职能，建章立制，完善法律法规，不断巩固整顿和规范市场经济秩序的成果。

4．各行政主管部门和执法部门，在整顿和规范市场经济秩序工作中，要相互支持，密切合作，加强协调，形成合力。在查处跨地区的违法活动时，地区、部门之间要联合行动，相互配合。各部门在工作中要从大局出发，力戒政出多门、互相推诿扯皮。

整顿和规范市场经济秩序，是一项时间紧、任务重、涉及面广、政策性强的工作，各地区、各部门要按照国务院的统一部署，结合实际确定工作重点，提出时间和进度要求，严格依法进行整顿，维护企业的正常生产经营活动。在规范中整顿，在整顿中规范，通过整顿和规范使市场经济秩序得到根本好转，为经济和社会发展创造良好环境。

国务院关于稳定消费价格总水平保障群众基本生活的通知[①]

（2010 年 11 月 19 日）

各省、自治区、直辖市人民政府，国务院各部委、各直属机构：

今年以来，按照党中央、国务院关于处理好保持经济平稳较快发展、调整经济结构和管理通胀预期关系的要求，各地区、各部门积极采取措施，发展生产、保障供应、强化监管，保证了市场供应和价格总水平基本稳定。7 月份以来，受国内外多种因素影响，以农产品为主的生活必需品价格上涨较快，价格总水平逐月攀升，加大了城乡居民特别是中低收入群体的生活负担。为切实维护广大人民群众根本利益、保持社会和谐稳定，各地区、各部门要充分认识稳定市场价格的重要性和紧迫性，按照“立足当前、着眼长远，综合施策、重点治理，保障民生、稳定预期”的原则，及时采取有力措施，坚持扶持生产、保障供应与抑制不合理需求相结合，实施短期应急措施与建立长效机制相结合，理顺价格关系与保障群众基本生活相结合，维护企业正常经营活动与打击价格违法行为相结合，以经济和法律手段为主，辅之以必要的行政手段，进一步做好价格调控监管工作，稳定市场价格，切实保障群众基本生活。现就有关问题通知如下：

---

① 《国务院关于稳定消费价格总水平保障群众基本生活的通知》，中国政府网，2010 年 11 月 20 日。

一、大力发展农业生产

进一步落实扶持农业生产的各项政策措施，巩固和加强农业基础地位，保持农业稳定发展。切实加强蔬菜种植基地和蔬菜大棚建设，南方省区和有关蔬菜主产区要抓好冬季蔬菜的生产，中央和地方各级财政给予必要的支持；各地尤其是城市人民政府要扩大速生蔬菜生产规模，增加越冬蔬菜供应。加强冬季粮油生产田间管理。完善糖料收购价格政策和利益共享机制，稳定榨糖企业生产。

二、稳定农副产品供应

各地区要保持地方储备粮油的投放力度，落实小包装成品粮油储备制度。有关部门要继续把握好中央储备粮、油、糖投放和轮换的节奏、力度，保障市场供应。城市人民政府要提前做好小包装成品粮油和越冬蔬菜等农副产品储备工作，加快蔬菜批发市场、社区菜店和冷链物流建设，提前做好粮食、食用油、蔬菜等应急保障预案。铁路部门要做好新疆棉花调运工作。

三、降低农副产品流通成本

完善鲜活农产品运输绿色通道政策。自 2010 年 12 月 1 日起，所有收费公路对整车合法装载鲜活农产品的车辆免收通行费；少量混装其他农产品以及超载幅度在合理计量误差范围内的鲜活农产品运输车辆，比照整车合法装载车辆执行；将马铃薯、甘薯、鲜玉米、鲜花生列入绿色通道品种目录。各地区要进一步规范和降低集贸市场摊位费和超市进场费。

四、保障化肥生产供应

继续实行化肥生产用电、用气和铁路运输价格优惠政策，保障化肥企业正常生产用电、用气供应，不得对化肥企业拉闸限电。控制化肥出口，调整化肥出口关税政策和淡旺季划分时段。切实落实化肥淡季储备政策和计划安排。

五、做好煤电油气运协调工作

进一步发挥煤电油气运保障工作部际协调机制作用，加强组织协调，搞好运力衔接，确保冬春季能源供应。煤炭主产区人民政府要组织好煤炭生产，尤其是安排好元旦、春节“两节”期间的生产，不得干预煤炭外运。煤电双方要衔接好2011年度电煤供需合同，煤炭行业要加强自律，保持价格稳定。石油企业要采取经济和技术手段提高生产负荷，增加柴油产量，保障市场需求。各地区要确保城乡居民生活和企业正常生产的电力供应，不得随意拉闸限电。

六、发放价格临时补贴

各地区要根据实际情况，对优抚对象、城乡低保对象、农村五保供养对象发放价格临时补贴。对财政有困难的中西部地区，由中央财政给予适当补助。按照隶属关系，增加对大中专院校家庭经济困难学生和学生食堂补贴，各大中专院校要保持学生食堂饭菜价格基本稳定。切实安排好农村寄宿制学校学生的生活。

七、建立社会救助和保障标准与物价上涨挂钩的联动机制

各地区要根据基本生活费用价格指数变动情况，尽快建立和完

善最低生活保障、失业保险标准与物价上涨挂钩的联动机制。逐步提高基本养老金、失业保险金和最低工资标准。

八、继续落实规范收费的各项规定

清理和取消不合理收费项目。对各级政府批准的收费项目，根据实际情况适当降低收费标准。

九、积极稳妥推进价格改革

有关部门和地方要把握好政府管理价格的调整时机、节奏和力度，对已经确定的调价方案，要充分考虑社会承受能力，完善配套措施，审慎出台。必要时对重要的生活必需品和生产资料实行价格临时干预措施。

十、规范农产品经营和深加工秩序

整顿主要农产品收购秩序，严格粮食收购资格审核；落实经营者最高库存量的规定，加强粮食收购资金监管；取缔无证照收购加工棉花的行为。各省（区、市）人民政府要对玉米深加工企业进行全面清理，关停违规建设的玉米深加工企业。

十一、加强农产品期货和电子交易市场监管

完善农产品期货市场交易规则，严厉打击操纵市场等违法违规行为，抑制过度投机。研究制定规范农产品电子交易市场管理办法，清理整顿电子交易市场，取缔非法交易。

十二、健全价格监管法规

尽快出台《政府制定价格成本监审条例》，强化成本监管。抓紧修订《价格违法行为行政处罚规定》，将捏造、散布涨价信息的行为纳入价格监管范围，增强处罚的针对性，加大处罚力度。

十三、加强价格监督检查和反价格垄断执法

强化价格监管力量，重点打击恶意囤积、哄抬价格、变相涨价以及合谋涨价、串通涨价等违法行为，严厉查处恶性炒作事件，维护市场和价格秩序。

十四、完善价格信息发布制度

加强价格监测预警，建立健全价格新闻披露机制，及时公布市场价格情况，客观分析价格变动趋势，准确阐释价格政策，澄清不实报道，稳定社会预期。

十五、切实落实“米袋子”省长负责制和“菜篮子”市长负责制

各地区要把稳定价格工作列入重要议事日程，建立协调机制，加强监测预警，及时研究制定价格应急预案，依法完善价格调节基金管理，增强价格调控监管能力。

十六、建立市场价格调控部际联席会议制度

有关部门要加强协调、密切配合，各司其职、各负其责，确保国务院确定的稳定消费价格总水平、保障群众基本生活各项政策措施落实到位。

各地区、各部门要在2010年11月底前将贯彻落实本通知的情况报告国务院。国务院将组织督察组赴各地调查了解各项政策措施的落实和市场物价情况。

中共中央国务院关于推进价格机制改革的若干意见[1]

（2015年10月12日）

价格机制是市场机制的核心，市场决定价格是市场在资源配置中起决定性作用的关键。改革开放以来，作为经济体制改革的重要组成部分，价格改革持续推进、不断深化，放开了绝大多数竞争性商品价格，对建立健全社会主义市场经济体制、促进经济社会持续健康发展发挥了重要作用。特别是近年来，价格改革步伐大大加快，一大批商品和服务价格陆续放开，成品油、天然气、铁路运输等领域价格市场化程度显著提高。同时也要看到，一些重点领域和关键环节价格改革还需深化，政府定价制度需要进一步健全，市场价格行为有待进一步规范。为推动价格改革向纵深发展，加快完善主要由市场决定价格机制，现提出以下意见。

一、总体要求

（一）指导思想。全面贯彻党的十八大和十八届二中、三中、四中全会精神，按照党中央、国务院决策部署，主动适应和引领经济发展新常态，紧紧围绕使市场在资源配置中起决定性作用和更好发挥政府作用，全面深化价格改革，完善重点领域价格形成机制，健全政府定价制度，加强市场价格监管和反垄断执法，为经济社会发展营造良好价格环境。

---

① 《中共中央国务院关于推进价格机制改革的若干意见》，《人民日报》，2015年10月16日。

（二）基本原则

——坚持市场决定。正确处理政府和市场关系，凡是能由市场形成价格的都交给市场，政府不进行不当干预。推进水、石油、天然气、电力、交通运输等领域价格改革，放开竞争性环节价格，充分发挥市场决定价格作用。

——坚持放管结合。进一步增强法治、公平、责任意识，强化事中事后监管，优化价格服务。政府定价领域，必须严格规范政府定价行为，坚决管细管好管到位；经营者自主定价领域，要通过健全规则、加强执法，维护市场秩序，保障和促进公平竞争，推进现代市场体系建设。

——坚持改革创新。在价格形成机制、调控体系、监管方式上探索创新，尊重基层和群众的首创精神，推动价格管理由直接定价向规范价格行为、营造良好价格环境、服务宏观调控转变。充分发挥价格杠杆作用，促进经济转型升级和提质增效。

——坚持稳慎推进。价格改革要与财政税收、收入分配、行业管理体制等改革相协调，合理区分基本与非基本需求，统筹兼顾行业上下游、企业发展和民生保障、经济效率和社会公平、经济发展和环境保护等关系，把握好时机、节奏和力度，切实防范各类风险，确保平稳有序。

（三）主要目标。到2017年，竞争性领域和环节价格基本放开，政府定价范围主要限定在重要公用事业、公益性服务、网络型自然垄断环节。到2020年，市场决定价格机制基本完善，科学、规范、透明的价格监管制度和反垄断执法体系基本建立，价格调控机制基本健全。

二、深化重点领域价格改革，充分发挥市场决定价格作用

紧紧围绕使市场在资源配置中起决定性作用，加快价格改革步伐，深入推进简政放权、放管结合、优化服务，尊重企业自主定价权、消费者自由选择权，促进商品和要素自由流动、公平交易。

（四）完善农产品价格形成机制。统筹利用国际国内两个市场，注重发挥市场形成价格作用，农产品价格主要由市场决定。按照“突出重点、有保有放”原则，立足我国国情，对不同品种实行差别化支持政策，调整改进“黄箱”支持政策，逐步扩大“绿箱”支持政策实施规模和范围，保护农民生产积极性，促进农业生产可持续发展，确保谷物基本自给、口粮绝对安全。继续执行并完善稻谷、小麦最低收购价政策，改革完善玉米收储制度，继续实施棉花、大豆目标价格改革试点，完善补贴发放办法。加强农产品成本调查和价格监测，加快建立全球农业数据调查分析系统，为政府制定农产品价格、农业补贴等政策提供重要支撑。

（五）加快推进能源价格市场化。按照“管住中间、放开两头”总体思路，推进电力、天然气等能源价格改革，促进市场主体多元化竞争，稳妥处理和逐步减少交叉补贴，还原能源商品属性。择机放开成品油价格，尽快全面理顺天然气价格，加快放开天然气气源和销售价格，有序放开上网电价和公益性以外的销售电价，建立主要由市场决定能源价格的机制。把输配电价与发售电价在形成机制上分开，单独核定输配电价，分步实现公益性以外的发售电价由市场形成。按照“准许成本加合理收益”原则，合理制定电网、天然气管网输配价格。扩大输配电价改革试点范围，逐步覆盖到各省级电网，科学核定电网企业准许收入和分电压等级输配电价，改变对电网企业的监管模式，逐步形成规则明晰、水平合理、监管有力、科学透明的独立输配电价体系。在放开竞争性环节电价之前，完善煤电价格联动机制和标杆电价体系，使电力价格更好反映市场需求和成本变化。

（六）完善环境服务价格政策。统筹运用环保税收、收费及相关服务价格政策，加大经济杠杆调节力度，逐步使企业排放各类污染物承担的支出高于主动治理成本，提高企业主动治污减排的积极性。按照“污染付费、公平负担、补偿成本、合理盈利”原则，合理提高污水处理收费标准，城镇污水处理收费标准不应低于污水处理和污泥处理处置成本，探索建立政府向污水处理企业拨付的处理服务费用与污水处理效果挂钩调整机制，对污水处理资源化利用实行鼓励性价格政策。积极推进排污权有偿使用和交易试点工作，完善排污权交易价格体系，运用市场手段引导企业主动治污减排。

（七）理顺医疗服务价格。围绕深化医药卫生体制改革目标，按照“总量控制、结构调整、有升有降、逐步到位”原则，积极稳妥推进医疗服务价格改革，合理调整医疗服务价格，同步强化价格、医保等相关政策衔接，确保医疗机构发展可持续、医保基金可承受、群众负担不增加。建立以成本和收入结构变化为基础的价格动态调整机制，到2020年基本理顺医疗服务比价关系。落实非公立医疗机构医疗服务市场调节价政策。公立医疗机构医疗服务项目价格实行分类管理，对市场竞争比较充分、个性化需求比较强的医疗服务项目价格实行市场调节价，其中医保基金支付的服务项目由医保经办机构与医疗机构谈判合理确定支付标准。进一步完善药品采购机制，发挥医保控费作用，药品实际交易价格主要由市场竞争形成。

（八）健全交通运输价格机制。逐步放开铁路运输竞争性领域价格，扩大由经营者自主定价的范围；完善铁路货运与公路挂钩的价格动态调整机制，简化运价结构；构建以列车运行速度和等级为基础、体现服务质量差异的旅客运输票价体系。逐步扩大道路客运、民航国内航线客运、港口经营等领域由经营者自主定价的范围，适时放开竞争性领域价格，完善价格收费规则。放开邮政竞争性业务资费，理顺邮政业务资费结构和水平。实行有利于促进停车设施建设、有利于缓解城市交通拥堵、有效促进公共交通优先发展与公共道路资源利用的停车收费政策。进一步完善出租汽车运价形成机制，发挥运价调节出租汽车运输市场供求关系的杠杆作用，建立健全出租汽车运价动态调整机制以及运价与燃料价格联动办法。

（九）创新公用事业和公益性服务价格管理。清晰界定政府、企业和用户的权利义务，区分基本和非基本需求，建立健全公用事业和公益性服务财政投入与价格调整相协调机制，促进政府和社会资本合作，保证行业可持续发展，满足多元化需求。全面实行居民用水用电用气阶梯价格制度，推行供热按用热量计价收费制度，并根据实际情况进一步完善。教育、文化、养老、殡葬等公益性服务要结合政府购买服务改革进程，实行分类管理。对义务教育阶段公办学校学生免收学杂费，公办幼儿园、高中（含中职）、高等学校学费作为行政事业性收费管理；营利性民办学校收费实行自主定价，非营利性民办学校收费政策由省级政府按照市场化方向根据当地实际情况确定。政府投资兴办的养老服务机构依法对“三无”老人免费；对其他特殊困难老人提供养老服务，其床位费、护理费实行政府定价管理，其他养老服务价格由经营者自主定价。分类推进旅游景区门票及相关服务价格改革。推动公用事业和公益性服务经营者加大信息公开力度，接受社会监督，保障社会公众知情权、监督权。

三、建立健全政府定价制度，使权力在阳光下运行

对于极少数保留的政府定价项目，要推进定价项目清单化，规范定价程序，加强成本监审，推进成本公开，坚决管细管好管到位，最大限度减少自由裁量权，推进政府定价公开透明。

（十）推进政府定价项目清单化。中央和地方要在加快推进价格改革的基础上，于2016年以前制定发布新的政府定价目录，将政府定价范围主要限定在重要公用事业、公益性服务、网络型自然垄断环节。凡是政府定价项目，一律纳入政府定价目录管理。目录内的定价项目要逐项明确定价内容和定价部门，确保目录之外无定价权，政府定价纳入权力和责任清单。定期评估价格改革成效和市场竞争程度，适时调整具体定价项目。

（十一）规范政府定价程序。对纳入政府定价目录的项目，要制定具体的管理办法、定价机制、成本监审规则，进一步规范定价程序。鼓励和支持第三方提出定调价方案建议、参与价格听证。完善政府定价过程中的公众参与、合法性审查、专家论证等制度，保证工作程序明晰、规范、公开、透明，主动接受社会监督，有效约束政府定价行为。

（十二）加强成本监审和成本信息公开。坚持成本监审原则，将成本监审作为政府制定和调整价格的重要程序，不断完善成本监审机制。对按规定实行成本监审的，要逐步建立健全成本公开制度。公用事业和公益性服务的经营者应当按照政府定价机构的规定公开成本，政府定价机构在制定和调整价格前应当公开成本监审结论。

四、加强市场价格监管和反垄断执法，逐步确立竞争政策的基础性地位

清理和废除妨碍全国统一市场和公平竞争的各种规定和做法，严禁和惩处各类违法实行优惠政策行为，建立公平、开放、透明的市场价格监管规则，大力推进市场价格监管和反垄断执法，反对垄断和不正当竞争。加快建立竞争政策与产业、投资等政策的协调机制，实施公平竞争审查制度，促进统一开放、竞争有序的市场体系建设。

（十三）健全市场价格行为规则。在经营者自主定价领域，对经济社会影响重大特别是与民生紧密相关的商品和服务，要依法制定价格行为规则和监管办法；对存在市场竞争不充分、交易双方地位不对等、市场信息不对称等问题的领域，要研究制定相应议价规则、价格行为规范和指南，完善明码标价、收费公示等制度规定，合理引导经营者价格行为。

（十四）推进宽带网络提速降费。规范电信资费行为，推进宽带网络提速降费，为“互联网+”发展提供有力支撑。指导、推动电信企业简化资费结构，切实提高宽带上网等业务的性价比，并为城乡低收入群体提供更加优惠的资费方案。督促电信企业合理制定互联网接入服务资费标准和计费办法，促进电信网间互联互通。严禁利用不正当定价行为阻碍电信服务竞争，扰乱市场秩序。加强资费行为监管，清理宽带网络建设环节中存在的进场费、协调费、分摊费等不合理费用，严厉打击价格违法行为。

（十五）加强市场价格监管。建立健全机构权威、法律完备、机制完善、执行有力的市场价格监管工作体系，有效预防、及时制止和依法查处各类价格违法行为。坚持日常监管和专项检查相结

合，加强民生领域价格监管，着力解决群众反映的突出问题，保护消费者权益。加大监督检查力度，对政府已放开的商品和服务价格，要确保经营者依法享有自主定价权。

（十六）强化反垄断执法。密切关注竞争动态，对涉嫌垄断行为及时启动反垄断调查，着力查处达成实施垄断协议、滥用市场支配地位和滥用行政权力排除限制竞争等垄断行为，依法公布处理决定，维护公平竞争的市场环境。建立健全垄断案件线索收集机制，拓宽案件来源。研究制定反垄断相关指南，完善市场竞争规则。促进经营者加强反垄断合规建设。

（十七）完善价格社会监督体系。充分发挥全国四级联网的12358价格举报管理信息系统作用，鼓励消费者和经营者共同参与价格监督。加强举报数据分析，定期发布分析报告，警示经营者，提醒消费者。建立健全街道、社区、乡镇、村居民价格监督员队伍，完善价格社会监督网络。依托社会信用体系，加快推进价格诚信建设，构建经营者价格信用档案，开展价格诚信单位创建活动，设立价格失信者“黑名单”，对构成价格违法的失信行为予以联合惩戒。鼓励和支持新闻媒体积极参与价格社会监督，完善舆论监督和引导机制。

五、充分发挥价格杠杆作用，更好服务宏观调控

在全面深化改革、强化价格监管的同时，加强和改善宏观调控，保持价格总水平基本稳定；充分发挥价格杠杆作用，促进节能环保和结构调整，推动经济转型升级。

（十八）加强价格总水平调控。加强价格与财政、货币、投资、产业、进出口、物资储备等政策手段的协调配合，合理运用法律手段、经济手段和必要的行政手段，形成政策合力，努力保持价格总水平处于合理区间。加强通缩、通胀预警，制定和完善相应防范治理预案。健全价格监测预警机制和应急处置体系，构建大宗商品价格指数体系，健全重要商品储备制度，提升价格总水平调控能力。

（十九）健全生产领域节能环保价格政策。建立有利于节能减排的价格体系，逐步使能源价格充分反映环境治理成本。继续实施并适时调整脱硫、脱硝、除尘等环保电价政策。鼓励各地根据产业发展实际和结构调整需要，结合电力、水等领域体制改革进程，研究完善对“两高一剩”（高耗能、高污染、产能过剩）行业落后工艺、设备和产品生产的差别电价、水价等价格措施，对电解铝、水泥等行业实行基于单位能耗超定额加价的电价政策，加快淘汰落后产能，促进产业结构转型升级。

（二十）完善资源有偿使用制度和生态补偿制度。加快自然资源及其产品价格和财税制度改革，全面反映市场供求、资源稀缺程度、生态环境损害成本和修复效益。完善涉及水土保持、矿山、草原植被、森林植被、海洋倾倒等资源环境收费基金或有偿使用收费政策。推进水资源费改革，研究征收水资源税，推动在地下水超采地区先行先试。采取综合措施逐步理顺水资源价格，深入推进农业水价综合改革，促进水资源保护和节约使用。

（二十一）创新促进区域发展的价格政策。对具有区域特征的政府和社会资本合作项目，已具备竞争条件的，尽快放开价格管理；仍需要实行价格管理的，探索将定价权限下放到地方，提高价格调整灵活性，调动社会投资积极性。加快制定完善适应自由贸易试验区发展的价格政策，能够下放到区内自主实施的尽快下放，促进各类市场主体公平竞争。

六、保障措施

价格工作涉及面广、政策性强、社会关注度高，牵一发而动全身。必须加强组织落实，科学制定方案，完善配套措施，做好舆论引导，为加快完善主要由市场决定价格机制提供有力保障。

（二十二）加强组织落实。各地区各有关部门要充分认识加快完善主要由市场决定价格机制的重要性、紧迫性和艰巨性，统一思想、形成合力，以敢啃“硬骨头”精神打好攻坚战。要深入调研、科学论证，广泛听取各方面意见，突出重点、分类推进，细化工作方案，及时总结评估，稳步有序推进，务求取得实效。影响重大、暂不具备全面推开条件的，可先行开展试点，发挥示范引领作用，积累可复制、可推广的经验。要以抓铁有痕、踏石留印的作风，狠抓落实，明确时间表、路线图、责任状，定期督查、强化问责，全力打通政策出台的“最先一公里”、政策实施的“中梗阻”与政策落地的“最后一公里”，确保各项措施落地生根。

（二十三）健全价格法制。紧密结合价格改革、调控和监管工作实际，加快修订价格法等相关法律法规，完善以价格法、反垄断法为核心的价格法律法规，及时制定或修订政府定价行为规则以及成本监审、价格监测、价格听证、规范市场价格行为等规章制度，全面推进依法治价。

（二十四）强化能力建设。在减少政府定价事项的同时，注重做好价格监测预警、成本调查监审、价格调控、市场价格监管和反垄断执法、价格公共服务等工作，并同步加强队伍建设，充实和加强工作力量，夯实工作基础。大力推进价格信息化建设，为增强价格调控监管服务能力提供有力支撑。鼓励高等学校和科研机构建立价格与反垄断研究机构，加强国际交流合作，培养专门人才。整合反垄断执法主体和力量，相对集中执法权。

（二十五）兜住民生底线。牢固树立底线思维，始终把保障和改善民生作为工作的出发点和落脚点。推行涉及民生的价格政策特别是重大价格改革政策时，要充分考虑社会承受能力，特别是政策对低收入群体生活的可能影响，做好风险评估，完善配套措施。落实和完善社会救助、保障标准与物价上涨挂钩的联动机制，完善社会救助制度特别是对特困人群的救助措施，保障困难群众基本生活不受影响。加强民生领域价格监管，做好价格争议纠纷调解处理，维护群众合法价格权益。

（二十六）做好舆论引导。加大对全面深化价格改革、规范政府定价、强化市场价格监管与反垄断执法等方面的宣传报道力度，加强新闻发布，准确阐述价格政策，讲好“价格改革故事”，及时引导舆论，回应社会关切，传递有利于加快完善主要由市场决定价格机制、推动经济转型升级的好声音和正能量，积极营造良好舆论氛围。

国家发展改革委关于全面深化价格机制改革的意见[①]

（2017年11月8日）

各省、自治区、直辖市发展改革委、物价局：

为深入贯彻落实党的十九大精神，进一步落实《中共中央国务院关于推进价格机制改革的若干意见》（中发〔2015〕28号）要求，全面深化价格机制改革，推动供给侧结构性改革，更好服务决胜全面建成小康社会，现提出以下意见。

一、重要意义

中国特色社会主义进入新时代，我国社会主要矛盾已经转化为人民日益增长的美好生活需要和不平衡不充分的发展之间的矛盾，经济已由高速增长阶段转向高质量发展阶段，必须坚持质量第一、效益优先，以供给侧结构性改革为主线，推动经济发展质量变革、效率变革、动力变革，着力构建市场机制有效、微观主体有活力、宏观调控有度的经济体制，建设现代化经济体系。新时代对价格机制改革提出了新要求，必须牢牢抓住价格这一市场经济条件下资源配置效率的“牛鼻子”，加快价格市场化改革，健全价格监管体系，使价格灵活反映市场供求、价格机制真正引导资源配置、价格行为规范有序，推动实现更高质量、更有效率、更加公平、更可持续的发展。

① 《国家发展改革委关于全面深化价格机制改革的意见》，《中国价格监管与反垄断》，2017年12期。

党的十八大以来，各级价格主管部门紧紧围绕党中央、国务院决策部署，蹄疾步稳、攻坚克难，推进价格改革取得突破性进展，政府定价范围大幅缩减，以“准许成本+合理收益”为核心的科学定价制度初步建立，价格杠杆作用进一步发挥，公平竞争审查制度逐步推行，市场价格监管和反垄断执法力度持续加强，对激发市场活力、增强发展动力、保障改善民生发挥了积极作用。但是，制约资源要素自由流动的价格机制障碍还没有完全消除，资源环境成本在价格形成中还没有充分体现，公平竞争的市场价格环境还不够完善，企业反映突出的价格收费问题还需要着力有效解决，民生价格稳定长效机制还不够健全，损害群众利益的价格违法行为还时有发生。站在新起点、迈进新时代，必须以敢于担当的精神和一往无前的勇气，纵深推进价格改革。

二、总体要求

（一）指导思想。深入贯彻落实党的十九大精神，以习近平新时代中国特色社会主义思想为指导，主动适应我国社会主要矛盾转化，坚持稳中求进工作总基调，坚持贯彻落实新发展理念，坚持以供给侧结构性改革为主线，围绕坚决打好防范化解重大风险、精准脱贫、污染防治的攻坚战，充分发挥市场在资源配置中的决定性作用和更好发挥政府作用，加快价格市场化改革，完善价格形成机制，强化价格监管，维护公平竞争，打破行政性垄断，防止市场垄断，有效发挥价格机制的激励、约束作用，引导资源在实体经济特别是生态环保、公共服务等领域高效配置，促进经济高质量发展，更好适应人民日益增长的美好生活需要。

（二）基本原则

——坚持市场规律。围绕使市场在资源配置中起决定性作用，着力破除限制资源要素自由流动的价格机制障碍，加快完善主要由市场决定价格的机制，逐步确立竞争政策的基础性地位，提高资源配置效率，激发市场活力，促进社会主义市场经济体制不断完善。

——坚持问题导向。聚焦当前经济社会发展的深层次矛盾问题，聚焦企业反映强烈、人民群众关心的突出问题，以提高供给体系质量为主攻方向，抓重点、补短板、强弱项，着力构建有利于经济转型发展、生态环境保护、公共服务优化、民生保障改善的价格机制和价格环境。

——坚持改革创新。落实新发展理念，改革价格形成机制，使价格充分反映市场供求关系、资源稀缺程度，加快环境损害成本内部化，增强价格反应灵活性。按照放管结合、并重的要求，加强和创新价格事中事后监管，维护市场价格秩序。建立促进新技术新业态新模式发展的包容审慎的价格监管新方式。

——坚持保障民生。牢固树立以人民为中心的发展思想，坚持在发展中保障和改善民生，抓住人民最关心最直接最现实的价格问题，妥善处理提高市场效率和保障社会公平的关系，保持民生商品和服务价格基本稳定，保障人民群众基本生活和合法价格权益。

——坚持统筹推进。把价格机制改革放在经济社会发展大局中统筹谋划，坚持正确方向，把握好时机、节奏和力度，妥善处理政府和市场、短期和长期、加法和减法、供给和需求的关系，因地制宜，稳慎推进，以进促稳，务求实效。

（三）主要目标。到 2020 年，市场决定价格机制基本完善，以“准许成本+合理收益”为核心的政府定价制度基本建立，促进绿色发展的价格政策体系基本确立，低收入群体价格保障机制更加健全，市场价格监管和反垄断执法体系更加完善，要素自由流动、价格反应灵活、竞争公平有序、企业优胜劣汰的市场价格环境基本形成。

三、进一步深化垄断行业价格改革

按照“管住中间、放开两头”的总体思路，深化垄断行业价格改革，能够放开的竞争性领域和环节价格，稳步放开由市场调节；保留政府定价的，建立健全成本监审规则和定价机制，推进科学定价。

（四）进一步推进价格市场化。结合有序放开发用电计划，扩大市场形成发电、售电价格的范围，加快推进电力市场交易，完善电力市场交易价格规则，健全煤电价格联动机制。坚持市场化方向，进一步完善成品油价格形成机制。深化非居民用天然气价格市场化改革，适时放开气源价格和销售价格，完善居民用气价格机制，加快上海、重庆天然气交易中心建设。扩大铁路货运市场调节价范围，健全铁路货运与公路挂钩、灵活反映市场供求的价格动态调整机制，研究公平公开的路网结算价格政策，为社会资本进入铁路建设、运营领域创造有利的价格政策环境。

（五）强化网络型自然垄断环节价格监管。建立健全以“准许成本+合理收益”为核心、约束与激励相结合的网络型自然垄断环节定价制度，准确核定成本，科学确定利润，严格进行监管，促进垄断企业技术创新、改进管理、降低成本、提高效率，维护消费者、经营者合法权益。加快制定出台分行业定价办法、成本监审办法，强化成本约束，完善价格形成机制。对输配电、天然气管道运输、铁路普通旅客列车运输等重点领域，实行严格监管，全面开展定价成本监审，科学合理制定价格。积极借助第三方力量参与成本监审。逐步建立健全垄断行业定价成本信息公开制度。

四、加快完善公用事业和公共服务价格机制

区分竞争性与非竞争性环节、基本与非基本服务，稳步放开公用事业竞争性环节、非基本服务价格，建立健全科学反映成本、体现质量效率、灵活动态调整的政府定价机制，调动社会资本积极性，补好公用事业和公共服务短板，提高公共产品供给能力和质量。

（六）深化公用事业和公共服务价格改革。加快理顺城市供水供气供热价格。研究逐步缩小电力交叉补贴，完善居民电价政策。巩固取消药品加成成果，进一步取消医用耗材加成，优化调整医疗服务价格；加快新增医疗服务价格项目受理审核，促进医疗新技术研发应用；扩大按病种、按服务单元收费范围和数量。进一步研究完善机动车停放服务收费政策。按照体现公益性要求，研究制定国家公园价格政策，加快建立健全自然资源、风景名胜、历史遗迹等景区门票科学定价规则。

（七）建立健全价格动态调整机制。科学界定财政补贴、使用者付费边界，综合考虑成本变化、服务质量、社会承受能力，依法动态调整公用事业和公共服务价格。督促企业严格履行成本信息报送和公开义务。逐步建立健全城市供电、供水、供气、供热等领域上下游价格联动机制。完善政府和社会资本合作（PPP）项目价格调整机制，促进政府和社会资本合作模式推广。

五、创新和完善生态环保价格机制

坚持节约优先、保护优先、自然恢复为主的方针，创新和完善生态环保价格机制，推进环境损害成本内部化，促进资源节约和环境保护，推动形成绿色生产方式、消费方式。

（八）完善生态补偿价格和收费机制。按照“受益者付费、保护者得到合理补偿”原则，科学设计生态补偿价格和收费机制。完善涉及水土保持、渔业资源增殖保护、草原植被、海洋倾倒等资源环境有偿使用收费政策，科学合理制定收费办法、标准，增强收费政策的针对性、有效性。积极推动可再生能源绿色证书、排污权、碳排放权、用能权、水权等市场交易，更好发挥市场价格对生态保护和资源节约的引导作用。

（九）健全差别化价格机制。完善高耗能、高污染、产能严重过剩等行业差别（阶梯）电价、水价政策，鼓励各地结合实际扩大政策实施覆盖面，细化操作办法，合理拉开不同档次价格，倒逼落后产能加快淘汰。全面推行城镇非居民用水超定额累进加价制度，严格用水定额管理，合理确定分档水量和加价标准。

（十）完善可再生能源价格机制。根据技术进步和市场供求，实施风电、光伏等新能源标杆上网电价退坡机制，2020 年实现风电与燃煤发电上网电价相当、光伏上网电价与电网销售电价相当。完善大型水电跨省跨区价格形成机制。开展分布式新能源就近消纳试点，探索通过市场化招标方式确定新能源发电价格，研究有利于储能发展的价格机制，促进新能源全产业链健康发展，减少新增补贴资金需求。完善电动汽车充换电价格支持政策，规范充换电服务收费，促进新能源汽车使用。

（十一）制定完善绿色消费价格政策。围绕倡导简约适度、绿色低碳的生活方式，制定完善节能环保价格政策。定期评估完善居民用电用水用气阶梯价格政策。按照补偿成本并合理盈利的原则，逐步调整污水处理、垃圾处理收费标准，探索实行差别化收费制度，推进污水、垃圾减量化、资源化。鼓励有条件的地区探索建立农村污水、垃圾处理收费制度。鼓励缺水地区健全支持再生水回收利用的价格政策。完善北方地区清洁供暖价格政策。根据成品油质量升级进程，制定国I标准价格政策。

六、稳步推进农业用水和农产品价格改革

围绕实施乡村振兴战略和推进农业供给侧结构性改革，扎实推进农业水价综合改革，积极稳妥改革完善粮食等重要农产品价格形成机制，有效反映市场供求关系，促进农业节水和发展方式转变。

（十二）全面推进农业水价综合改革。坚持“先建机制、后建工程”的原则，在总体不增加农民负担的前提下，扎实推进农业水价综合改革，结合大中型灌区续建配套节水改造、高标准农田建设、新增千亿斤粮食田间工程、农业综合开发等项目建设，统筹农业水价形成机制与精准补贴和节水奖励机制、工程建设和管护机制、用水管理机制的协同推进。鼓励有条件的地区率先完成改革。

（十三）完善稻谷、小麦最低收购价政策。围绕确保国家粮食安全、口粮绝对安全，坚持市场化改革取向和保护农民利益并重，稳定政策框架，增强政策灵活性和弹性，分品种施策，分步骤实施，逐步分离政策性收储“保增收”功能，激发市场活力，同步建立完善相应的补贴机制和配套政策。研究完善糖料价格政策。

（十四）深化棉花目标价格改革。完善新疆棉花目标价格政策，合理确定目标价格水平和定价周期，优化补贴办法，探索开展

“保险+期货”试点，促进新疆棉花优质稳定发展。

七、着力清理规范涉企收费

积极服务实体经济发展，清理规范各类涉企收费，建立健全收费监管长效机制，减轻实体经济负担。

（十五）严格行政事业性收费管理。加强行政事业性收费标准管理，取消不合理收费项目，降低偏高收费标准。建立健全收费政策执行情况报告和后评估制度。严格落实收费公示公开制度，推进网络等便捷高效的公示公开方式，强化社会监督。

（十六）清理规范经营服务性收费。取消违法违规收费项目，进一步放开具备竞争条件的收费。建立政府定价收费项目清单制度，实现全国一张清单、网上集中公开、动态调整管理，清单外一律不得政府定价。健全市场调节收费行为规则，加强收费行为监管，督促收费主体严格按照公平、合法、诚信、公开原则确定收费标准，提供质价相符的服务。加强行业协会、行政审批中介服务、电子政务平台等收费行为监管。

八、有效促进市场竞争公平有序

健全规则、强化执法、创新方式，持续加强市场价格监管和反垄断执法，维护市场价格秩序，积极营造公平竞争市场环境。

（十七）全面实施公平竞争审查制度。强化联席会议工作机制，促进公平竞争审查制度落地。严格审查增量，对涉及市场主体经济活动的规章、规范性文件等审查实现全覆盖，防止出台新的排除限制竞争的政策措施。逐步清理存量，稳妥有序清理废除妨碍统一市场和公平竞争的规定和做法。加大问责力度，探索建立公平竞争审查考核机制。

（十八）推进反价格垄断执法常态化精准化。对涉嫌价格垄断行为及时启动反垄断调查，依法查处达成实施价格垄断协议、滥用市场支配地位等行为，纠正滥用行政权力排除限制竞争的规定和做法。密切关注产能过剩行业、知识产权等重点领域排除限制竞争行为，坚决纠正滥用行政权力或市场优势地位排除限制竞争行为。依法查处滥用知识产权排除限制竞争行为，研究制定标准必要专利定价机制。加强反垄断执法经济学分析和市场竞争评估。

（十九）加强和创新市场价格监管。围绕群众关注的重点领域价格违法问题，持续加强市场价格监管，形成长效监管机制。按照建设大平台、构建大格局、提供大服务的要求，充分发挥全国12358价格监管平台作用，广泛动员社会力量参与监督，积极运用大数据等信息化手段，提升价格监管水平。完善价格应急处置机制，及时妥善处理各类价格突发事件。全面推行“双随机、一公开”监管方式，规范价格执法行为。探索推进“互联网+”等新技术新业态新模式包容审慎的价格监管。完善提醒告诫和价格承诺等预防性监管措施。完善价格社会监督网络，依托社会信用体系建设，构建经营者价格信用档案，对价格违法的失信行为实行联合惩戒。坚持民生导向、源头治理，逐步建立健全制度完善、组织健全、规范高效的价格争议纠纷调解体系。

九、切实兜住民生底线

坚持以人民为中心的发展思想，按照兜底线、织密网、建机制的要求，注重长效，综合施策，保障低收入群体基本生活，不断增强人民群众获得感和幸福感。

（二十）做好稳价工作。健全价格监测分析预警机制，密切跟踪分析国内外价格总水平和重要商品价格走势，及时提出调控建议。加强民生商品价格监测预警，研究完善价格异常波动应对预案，健全重要商品储备制度，丰富调控手段，提升调控能力，防范价格异常波动。逐步构建覆盖重要商品和服务的价格指数体系，合理引导市场预期。加强价格与财政、货币等政策手段的协调配合，充分发挥政策合力，努力保持价格总水平基本稳定。

（二十一）完善价格补贴联动机制。认真执行并适时完善社会救助和保障标准与物价上涨挂钩的联动机制，根据物价上涨情况，及时发放价格临时补贴，有效化解物价上涨影响，保障低收入群体基本生活，建设有力有效的民生保障长效机制。

（二十二）加强价格改革中的民生保障。科学制定价格改革方案，广泛听取社会意见，认真开展社会风险评估，深入梳理风险点，制定低收入群体保障预案，完善配套政策，保障低收入群体生活水平不因价格改革而降低。把握好改革方案出台的时机和力度，并注重与工资、社会救助和保障等标准调整相结合，确保平稳推进。

十、保障措施

价格改革涉及面广、政策性强，各方面高度关注。必须科学设计方案，狠抓改革落实，加强法制保障，强化宣传引导，有力有序有效地将各项措施落到实处，确保改革取得实效。

（二十三）加强组织实施。各地发展改革（价格）部门要牢固树立“四个意识”，提高政治站位，坚定改革信念，敢于担当，锐意攻坚，抓住“牛鼻子”，敢啃“硬骨头”，打好价格改革攻坚战。

结合实际科学制定改革方案，周密部署，精心实施，细化改革任务分工，建立健全台账制度，以“钉钉子”精神，一个时间节点一个时间节点往前推进，一项一项抓好落实。加强部门协同、上下联动，形成工作合力。鼓励基层探索创新，做好典型经验总结推广。强化调度督查，压实压紧责任，一抓到底，确保每项改革举措落地生根。

（二十四）加强能力建设。深入学习、深刻领会党的十九大精神特别是习近平新时代中国特色社会主义思想，用新的思想武装头脑、指导实践。强化价格理论和政策研究，深入开展调查研究，加强系统谋划，丰富政策储备。深化国际交流合作，充分借鉴国际成熟经验。完善成本调查、监审制度，推进成本工作科学化精细化。加强价格信息化建设，提升价格调控监管服务水平。

（二十五）加强法制保障。积极推动《价格法》《反垄断法》等法律法规修订，完善政府定价、市场价格监管、反垄断执法等方面规章制度，巩固价格改革成果，规范政府和市场价格行为。动态评估、及时修订中央和地方定价目录，加快完善价格听证办法。制定完善重点领域市场价格行为规范、监管规则和反垄断指南。及时清理废止不符合法律法规、不适应改革形势的政策文件。

（二十六）加强宣传引导。统筹利用传统媒体、新兴媒体，加强新闻信息发布，准确、客观解读价格改革政策。创新开展新闻宣传，提升新闻宣传能力，以群众喜闻乐见的方式，讲好价格改革故事。积极回应社会关切，合理引导社会舆论和市场预期，为全面深化价格机制改革营造良好舆论氛围。

发展改革委关于创新和完善促进绿色发展价格机制的意见①

（2018 年 6 月 21 日）

各省、自治区、直辖市发展改革委、物价局：

绿色发展是建设生态文明、构建高质量现代化经济体系的必然要求，是发展观的一场深刻革命，核心是节约资源和保护生态环境。为深入学习贯彻习近平生态文明思想，认真落实全国生态环境保护大会精神，助力打好污染防治攻坚战，促进生态文明和美丽中国建设，现就创新和完善促进绿色发展的价格机制提出以下意见。

一、重要意义

党的十八大以来，在以习近平同志为核心的党中央坚强领导下，各级价格主管部门认真落实党中央、国务院决策部署，积极推进资源环境价格改革。出台支持燃煤机组超低排放改造、北方地区清洁供暖价格政策，对高耗能、高污染、产能严重过剩行业用电实行差别化电价政策，全面推行居民用电、用水、用气阶梯价格制度，完善水资源费、污水处理费、垃圾处理费政策，出台奖惩结合的环保电价和收费政策，为加强生态环境保护做出了积极贡献。但与生态文明建设的时代要求和打好污染防治攻坚战的迫切需要相比，还存在价格机制不够完善、政策体系不够系统、部分地区落实不到位等问题，资源稀缺程度、生态价值和环境损害成本没有充分

① 《发展改革委关于创新和完善促进绿色发展价格机制的意见》，《中华人民共和国国务院公报》，2018 年 33 期。

体现，激励与约束相结合的价格机制没有真正建立。需要通过进一步深化价格改革、创新和完善价格机制加以解决。

当前，我国生态文明建设正处于压力叠加、负重前行的关键期，已进入提供更多优质生态产品以满足人民日益增长的优美生态环境需要的攻坚期，也到了有条件有能力解决生态环境突出问题的窗口期。面对新时代生态文明建设和生态环境保护的新形势、新要求，要充分运用市场化手段，推进生态环境保护市场化进程，不断完善资源环境价格机制，更好发挥价格杠杆引导资源优化配置、实现生态环境成本内部化、促进全社会节约、加快绿色环保产业发展的积极作用，进而激发全社会力量、共同促进绿色发展和生态文明建设。

二、总体要求

（一）指导思想

全面贯彻落实党的十九大和十九届二中、三中全会精神，以习近平新时代中国特色社会主义思想为指导，牢固树立和落实新发展理念，按照高质量发展要求，坚持节约资源和保护环境的基本国策，加快建立健全能够充分反映市场供求和资源稀缺程度、体现生态价值和环境损害成本的资源环境价格机制，完善有利于绿色发展的价格政策，将生态环境成本纳入经济运行成本，撬动更多社会资本进入生态环境保护领域，促进资源节约、生态环境保护和污染防治，推动形成绿色发展空间格局、产业结构、生产方式和生活方式，不断满足人民群众日益增长的优美生态环境需要。

（二）基本原则

——坚持问题导向。重点针对损害群众健康的突出环境问题，紧扣打赢蓝天保卫战、城市黑臭水体治理、农业农村污染治理等标志性战役，着力创新和完善污水垃圾处理、节水节能、大气污染治理等重点领域的价格形成机制，理顺利益责任关系，引导市场，汇聚资源，助力打好污染防治攻坚战。

——坚持污染者付费。按照污染者使用者付费、保护者节约者受益的原则，创新资源环境价格机制，实现生态环境成本内部化，抑制不合理资源消费，鼓励增加生态产品供给，使节约资源、保护生态环境成为市场主体的内生动力。

——坚持激励约束并重。针对城乡、区域、行业、不同主体实际，在价格手段可以发挥作用的领域和环节，健全价格激励和约束机制，使节约能源资源与保护生态环境成为单位、家庭、个人的自觉行动，形成共建共享生态文明的良好局面。

——坚持因地分类施策。支持各地结合本地资源禀赋条件、污染防治形势、产业结构特点，以及社会承受能力等，研究制定符合绿色发展要求的具体价格政策；鼓励有条件的地区制定基于更严格环保标准的价格政策，更好促进生态文明建设和绿色发展。

（三）主要目标

到 2020 年，有利于绿色发展的价格机制、价格政策体系基本形成，促进资源节约和生态环境成本内部化的作用明显增强；到 2025 年，适应绿色发展要求的价格机制更加完善，并落实到全社会各方面各环节。

三、完善污水处理收费政策

加快构建覆盖污水处理和污泥处置成本并合理盈利的价格机制，推进污水处理服务费形成市场化，逐步实现城镇污水处理费基本覆盖服务费用。

（一）建立城镇污水处理费动态调整机制。按照补偿污水处理和污泥处置设施运营成本（不含污水收集和输送管网建设运营成本）并合理盈利的原则，制定污水处理费标准，并依据定期评估结果动态调整，2020年底前实现城市污水处理费标准与污水处理服务费标准大体相当；具备污水集中处理条件的建制镇全面建立污水处理收费制度，并同步开征污水处理费。

（二）建立企业污水排放差别化收费机制。鼓励地方根据企业排放污水中主要污染物种类、浓度、环保信用评级等，分类分档制定差别化收费标准，促进企业污水预处理和污染物减排。各地可因地制宜确定差别化收费的主要污染物种类，合理设置污染物浓度分档和差价标准，有条件的地区可探索多种污染物差别化收费政策。工业园区要率先推行差别化收费政策。

（三）建立与污水处理标准相协调的收费机制。支持提高污水处理标准，污水处理排放标准提高至一级A或更严格标准的城镇和工业园区，可相应提高污水处理费标准，长江经济带相关省份要率先实施。水源地保护区、地下水易受污染地区、水污染严重地区和敏感区域特别是劣Ⅴ类水体以及城市黑臭水体污染源所在地，要实行更严格的污水处理排放标准，并相应提高污水处理费标准。

（四）探索建立污水处理农户付费制度。在已建成污水集中处理设施的农村地区，探索建立农户付费制度，综合考虑村集体经济状况、农户承受能力、污水处理成本等因素，合理确定付费标准。

（五）健全城镇污水处理服务费市场化形成机制。推动通过招投标等市场竞争方式，以污水处理和污泥处置成本、污水总量、污染物去除量、经营期限等为主要参数，形成污水处理服务费标准。

鼓励将城乡不同区域、规模、盈利水平的污水处理项目打包招投标，促进城市、建制镇和农村污水处理均衡发展。建立污水处理服务费收支定期报告制度，污水处理企业应于每年 3 月底前，向当地价格主管部门报告上年度污水处理服务费收支状况，为调整完善污水处理费标准提供参考。

四、健全固体废物处理收费机制

全面建立覆盖成本并合理盈利的固体废物处理收费机制，加快建立有利于促进垃圾分类和减量化、资源化、无害化处理的激励约束机制。

（一）建立健全城镇生活垃圾处理收费机制。按照补偿成本并合理盈利的原则，制定和调整城镇生活垃圾处理收费标准。2020 年底前，全国城市及建制镇全面建立生活垃圾处理收费制度。鼓励各地创新垃圾处理收费模式，提高收缴率。鼓励各地制定促进垃圾协同处理的综合性配套政策，支持水泥、有机肥等企业参与垃圾资源化利用。

（二）完善城镇生活垃圾分类和减量化激励机制。积极推进城镇生活垃圾处理收费方式改革，对非居民用户推行垃圾计量收费，并实行分类垃圾与混合垃圾差别化收费等政策，提高混合垃圾收费标准；对具备条件的居民用户，实行计量收费和差别化收费，加快推进垃圾分类。鼓励城镇生活垃圾收集、运输、处理市场化运营，已经形成充分竞争的环节，实行双方协商定价。

（三）探索建立农村垃圾处理收费制度。在已实行垃圾处理制度的农村地区，建立农村垃圾处理收费制度，综合考虑当地经济发展水平、农户承受能力、垃圾处理成本等因素，合理确定收费标准，促进乡村环境改善。

（四）完善危险废物处置收费机制。按照补偿危险废物收集、运输、贮存和处置成本并合理盈利的原则，制定和调整危险废物处置收费标准，提高危险废物处置能力。综合考虑区域内医疗机构总量和结构、医疗废物实际产生量及处理总成本等因素，合理核定医疗废物处置定额、定量收费标准，收费方式由医疗废物处置单位和医疗机构协商确定。加强工业危险废物和社会源危险废物处置成本调查，合理确定并动态调整收费标准；在确保危险废物收集、运输、贮存、处置全流程监控，违法违规行为可追溯的前提下，处置收费标准可由双方协商确定。

五、建立有利于节约用水的价格机制

建立健全补偿成本、合理盈利、激励提升供水质量、促进节约用水的价格形成和动态调整机制，保障供水工程和设施良性运行，促进节水减排和水资源可持续利用。

（一）深入推进农业水价综合改革。农业水价综合改革试点地区要将农业水价一步或分步提高到运行维护成本水平，有条件的地区提高到完全成本水平，全面实行超定额用水累进加价，并同步建立精准补贴和节水奖励机制。完成农业节水改造的地区，要充分利用节水腾出的空间提高农业水价。2020 年底前，北京、上海、江苏、浙江等省份，农田水利工程设施完善的缺水和地下水超采地区，以及新增高效节水灌溉项目区、国家现代农业产业园要率先完成改革任务。

（二）完善城镇供水价格形成机制。建立充分反映供水成本、激励提升供水质量的价格形成和动态调整机制，逐步将居民用水价格调整至不低于成本水平，非居民用水价格调整至补偿成本并合理盈利水平；进一步拉大特种用水与非居民用水的价差，缺水地区二者比价原则上不低于 3∶1。适时完善居民阶梯水价制度。

（三）全面推行城镇非居民用水超定额累进加价制度。对标先进企业，科学制定用水定额并动态调整，合理确定分档水量和加价标准，2020 年底前要全面落实到位。缺水地区要从紧制定或修订用水定额，提高加价标准，充分反映水资源稀缺程度。对“两高一剩”等行业实行更高的加价标准，加快淘汰落后产能，促进产业结构转型升级。

（四）建立有利于再生水利用的价格政策。按照与自来水保持竞争优势的原则确定再生水价格，推动园林绿化、道路清扫、消防等公共领域使用再生水。具备条件的可协商定价，探索实行累退价格机制。

六、健全促进节能环保的电价机制

充分发挥电力价格的杠杆作用，推动高耗能行业节能减排、淘汰落后，引导电力资源优化配置，促进产业结构、能源结构优化升级。

（一）完善差别化电价政策。全面清理取消对高耗能行业的优待类电价以及其他各种不合理价格优惠政策。严格落实铁合金、电石、烧碱、水泥、钢铁、黄磷、锌冶炼等 7 个行业的差别电价政策，对淘汰类和限制类企业用电（含市场化交易电量）实行更高价格。各地应及时评估差别电价、阶梯电价政策执行效果，可根据实际需要扩大差别电价、阶梯电价执行行业范围，提高加价标准，促进相关行业加大技术改造力度、提高能效水平、加速淘汰落后产能。鼓励各地探索建立基于单位产值能耗、污染物排放的差别化电价政策，推动清洁化改造。各地出台的差别电价、阶梯电价政策应及时报国家发展改革委备案。

（二）完善峰谷电价形成机制。加大峰谷电价实施力度，运用价格信号引导电力削峰填谷。省级价格主管部门可在销售电价总水平不变的前提下，建立峰谷电价动态调整机制，进一步扩大销售侧峰谷电价执行范围，合理确定并动态调整峰谷时段，扩大高峰、低谷电价价差和浮动幅度，引导用户错峰用电。鼓励市场主体签订包含峰、谷、平时段价格和电量的交易合同。利用峰谷电价差、辅助服务补偿等市场化机制，促进储能发展。利用现代信息、车联网等技术，鼓励电动汽车提供储能服务，并通过峰谷价差获得收益。完善居民阶梯电价制度，推行居民峰谷电价。

（三）完善部分环保行业用电支持政策。2025 年底前，对实行两部制电价的污水处理企业用电、电动汽车集中式充换电设施用电、港口岸电运营商用电、海水淡化用电，免收需量（容量）电费。

在推进上述改革任务的同时，鼓励各地积极探索生态产品价格形成机制、碳排放权交易、可再生能源强制配额和绿证交易制度等绿色价格政策，对影响面大、制约因素复杂的政策措施可先行试点，摸索经验，逐步推广。

七、狠抓政策落地

创新和完善促进绿色发展价格机制，是当前和今后一个时期价格工作的一项重要任务，各地要加强组织领导，采取有力措施，确保各项政策落地生根。

（一）强化政策落实。各地价格主管部门要全面梳理现行资源环境价格政策落实情况，发现问题及时改进，对落实不力的要强化问责。对新出台的政策要建立落实台账，逐项明确时间表、路线图、责任人，扎实推进。规范市场交易价格行为，强化价格信用体系建设，督促市场主体严格履行价格合约。加强对政策落实情况的跟踪评估，找准政策执行中的痛点、难点、堵点，及时调整完善政策，以“钉钉子”的精神抓好落实。

（二）加强部门协作。推进绿色发展，需要全社会共同参与。各级价格主管部门要主动与相关部门加强协作，统筹运用价格、环保、财政、金融、投资、产业等政策措施，形成政策合力，共推绿色发展。

（三）兜住民生底线。正确处理推进绿色发展与保障群众生活的关系，充分考虑社会承受能力尤其是低收入群体承受能力，完善并执行好社会救助和保障标准与物价上涨挂钩的联动机制，采取有效措施，对冲价格调整对困难群众生活的影响。

（四）注重宣传引导。切实做好宣传引导工作，将宣传工作与政策制定放在同等重要位置，同研究、同部署、同落实，最大限度凝聚社会共识，强化全社会节约资源、保护环境、促进绿色发展的共同责任，提高执行促进绿色发展价格政策的积极性、主动性，推动将绿色发展的要求转化为自觉行动，共同建设美丽中国。

关于“十四五”时期深化价格机制改革行动方案的通知①

（国家发展改革委）

（2021 年 5 月 18 日）

各省、自治区、直辖市、新疆生产建设兵团发展改革委：

为深入贯彻党的十九届五中全会精神和“十四五”规划《纲要》部署，深化“十四五”时期重点领域价格机制改革，制定本行动方案。

一、总体要求

以习近平新时代中国特色社会主义思想为指导，深入贯彻党的十九大和十九届二中、三中、四中、五中全会精神，立足新发展阶段，贯彻新发展理念，构建新发展格局，坚持稳中求进工作总基调，以推动高质量发展为主题，以深化供给侧结构性改革为主线，以改革创新为根本动力，以满足人民日益增长的美好生活需要为根本目的，统筹发展和安全，坚持市场化方向，坚持系统观念，重点围绕助力“碳达峰、碳中和”目标实现，促进资源节约和环境保护，提升公共服务供给质量，更好保障和改善民生，深入推进价格改革，完善价格调控机制，提升价格治理能力，确保价格总水平在合理区间运行。

到 2025 年，竞争性领域和环节价格主要由市场决定，网络型自然垄断环节科学定价机制全面确立，能源资源价格形成机制进一

① 《关于“十四五”时期深化价格机制改革行动方案的通知》，国家发改委网站，2021 年 5 月 25 日。

步完善，重要民生商品价格调控机制更加健全，公共服务价格政策基本完善，适应高质量发展要求的价格政策体系基本建立。

二、加强和改进价格调控

（一）健全监测预测预警体系。运用现代信息技术，健全价格监测预测预警系统，完善价格监测分析制度和风险预警框架。动态跟踪分析国内外市场形势，一体监测重点商品生产、运输、销售、成本、价格动态，加强综合研判和趋势分析，强化风险评估和预测预警。深化与行业协会、市场机构合作，提升分析预测科学性。

（二）加强重要民生商品价格调控。落实完善重要民生商品价格调控机制的要求，坚持“调高”与“调低”并重，注重预调微调，完善突发应急调控机制，提升调控能力，有效保障粮油肉蛋菜果奶等供应，防止价格大起大落。建立价格区间调控制度，健全以储备调控、进出口调节为主的调控手段，加强生猪等重要民生商品逆周期调节。强化价格与补贴、储备、保险、金融等政策的协同联动。

（三）坚持并完善价格支持政策。坚持稻谷、小麦最低收购价政策框架不动摇，着力增强政策灵活性和弹性，合理调整最低收购价水平，切实保护农民利益和种粮积极性，确保口粮生产稳定，同时充分发挥市场机制作用，促进优质优价。完善棉花目标价格政策，健全风险分担机制，合理调整棉花目标价格水平，继续探索可持续的新型支持政策。进一步加强农产品成本调查工作，为制定价格政策提供支撑。

（四）做好大宗商品价格异动应对。加强对铁矿石、铜、原油、天然气、玉米、大豆、食用油等大宗商品市场动态和价格形势的跟踪分析，深入研判输入性影响，及时提出储备、进出口、财税、金融等综合调控措施建议，推动有关方面做好保供稳价工作。

（五）强化市场预期管理。建立完善预期管理制度。聚焦价格总水平和重点商品，提高预期管理的前瞻性和预见性；创新丰富预期管理手段，通过解读市场基本面的积极变化、政府保供稳价举措等，强化政府与市场双向沟通与信息交流，释放正面信号，合理引导市场预期。规范价格指数编制发布行为。

三、深入推进能源价格改革

（六）持续深化电价改革。进一步完善省级电网、区域电网、跨省跨区专项工程、增量配电网价格形成机制，加快理顺输配电价结构。持续深化燃煤发电、燃气发电、水电、核电等上网电价市场化改革，完善风电、光伏发电、抽水蓄能价格形成机制，建立新型储能价格机制。平稳推进销售电价改革，有序推动经营性电力用户进入电力市场，完善居民阶梯电价制度。

（七）不断完善绿色电价政策。针对高耗能、高排放行业，完善差别电价、阶梯电价等绿色电价政策，强化与产业和环保政策的协同，加大实施力度，促进节能减碳。实施支持性电价政策，降低岸电使用服务费，推动长江经济带沿线港口全面使用岸电。

（八）稳步推进石油天然气价格改革。按照“管住中间、放开两头”的改革方向，根据天然气管网等基础设施独立运营及勘探开发、供气和销售主体多元化进程，稳步推进天然气门站价格市场化改革，完善终端销售价格与采购成本联动机制。积极协调推进城镇燃气配送网络公平开放，减少配气层级，严格监管配气价格，探索推进终端用户销售价格市场化。结合国内外能源市场变化和国内体制机制改革进程，研究完善成品油定价机制。

（九）完善天然气管道运输价格形成机制。适应“全国一张网”发展方向，完善天然气管道运输价格形成机制，制定出台新的天然气管道运输定价办法，进一步健全价格监管体系，合理制定管道运输价格。

四、系统推进水资源价格改革

（十）创新完善水利工程供水价格形成机制。建立健全有利于促进水资源节约和水利工程良性运行、与投融资体制相适应的水利工程水价形成机制。科学核定定价成本，合理确定盈利水平，动态调整水利工程供水价格。鼓励有条件的地区实行供需双方协商定价。积极推动供需双方在项目前期工作阶段签订框架协议、约定意向价格，推进供水工程投融资体制机制改革。

（十一）深入推进农业水价综合改革。以完善农业水价形成机制为抓手，积极推行分类、分档水价，统筹推进精准补贴和节水奖励机制、工程建设和管护机制、终端用水管理机制健全和落实。坚持“先建机制、后建工程”，合理安排进度，2025 年基本实现改革目标。合理界定水权，创新完善水权交易机制，推进市场化交易，推动节约的农业水权向城市和工业用水转让。

（十二）持续深化城镇供水价格改革。建立健全激励提升供水质量、促进节约用水的价格形成和动态调整机制，合理制定城镇供水价格。完善居民阶梯水价制度，适度拉大分档差价。结合计划用水与定额用水管理方式，有序推进城镇非居民用水超定额累进加价制度，在具备条件的高耗水行业率先实施。鼓励探索建立城镇供水上下游价格联动机制。

（十三）进一步完善污水处理收费机制。结合污水处理排放标准提高情况，将收费标准提高至补偿污水处理和污泥无害化处置成本且合理盈利的水平，并建立动态调整机制。鼓励通过政府购买服务，以招投标等市场化方式确定污水处理服务费水平，建立与处理水质、污染物削减量等挂钩的污水处理服务费奖惩机制。鼓励已建成污水集中处理设施的农村地区，探索建立农户付费制度。

五、加快公共服务价格改革

（十四）健全公用事业价格机制。认真落实关于清理规范城镇供水供电供气供暖行业收费促进行业高质量发展的意见，清理取消不合理收费，加快完善价格形成机制，严格规范价格收费行为。推动县级以上地方政府建立生活垃圾处理收费制度，合理制定调整收费标准。推行非居民餐厨垃圾计量收费。具备条件的地区探索建立农户生活垃圾处理付费制度。完善危险废弃物处置收费机制。健全铁路货运与公路挂钩的价格动态调整机制。清理规范海运口岸收费。

（十五）完善公益性服务价格政策。进一步完善教育、养老、殡葬、景区、公共法律服务等领域价格政策。巩固完善以政府投入为主、多渠道筹集教育经费的体制，完善学前教育收费政策，规范民办教育收费。适应医养结合、社区养老、居家养老等养老领域新模式，建立健全养老服务价格机制，支持普惠性养老服务发展。进一步完善殡葬服务收费政策，规范收费行为。健全景区门票价格形成机制，加强景区内垄断性服务价格监管。完善公证、仲裁等公共法律服务价格形成机制。

六、做好组织保障

（十六）强化改革统筹。严格落实改革主体责任，统筹考虑各领域改革进程，明确改革时间表、路线图、责任人。深入调查研究，科学设计改革方案，广泛听取各方面意见，切实履行法定程序。坚持新闻宣传与重大价格改革同研究、同部署、同实施，准确解读改革方案，凝聚改革共识。强化部门协同、上下联动，加强工作指导，充分调动基层积极性，形成工作合力。

（十七）加强成本监审。坚持将成本监审作为政府制定和调整价格的重要程序，制定完善分行业的成本监审办法和监审操作规程，探索建立标准成本制度。组织开展输配电、天然气管道运输等重点领域成本监审。强化成本监审约束作用，逐步引入成本激励机制。建设全国统一的成本监审调查信息系统。

（十八）兜住民生底线。把握好改革的时机、力度，充分研究论证社会承受能力，做好风险评估，完善配套民生保障措施。及时启动社会救助和保障标准与物价上涨挂钩联动机制，切实保障困难群众基本生活。

（十九）完善价格法治。开展价格法律法规后评估，完善价格法治体系，推进价格管理机制化、制度化。适时修订定价目录。推动健全价格监测预警、价格认证等领域制度办法。研究完善制止牟取暴利的制度规定。

（二十）加强能力建设。加强政治理论学习，积极开展专业培训，强化干部配备，充实工作力量，提升价格工作能力。加强成本监审调查、价格监测、价格认证队伍建设，坚持守正创新，提高服务中心、服务大局能力。充分利用第三方力量，强化价格领域重大问题、基础理论和前瞻性政策研究。

请各地结合实际制定具体方案，扎实推进“十四五”时期价格机制改革，确保各项重点任务落实到位。

关于商品和服务实行明码标价的规定[①]

（2000年10月31日国家发展计划委员会办公会议讨论通过）

第一条　为规范价格行为，维护正常的市场价格秩序，促进公平、公开、合法的市场竞争，保护消费者和经营者的合法权益，根据《中华人民共和国价格法》，制定本规定。

第二条　凡在中华人民共和国境内收购、销售商品或者提供服务的价格行为，均适用本规定。

第三条　本规定所称明码标价是指经营者收购、销售商品和提供服务按照本规定的要求公开标示商品价格、服务价格等有关情况的行为。

前款所称应当明码标价的商品和服务是指实行市场调节价、政府指导价或者政府定价的商品和服务。

第四条　经营者实行明码标价，应当遵循公开、公平和诚实信用的原则，遵守价格法律、法规。

第五条　县级以上人民政府价格主管部门是明码标价的管理机关，其价格监督检查机构负责明码标价实施情况的监督检查。

第六条　明码标价的标价方式由省级人民政府价格主管部门统一规定，县级以上地方人民政府价格主管部门的价格监督检查机构对标价方式进行监制。未经监制的，任何单位和个人不得擅自印制和销售。

第七条　需要增减标价内容以及不宜标价的商品和服务，由县

① 《〈关于商品和服务实行明码标价的规定〉中华人民共和国国家发展计划委员会颁布第8号令》，司法部网站，2019年6月24日。

级以上地方人民政府价格主管部门认定。

第八条　根据商品和服务的特点，需要实行行业统一规范标价方式的，由国务院价格主管部门和省级人民政府价格主管部门确定。

第九条　明码标价应当做到价签价目齐全、标价内容真实明确、字迹清晰、货签对位、标示醒目。价格变动时应当及时调整。

第十条　商品价格、服务价格一律使用阿拉伯数码标明人民币金额。

第十一条　除国家另有规定外，从事涉外商品经营和服务的单位实行以人民币标价和计价结算，应当同时用中、外文标示商品和服务内容。

民族自治地方自主决定使用当地通用的一种或几种文字明码标价。

第十二条　降价销售商品和提供服务必须使用降价标价签、价目表，如实标明降价原因以及原价和现价，以区别于以正常价格销售商品和提供服务。经营者应当保留降价前记录或核定价格的有关资料，以便查证。

第十三条　从事零售业务的，商品标价签应当标明品名、产地、计价单位、零售价格等主要内容，对于有规格、等级、质地等要求的，还应标明规格、等级、质地等项目。标价签由指定专人签章。

第十四条　开架柜台、自动售货机、自选市场等采取自选方式售货的，经营者应当使用打码机在商品或其包装上胶贴价格标签，并应分品种在商品陈列柜（架）处按第十三条规定明码标价。

第十五条　经营者收购农副产品或废旧物资的，应当在收购场所醒目位置公布收购价目表，标明品名、规格、等级、计价单位和收购价格等内容。

国务院或省级人民政府对收购农副产品规定了保护价的，收购部门应当在收购点的醒目位置予以公布。

第十六条　提供服务的经营者应当在经营场所或缴费地点的醒目位置公布服务项目、服务内容、等级或规格、服务价格等。

第十七条　各类商品专业交易市场应当按照本规定有关条款实行明码标价。

第十八条　房地产经营者应当在交易场所标明房地产价格及相关收费情况。

第十九条　经营者不得在标价之外加价出售商品，不得收取任何未予标明的费用。先消费后结算的，须出具结算单据，并应当列出具体收款项目和价格。

一项服务可分解为多个项目和标准的，经营者应当明确标示每一个项目和标准，禁止混合标价或捆绑销售。

第二十条　经营者不得利用虚假的或者使人误解的标价内容及标价方式进行价格欺诈。

第二十一条　经营者有下列行为之一的，由价格主管部门责令改正，没收违法所得，可以并处5000元以下的罚款；没有违法所得的，可以处以5000元以下的罚款。

（一）不明码标价的；

（二）不按规定的内容和方式明码标价的；

（三）在标价之外加价出售商品或收取未标明的费用的；

（四）不能提供降价记录或者有关核定价格资料的；

（五）擅自印制标价签或价目表的；

（六）使用未经监制的标价内容和方式的；

（七）其他违反明码标价规定的行为。

第二十二条　经营者利用标价进行价格欺诈的，由价格主管部门依照《价格违法行为行政处罚规定》第五条实施处罚。

第二十三条　商品和服务实行明码标价的具体方式和内容，除按本规定有关条款执行外，各省、自治区、直辖市人民政府价格主管部门可以结合本地区实际情况作出具体规定。

第二十四条　本规定由国家发展计划委员会负责解释。

第二十五条　本规定自 2001 年 1 月 1 日起施行。国家计划委员会 1994 年 2 月 28 日发布的《关于商品和服务实行明码标价的规定》和 1994 年 3 月 3 日发布的《关于商品和服务实行明码标价的规定实施细则》同时废止。

政府制定价格行为规则[①]

（2017 年 9 月 18 日国家发展和改革委员会主任办公会议讨论通过）

第一章　总则

第一条　为规范政府制定价格行为，提高政府制定价格的科学性、公正性和透明度，保护消费者和经营者的合法权益，根据《中华人民共和国价格法》，制定本规则。

第二条　国务院价格主管部门及有关部门，省、自治区、直辖市人民政府价格主管部门及有关部门，和经省、自治区、直辖市人民政府授权的市、县人民政府（以下简称定价机关）依法制定或者调整实行政府指导价、政府定价的商品和服务价格水平以及定价机制的行为，适用本规则。

法律、法规另有规定的，从其规定。

第三条　国家实行并完善主要由市场决定价格的机制。政府制定价格的范围主要为重要公用事业、公益性服务和自然垄断经营的商品和服务等，具体以中央定价目录和地方定价目录（以下简称定价目录）为准。

经省、自治区、直辖市人民政府授权的市、县人民政府制定价格，具体工作由其所属价格主管部门或者有关部门负责。

定价机关应当按照法定的权限制定价格，不得越权定价。

第四条　定价目录应当依照法定程序制定，逐项明确定价内容和定价机关，并根据经济社会发展情况适时调整，及时向社会公布。

① 《政府制定价格行为规则》，《中华人民共和国国务院公报》，2017 年 34 期。

第五条　制定价格应当遵循公平、公开、公正和效率的原则。

第六条　制定价格应当依据有关商品和服务的社会平均成本、市场供求状况、国民经济与社会发展要求以及社会承受能力。商品和服务价格与国际市场价格、替代商品和服务价格联系紧密的，可以参考相关价格。

网络型自然垄断环节价格，按照“准许成本加合理收益”的原则制定。

第七条　国务院价格主管部门及有关部门，省、自治区、直辖市人民政府价格主管部门及有关部门应当根据不同行业特点，逐步建立商品和服务的定价机制，实现商品和服务价格调整机制化。

第二章　制定价格的程序

第八条　定价机关应当根据经济社会发展情况、社会各方面的反映以及价格执行期限等，适时制定价格。

第九条　定价机关制定价格，应当履行价格调查、成本监审或者成本调查、听取社会意见、合法性审查、集体审议、作出制定价格的决定等程序。

依法应当开展成本监审、专家论证、价格听证、风险评估的，按照有关规定执行。

已经依法制定定价机制的，定价机关应当按照定价机制确定具体价格水平。

第十条　定价机关制定价格，可以要求相关经营者、行业组织、政府有关部门提供制定价格所需的资料。

第十一条　定价机关制定价格，应当对市场供求、社会承受能力进行调查，分析对相关行业、消费者的影响。

第十二条　定价机关制定价格，应当开展成本监审或者成本调查，并逐步建立成本信息公开制度。

依法应当开展成本监审的，按照成本监审的有关规定执行，未经成本监审的，不得制定价格。

第十三条　制定专业性、技术性较强的商品和服务价格时，定价机关应当邀请有关方面的专家进行论证。

第十四条　定价机关制定价格，应当听取经营者、消费者或其代表，以及有关方面的意见。

对依法应当通过听证方式征求意见的，由政府价格主管部门主持，按照价格听证的有关规定开展听证；未经听证不得制定价格。

第十五条　制定价格对经济社会可能造成重大影响的，应当开展风险评估。

风险评估可以单独进行，也可以结合听取社会意见、专家论证等一并进行。

第十六条　定价机关履行本规则第十一条至第十五条规定程序后，应当形成制定价格的方案。方案应当载明以下内容：

（一）现行价格和拟制定的价格、单位调价幅度；

（二）制定价格的依据和理由；

（三）制定价格对相关行业和消费者的影响；

（四）成本监审报告或者成本调查报告；

（五）经营者、消费者或其代表，以及有关方面的主要意见及采纳情况；

（六）经过听证的，附听证报告；

（七）经过专家论证的，附专家论证意见及采纳情况；

（八）经过风险评估的，附风险评估意见；

（九）价格的执行时间、期限和范围。

第十七条　定价机关制定价格，应当开展合法性审查。实行合法性审查的方式、机构和工作规则，由定价机关规定。合法性审查内容包括：

（一）制定价格事项是否符合定价目录规定的权限和范围；

（二）制定价格的程序是否符合法定程序；

（三）需要审查的其他事项。

第十八条　定价机关应当对制定价格的方案实行集体审议。实行集体审议的方式、人员组成和工作规则，由省级以上定价机关规定。

第十九条　国务院价格主管部门及有关部门制定重要的商品和服务价格，应当按照有关规定报国务院批准。

省、自治区、直辖市价格主管部门及有关部门制定重要的商品和服务价格，应当按照有关规定报同级人民政府批准。

第二十条　定价机关是政府其他部门的，作出制定价格决定前应当书面征求同级价格主管部门的意见。

第二十一条　按照本规则履行相关程序后，认为需要制定价格的，定价机关应当适时作出制定价格的决定。制定价格的决定应当载明以下内容：

（一）制定价格的项目、制定的价格；

（二）制定价格的依据；

（三）价格的执行时间和范围；

（四）作出决定的定价机关名称和作出决定的日期。

制定价格的决定原则上应当由定价机关制发。授权市、县人民政府制定价格的，经市、县人民政府批准，可以由价格主管部门或者有关部门制发并抄报市、县人民政府。

第二十二条　定价机关应当按照档案管理制度建立制定价格的卷宗并存档。

卷宗应当实行“一价一卷宗”，内容包括：制定价格的方案、制定价格的决定及相关材料。

第二十三条　制定价格的决定实施后，定价机关应当对决定的执行情况进行跟踪调查和监测，并适时进行后评估。后评估的内容包括：

（一）价格的执行情况，执行中存在的问题及原因；

（二）经营者经营状况、成本、劳动生产率和市场供求变化对价格的影响；

（三）相关商品和服务市场供求状况和价格的变化情况；

（四）社会各方面对所制定价格的意见；

（五）制定的价格对经济社会发展和消费者、经营者的影响；

（六）其他有关情况。

第二十四条　制定价格的决定实施后，如果制定价格的依据发生重大变化，定价机关应当适时调整价格。

第三章　公众参与和信息公开

第二十五条　经营者、消费者、政府相关部门及有关方面（以下简称建议人）可以向定价机关提出制定价格的建议。建议内容主要包括建议制定价格的具体商品或者服务名称、建议价格、依据和理由等。

第二十六条　制定价格有建议人的，定价机关应当以适当的方式将建议办理情况告知建议人。

第二十七条　定价机关听取经营者、消费者或其代表，以及有关方面的意见时，可以选择向社会公开征求意见、书面征求意见、召开座谈会、组织听证、实地走访等方式。

第二十八条　定价机关制定价格时，可以通过政府购买服务等方式发挥第三方机构的积极作用。

第二十九条　除涉及国家秘密外，定价机关应当及时向社会公开制定价格的决定。

第四章　监督机制与法律责任

第三十条　定价机关应当建立严格规范的内部监督制约机制。

上级价格主管部门负责对下级价格主管部门制定价格行为的监督和指导。政府其他有关部门的制定价格行为应当接受价格主管部门的监督。

第三十一条　定价机关制定价格，应当接受社会监督。单位和个人可以对制定价格过程中的违法违规行为进行举报。

第三十二条　定价机关有违法行为的，由政府价格主管部门依据《价格法》进行查处。

第三十三条　定价机关的工作人员在制定价格工作中有违法行为，构成犯罪的，依法追究刑事责任；尚不构成犯罪的，依法给予行政处分。

第五章　附则

第三十四条　各省、自治区、直辖市价格主管部门可以依据本规则并结合本地实际情况制定实施细则。

第三十五条　本规则由国家发展和改革委员会解释。

第三十六条　本规则自2018年1月1日起施行。2006年3月17日国家发展和改革委员会发布的《政府制定价格行为规则》同时废止。

禁止垄断协议暂行规定[①]

（2019 年 6 月 26 日国家市场监督管理总局令第 10 号发布）

第一条　为了预防和制止垄断协议，根据《中华人民共和国反垄断法》（以下简称反垄断法），制定本规定。

第二条　国家市场监督管理总局（以下简称市场监管总局）负责垄断协议的反垄断执法工作。

市场监管总局根据反垄断法第十条第二款规定，授权各省、自治区、直辖市市场监督管理部门（以下简称省级市场监管部门）负责本行政区域内垄断协议的反垄断执法工作。

本规定所称反垄断执法机构包括市场监管总局和省级市场监管部门。

第三条　市场监管总局负责查处下列垄断协议：

（一）跨省、自治区、直辖市的；

（二）案情较为复杂或者在全国有重大影响的；

（三）市场监管总局认为有必要直接查处的。

前款所列垄断协议，市场监管总局可以指定省级市场监管部门查处。

省级市场监管部门根据授权查处垄断协议时，发现不属于本部门查处范围，或者虽属于本部门查处范围，但有必要由市场监管总局查处的，应当及时向市场监管总局报告。

第四条　反垄断执法机构查处垄断协议时，应当平等对待所有

---

① 《禁止垄断协议暂行规定》，中国政府网，2019 年 6 月 26 日。

经营者。

第五条　垄断协议是指排除、限制竞争的协议、决定或者其他协同行为。

协议或者决定可以是书面、口头等形式。

其他协同行为是指经营者之间虽未明确订立协议或者决定，但实质上存在协调一致的行为。

第六条　认定其他协同行为，应当考虑下列因素：

（一）经营者的市场行为是否具有一致性；

（二）经营者之间是否进行过意思联络或者信息交流；

（三）经营者能否对行为的一致性作出合理解释；

（四）相关市场的市场结构、竞争状况、市场变化等情况。

第七条　禁止具有竞争关系的经营者就商品或者服务（以下统称商品）价格达成下列垄断协议：

（一）固定或者变更价格水平、价格变动幅度、利润水平或者折扣、手续费等其他费用；

（二）约定采用据以计算价格的标准公式；

（三）限制参与协议的经营者的自主定价权；

（四）通过其他方式固定或者变更价格。

第八条　禁止具有竞争关系的经营者就限制商品的生产数量或者销售数量达成下列垄断协议：

（一）以限制产量、固定产量、停止生产等方式限制商品的生产数量，或者限制特定品种、型号商品的生产数量；

（二）以限制商品投放量等方式限制商品的销售数量，或者限制特定品种、型号商品的销售数量；

（三）通过其他方式限制商品的生产数量或者销售数量。

第九条　禁止具有竞争关系的经营者就分割销售市场或者原材料采购市场达成下列垄断协议：

（一）划分商品销售地域、市场份额、销售对象、销售收入、销售利润或者销售商品的种类、数量、时间；

（二）划分原料、半成品、零部件、相关设备等原材料的采购区域、种类、数量、时间或者供应商；

（三）通过其他方式分割销售市场或者原材料采购市场。

前款规定中的原材料还包括经营者生产经营所必需的技术和服务。

第十条　禁止具有竞争关系的经营者就限制购买新技术、新设备或者限制开发新技术、新产品达成下列垄断协议：

（一）限制购买、使用新技术、新工艺；

（二）限制购买、租赁、使用新设备、新产品；

（三）限制投资、研发新技术、新工艺、新产品；

（四）拒绝使用新技术、新工艺、新设备、新产品；

（五）通过其他方式限制购买新技术、新设备或者限制开发新技术、新产品。

第十一条　禁止具有竞争关系的经营者就联合抵制交易达成下列垄断协议：

（一）联合拒绝向特定经营者供应或者销售商品；

（二）联合拒绝采购或者销售特定经营者的商品；

（三）联合限定特定经营者不得与其具有竞争关系的经营者进行交易；

（四）通过其他方式联合抵制交易。

第十二条　禁止经营者与交易相对人就商品价格达成下列垄断

协议：

（一）固定向第三人转售商品的价格水平、价格变动幅度、利润水平或者折扣、手续费等其他费用；

（二）限定向第三人转售商品的最低价格，或者通过限定价格变动幅度、利润水平或者折扣、手续费等其他费用限定向第三人转售商品的最低价格；

（三）通过其他方式固定转售商品价格或者限定转售商品最低价格。

第十三条　不属于本规定第七条至第十二条所列情形的其他协议、决定或者协同行为，有证据证明排除、限制竞争的，应当认定为垄断协议并予以禁止。

前款规定的垄断协议由市场监管总局负责认定，认定时应当考虑下列因素：

（一）经营者达成、实施协议的事实；

（二）市场竞争状况；

（三）经营者在相关市场中的市场份额及其对市场的控制力；

（四）协议对商品价格、数量、质量等方面的影响；

（五）协议对市场进入、技术进步等方面的影响；

（六）协议对消费者、其他经营者的影响；

（七）与认定垄断协议有关的其他因素。

第十四条　禁止行业协会从事下列行为：

（一）制定、发布含有排除、限制竞争内容的行业协会章程、规则、决定、通知、标准等；

（二）召集、组织或者推动本行业的经营者达成含有排除、限制竞争内容的协议、决议、纪要、备忘录等；

（三）其他组织本行业经营者达成或者实施垄断协议的行为。

本规定所称行业协会是指由同行业经济组织和个人组成，行使行业服务和自律管理职能的各种协会、学会、商会、联合会、促进会等社会团体法人。

第十五条　反垄断执法机构依据职权，或者通过举报、上级机关交办、其他机关移送、下级机关报告、经营者主动报告等途径，发现涉嫌垄断协议。

第十六条　举报采用书面形式并提供相关事实和证据的，反垄断执法机构应当进行必要的调查。书面举报一般包括下列内容：

（一）举报人的基本情况；

（二）被举报人的基本情况；

（三）涉嫌垄断协议的相关事实和证据；

（四）是否就同一事实已向其他行政机关举报或者向人民法院提起诉讼。

反垄断执法机构根据工作需要，可以要求举报人补充举报材料。

第十七条　反垄断执法机构经过对涉嫌垄断协议的必要调查，决定是否立案。

省级市场监管部门应当自立案之日起 7 个工作日内向市场监管总局备案。

第十八条　市场监管总局在查处垄断协议时，可以委托省级市场监管部门进行调查。

省级市场监管部门在查处垄断协议时，可以委托下级市场监管部门进行调查。

受委托的市场监管部门在委托范围内，以委托机关的名义实施调查，不得再委托其他行政机关、组织或者个人进行调查。

第十九条　省级市场监管部门查处涉嫌垄断协议时，可以根据需要商请相关省级市场监管部门协助调查，相关省级市场监管部门应当予以协助。

第二十条　反垄断执法机构对垄断协议进行行政处罚的，应当依法制作行政处罚决定书。

行政处罚决定书的内容包括：

（一）经营者的姓名或者名称、地址等基本情况；

（二）案件来源及调查经过；

（三）违法事实和相关证据；

（四）经营者陈述、申辩的采纳情况及理由；

（五）行政处罚的内容和依据；

（六）行政处罚的履行方式、期限；

（七）不服行政处罚决定，申请行政复议或者提起行政诉讼的途径和期限；

（八）作出行政处罚决定的反垄断执法机构名称和作出决定的日期。

第二十一条　涉嫌垄断协议的经营者在被调查期间，可以提出中止调查申请，承诺在反垄断执法机构认可的期限内采取具体措施消除行为影响。

中止调查申请应当以书面形式提出，并由经营者负责人签字并盖章。申请书应当载明下列事项：

（一）涉嫌垄断协议的事实；

（二）承诺采取消除行为后果的具体措施；

（三）履行承诺的时限；

（四）需要承诺的其他内容。

反垄断执法机构对涉嫌垄断协议调查核实后，认为构成垄断协议的，应当依法作出处理决定，不再接受经营者提出的中止调查申请。

第二十二条　反垄断执法机构根据被调查经营者的中止调查申请，在考虑行为的性质、持续时间、后果、社会影响、经营者承诺的措施及其预期效果等具体情况后，决定是否中止调查。

对于符合本规定第七条至第九条规定的涉嫌垄断协议，反垄断执法机构不得接受中止调查申请。

第二十三条　反垄断执法机构决定中止调查的，应当制作中止调查决定书。

中止调查决定书应当载明被调查经营者涉嫌达成垄断协议的事实、承诺的具体内容、消除影响的具体措施、履行承诺的时限以及未履行或者未完全履行承诺的法律后果等内容。

第二十四条　决定中止调查的，反垄断执法机构应当对经营者履行承诺的情况进行监督。

经营者应当在规定的时限内向反垄断执法机构书面报告承诺履行情况。

第二十五条　反垄断执法机构确定经营者已经履行承诺的，可以决定终止调查，并制作终止调查决定书。

终止调查决定书应当载明被调查经营者涉嫌垄断协议的事实、承诺的具体内容、履行承诺的情况、监督情况等内容。

有下列情形之一的，反垄断执法机构应当恢复调查：

（一）经营者未履行或者未完全履行承诺的；

（二）作出中止调查决定所依据的事实发生重大变化的；

（三）中止调查决定是基于经营者提供的不完整或者不真实的

信息作出的。

第二十六条　经营者能够证明被调查的垄断协议属于反垄断法第十五条规定情形的，不适用本规定第七条至第十三条的规定。

第二十七条　反垄断执法机构认定被调查的垄断协议是否属于反垄断法第十五条规定的情形，应当考虑下列因素：

（一）协议实现该情形的具体形式和效果；

（二）协议与实现该情形之间的因果关系；

（三）协议是否是实现该情形的必要条件；

（四）其他可以证明协议属于相关情形的因素。

反垄断执法机构认定消费者能否分享协议产生的利益，应当考虑消费者是否因协议的达成、实施在商品价格、质量、种类等方面获得利益。

第二十八条　反垄断执法机构认定被调查的垄断协议属于反垄断法第十五条规定情形的，应当终止调查并制作终止调查决定书。终止调查决定书应当载明协议的基本情况、适用反垄断法第十五条的依据和理由等内容。

反垄断执法机构作出终止调查决定后，因情况发生重大变化，导致被调查的协议不再符合反垄断法第十五条规定情形的，反垄断执法机构应当重新启动调查。

第二十九条　省级市场监管部门作出中止调查决定、终止调查决定或者行政处罚告知前，应当向市场监管总局报告。

省级市场监管部门向被调查经营者送达中止调查决定书、终止调查决定书或者行政处罚决定书后，应当在 7 个工作日内向市场监管总局备案。

第三十条　反垄断执法机构作出行政处理决定后，依法向社会公布。其中，行政处罚信息应当依法通过国家企业信用信息公示系统向社会公示。

第三十一条　市场监管总局应当加强对省级市场监管部门查处垄断协议的指导和监督，统一执法标准。

省级市场监管部门应当严格按照市场监管总局相关规定查处垄断协议案件。

第三十二条　经营者违反本规定，达成并实施垄断协议的，由反垄断执法机构责令停止违法行为，没收违法所得，并处上一年度销售额百分之一以上百分之十以下的罚款；尚未实施所达成的垄断协议的，可以处五十万元以下的罚款。

行业协会违反本规定，组织本行业的经营者达成垄断协议的，反垄断执法机构可以对其处五十万元以下的罚款；情节严重的，反垄断执法机构可以提请社会团体登记管理机关依法撤销登记。

反垄断执法机构确定具体罚款数额时，应当考虑违法行为的性质、情节、程度、持续时间等因素。

经营者因行政机关和法律、法规授权的具有管理公共事务职能的组织滥用行政权力而达成垄断协议的，按照前款规定处理。经营者能够证明其达成垄断协议是被动遵守行政命令所导致的，可以依法从轻或者减轻处罚。

第三十三条　参与垄断协议的经营者主动报告达成垄断协议有关情况并提供重要证据的，可以申请依法减轻或者免除处罚。

重要证据是指能够对反垄断执法机构启动调查或者对认定垄断协议起到关键性作用的证据，包括参与垄断协议的经营者、涉及的商品范围、达成协议的内容和方式、协议的具体实施等情况。

第三十四条　经营者根据本规定第三十三条提出申请的，反垄断执法机构应当根据经营者主动报告的时间顺序、提供证据的重要程度以及达成、实施垄断协议的有关情况，决定是否减轻或者免除处罚。

对于第一个申请者，反垄断执法机构可以免除处罚或者按照不低于百分之八十的幅度减轻罚款；对于第二个申请者，可以按照百分之三十至百分之五十的幅度减轻罚款；对于第三个申请者，可以按照百分之二十至百分之三十的幅度减轻罚款。

第三十五条　本规定对垄断协议调查、处罚程序未做规定的，依照《市场监督管理行政处罚程序暂行规定》执行，有关时限、立案、案件管辖的规定除外。

反垄断执法机构组织行政处罚听证的，依照《市场监督管理行政处罚听证暂行办法》执行。

第三十六条　本规定自 2019 年 9 月 1 日起施行。2009 年 5 月 26 日原国家工商行政管理总局令第 42 号公布的《工商行政管理机关查处垄断协议、滥用市场支配地位案件程序规定》、2010 年 12 月 31 日原国家工商行政管理总局令第 53 号公布的《工商行政管理机关禁止垄断协议行为的规定》同时废止。

期刊摘要

▼

社会主义计划价格形成的几个问题

（纪正治，《经济研究》，1979 年 04 期）

社会主义制度下，制订计划价格究竟以什么为基础？本文提出应以部门平均成本加按部门平均成本利润率计算的利润为基础，充分考虑全社会平均资金利润率和部门平均工资利润率以照顾不同部门的利益，同时区别不同情况，切实注意利用价值规律，在一定程度上有计划地通过价格的涨落来调节商品供求关系，反映全社会需要和整个国民经济发展的要求。可以采用资金税等办法来促使企业节约资金的使用，而不一定采用资金利润率定价，搞生产价格。以资金利润率定价来考核经济效果也有局限性。比较经济效果只能是使用价值相似、相互可以代用的产品，如水力发电和火力发电，煤炭、石油和热能等，而使用价值不同的产品的经济效果就很难比较。还有，实行统一的资金利润率定价后，由于国家对各部门投资比例的变化、劳动生产率的提高等因素，会使不同部门的利润率相应发生变化，重新扩大差距，就需要按新的资金利润率重新定价，进行全面的价格调整，引起整个价格水平的变动。

改革城市蔬菜价格管理办法的几点意见

（李明治，《商业研究》，1980 年 03 期）

目前，许多城市的蔬菜价格，大多是单一的计划价格，购销牌价的调动与历史同期大体相同。但鉴于蔬菜为鲜活商品，具有品种繁多，茬口交错，鲜嫩易腐，季节性强，生产变化较快，丰歉幅度较大，上市可以提前推后，消费需要均衡供应等特点，实行单一的计划价格，往往使价格与上市情况、市场供求相脱节，从而使蔬菜价格失去平衡供求的市场调节作用。因而，本文提出蔬菜价格改革方法，即在兼顾国家、生产、消费三者利益的前提下，贯彻计划调节和市场调节相结合的原则，实行年计划、日浮动、以生产保稳定的蔬菜价格管理方法。

试论物价的若干问题

（黄达，《中国社会科学》，1980 年 06 期）

本文认为，不合理的比价必须调整，而调整比价往往使物价水平有所提高。所以，物价水平会在时而平稳，时而有所提高的交替过程中呈现逐步上升的趋势。只要把物价水平的变动控制在调整比价所必需的限度内，则不会成为发展社会主义经济的障碍。反之，如果硬要使物价水平长期不动，既会使比价不合理的矛盾越积越多，又会使财政背上沉重的包袱。同时，允许物价水平有所提高同通货膨胀政策是两回事。但是如果流通中货币过多，最优的安排只能是力争稳定货币流通的现状并逐步使之好转，同时，慎重地进行价格改革。

物价工作的回顾和价格改革的探讨

（季龙，《经济学动态》，1980 年 10 期）

物价问题，关系到国民经济的协调发展，关系到生产、分配、交换和消费，关系到亿万人民的切身利益。党的十一届三中全会以来，党中央、国务院和各级政府都很重视物价工作。在国民经济调整过程中，回顾三十年来的经验教训，自觉运用价值规律，掌握价格政策，有计划地改革价格结构和物价管理体制，对促进社会主义现代化建设的发展，安定和改善人民生活，有十分重要的意义。本文首先回顾了新中国成立三十年来我国物价工作的总体情况，结合重要政策及主要事件总结出：经济必须按经济规律办事，重视价值规律对生产和流通的调节作用，发挥价格在国民经济中的杠杆作用；社会主义商品价格，必须保持基本稳定并及时进行合理调整；社会主义国家的商品价格，必须进行管理，但又不能管得过死等三点经验。我国目前价格体系存在工农业品差价大、工业品出厂价格之间比价不合理、流通环节上价格问题多、物价管理体制上，中央和地方，国家和企业的关系处理得不好等问题。针对以上问题，结合价格改革的指导思想，本文提出适用于农产品收购、农业生产资料、工业品出厂价格、交通运输和邮电资费、生活资料等不同领域的价格调整措施，同时对改革价格管理体制进行了初步设想，即注重价格管理分工，对不同商品价格管理采取国家定价、浮动价格、买卖双方议价、集市贸易价格自由涨落相结合的方法。让企业在一定范围内灵活制定和调整价格，实现真正的市场调节。

计划价格不能僵化

（张纯音，《经济学动态》，1980 年 10 期）

计划价格虽在交换之前事先确定，但必须有科学根据，必须反映生产产品的社会劳动耗费，不能僵化。所谓不能僵化，指的是总的价格水平可以有所变动；制订计划价格，不宜过于集中，不可能所有产品的价格都由国家统一规定，要根据生产力状况，实行分级订价，而且还要采取多种价格形式。针对群众关于逐步缩小以致最后取消统购、派购及限额供应办法的顾虑，本文提出稳定价格的根本方法是增产，应该允许社队进行贩运，采取双轨供应制进行过渡等观点。

运用生产价格实行物价改革

（巢峰，《学术月刊》，1980 年 11 期）

价格是价值的货币表现。由于供需关系，市场价格经常围绕价值上下波动，并形成商品的比价关系。合理的价格和比价关系，对生产发展和市场繁荣具有重大促进作用；相反，就会起阻碍作用。长期以来，由于未能及时合理结合市场实际进行调整，我国价格逐渐脱离价值的轴心。本文以工业产品价格改革为例，提出运用生产价格作为内部核算价格，并在条件成熟时，把生产价格转化为市场价格。

经济体制改革要求以生产价格作为工业品订价的基础

（何建章、邝日安、张卓元，《中国社会科学》，1981 年 01 期）

目前理论界对于社会主义价格形成的基础，有两种意见。一种主张直接以价值为基础，产品价格构成中的利润额按平均工资利润率或平均成本利润率来计算和确定。另一种主张直接以生产价格为基础，产品价格构成中的利润额按平均资金利润率来计算和确定。本文持后一种意见。我国经济体制改革从扩大企业自主权入手，改资金无偿占用制为有偿占用制，实行在国家计划指导下的市场调节和保护竞争，以及从单一的计划价格制度过渡为计划价格、浮动价格和产需双方协议价格相结合的制度，这些改革都要求以生产价格为基础制定工业品的计划价格。同时，价格体制的这一改革，又是经济体制改革的重要条件。本文还首次披露了 1978 年一部分重点工业品行业工资利润率、成本利润率、资金利润率悬殊的数据。

价格改革中一些问题看法的介绍

（王永治，《价格理论与实践》，1981 年 01 期）

自从强调按经济规律办事，重视价值规律作用，研究经济体制和经济结构的调整以来，如何进行价格改革，制定合理的价格和正确的价格政策，引起了经济学界广泛的注意。各地在进行扩大企业自主权试点，贯彻计划调节和市场调节相结合的原则时，也遇到不少价格问题，迫切需要从理论上、实践上予以解决。本文就价格改革的必要性、价格改革的内容、物价的稳定和调整的关系、定价的基础、缩小工农业品交换价格剪刀差、价格管理体制改革等重点内容进行讨论。

价格工作中应当研究的几个问题
——在中国价格学会成立大会上的讲话（摘要）

（刘卓甫，《财贸经济》，1981 年 01 期）

稳定物价是稳定经济的一个主要方面，同时，价格的改革也是经济体制改革的重要内容。价格方面需要研究的新情况、新问题是多方面的。本文主要从保持市场物价基本稳定的方针、按照价值规律的要求制定生产资料的价格、经济管理体制要按照在国家计划指导下，充分发挥市场调节作用的原则进行改革、提高农产品收购价格以及新形势下如何处理国际市场价格同国内市场价格的关系等五方面对价格问题进行讨论。

关于三种利润率的争论
——社会主义商品价格形成和生产价格理论再探索之一

（戴园晨，《价格理论与实践》，1981 年 03 期）

在社会主义商品价格形成的理论讨论中，关于价格中包含的利润部分如何确定，有平均工资利润率、平均成本利润率和平均资金利润率三种主张。这既是苏联和东欧各国经济学界多年来关心和讨论的理论问题，也是我国从六十年代以来断断续续讨论着的理论问题。随着价格体系和价格结构改革的进展，这一问题又提上理论和实践的议程。本文将就此类问题进行进一步阐释和探索。

价格全面改革的道路探索

（黄长巩，《社会科学研究》，1982 年 04 期）

新中国成立以来，我国物价工作取得了很大成绩，积累了很多成功的经验，但也存在一些问题。目前价格体系不合理，许多商品价格严重背离价值，价格管理体制集中过多，管得过死，不利于正确评价经济效果，不利于搞活经济，影响国民经济协调发展。本文将就经济战略转变时期，如何从实际出发，全面改革价格等重要问题进行探讨，梳理合理的价格体系和计划价格的形成并详细列举价格改革的内容。

计划价格形成因素分析
——兼论双渠计划价格的客观依据

（马凯，《中国社会科学》，1983 年 05 期）

我国的价格改革势在必行。价格改革的目标不在于取消计划价格，而在于把计划价格的制定、调整和管理建立在有经济根据的科学基础之上。为此必须弄清在社会主义条件下，有哪些因素、在什么层次上、为什么和怎样影响计划价格的形成。本文试图为影响计划价格形成的因素体系勾勒出一个轮廓，揭示诸因素的地位、作用和内在联系，从而探讨计划价格的制订原则。本文认为，计划价格形成的逻辑顺序可分为价值、价值的货币表现、价值变形、价格这样四个阶段；与此相应，构成了四类影响计划价格形成因素的体系。文章着重从物的全面联系中，揭示活劳动与物化劳动在价格形成中的不同作用和不同要求，论证了按资金与按工资双重盈利标准的“双渠”计划价格的客观依据。

价格改革的理论与实践

（王振之，《江淮论坛》，1984 年 05 期）

关于价格体系改革的初步设想包括：（一）走小步，走一步看一步。就是说从我国价格体系严重不合理和积弊甚多的实际情况出发，改革要逐步进行，步子不宜过大。要充分考虑国家、企业和个人的承受能力，把零售物价指数严格控制在一定限度内。在总体上走小步的前提下，在某些范围、品种、年份等有条件的情况下，步子可适当迈大一点。（二）先易后难、循序渐进。按照影响人民群众直接利益的程度，把价格变动分为两类，一类是影响人民群众直接利益较小的价格调整可先行一步。另一类是与人民生活有直接关系的基本生活资料和消费品价格的调整，要与工资的调整结合起来逐步进行。（三）放、调结合。所谓“放”，就是把价格逐步放开，开展放购放销，实行市场调节。所谓“调”，就是对与国计民生关系密切国家实行指令性计划的商品，要统一由国家有计划、有步骤地进行调整，使之逐步趋于合理。解决这部分产品的问题，是改革价格体系的关键所在。（四）有降有升，调整不合理价格。

价格改革决不是使价格普遍上涨。避免出现轮番涨价和通货膨胀。（五）确保人民实际收入不因价格调整而降低，随着生产发展和经济效益的提高，农民的收入和职工的工资还要逐步提高。

让价格回到交换中去

（戴园晨，《价格理论与实践》，1984 年 06 期）

价格改革的指导思想也就是价格改革的方向，应该是让价格回到交换中去。社会主义国家在进行经济体制改革时，几乎无例外的必须进行价格体系的改革，这是令人深思的事情。价格本来是交换的产物，有买卖，要交换才有价格。反过来，价格是否合理又影响着交换能否顺畅进行。然而社会主义国家的通病，却把价格和交换的联系忘却了，似乎社会主义经济中不存在价值实现的问题，计价只是为了核算，价格高低可以随心所欲地安排；物价稳定本来是指价格总水平的基本稳定，是指货币购买力的基本稳定，却被误解为各种商品价格都不能动，都冻结下来，明知价格不合理也不及时调整，把价格凝固化、僵化了，时间拖得越长，价格方面积累的矛盾也越多。可见造成价格不合理的根子，在于价格管理体制。如果还照过去脱离交换的一套办法来管理物价，那么即使花大力气调整改革了价格体系，用不了多久又会出现价格不合理现象，又要再次进行价格体系改革。正因为这样，理顺价格必须把视野扩展到价格管理体制方面，让价格回到交换中去。本来市场竞争主要是价格竞争，市场机制主要是价格机制。

论我国价格体系改革方向及其有关的模型方法

（楼继伟、周小川，《经济研究》，1984 年 10 期）

衡量价格体系优良的标准应是，在国民收入分配基本合理的前提下，使国民收入最大化，保证国民经济持续稳定地增长。我国的价格体系所导致的短线制约、地方投资方向严重扭曲及结构演变迟缓等问题，比起苦乐不均来说，更严重地阻碍着国民经济的发展。从各种价格体系作用于经济活动的机制和对上述弊病的疗效的分析中，文章的结论是，逐步靠近供求价格体系才是出路。根据对问题的严重性、迫切性和复杂性的认识，价格应当争取早日调整；目前的第一步应抓住主要矛盾，把以往定价过低的初级产品价格逐步调上去。成败的关键之一是掌握住合理的收入分配，保持政治经济安定。为此，必须利用混合模型着重于政策分析，力争政策配套，当获得初步成果后，应总结经验，收集数据，不失时机地继续调整，不断向供求价格靠拢。支持这样一套改革的政策分析所要的模型技术，相对来说虽然是复杂一些，但现有的宏观经济模型技术及系统工程技术可提供出一组适宜的方案，只要认真研究，下功夫去实现，不是克服不了的技术障碍。这样做步骤稳妥，效果良好，实施下去一定能对我国的经济发展产生较大的推功作用。

生产价格与价格改革

（阮方确，《求实》，1984 年 12 期）

党的十一届三中全会以来，我们在改革不合理的价格体制方面，采取了一系列重大措施，使我国的价格体系向合理方向前进了一大步。但是，由于历史的原因和国家财力物力的制约，我国现行的价格体系，仍然存在很多不合理的状况，这种不合理状况，突出表现在："同类商品的质量差价没有拉开；不同商品之间的比价不合理，特别是某些矿产品和原材料价格偏低；主要农副产品的购销价格倒挂，销价低于国家购价。"（见《中共中央关于经济体制改革的决定》）由于价格涉及面大、影响面广，这种不合理的价格体系，已影响到许多改革措施难以顺利实现。因此，改革价格体系，理顺价格关系，已成为影响整个经济体制改革成效的关键。我国的价格体系究竟怎样进行改革呢？应该依据什么理论作基础、按照什么原则定价呢？对此，人们的认识是不一致的。我是主张按照生产价格理论（即由部门平均成本加上社会平均资金利润率）来确定商品价格的。

论具有中国特色的价格改革道路

（华生、蒋跃、何家成、高梁、张少杰，《经济研究》，1985 年 02 期）

我国当前的价格改革不能仅是一个调的过程，也不能仅靠一个放的办法，而必须从我国当前的国情出发，从经济改革的实际出发，改、调、放结合，外改内调，以改促调，以改养调，因势利导，走出一条符合中国国情的价格改革道路。

价格改革完全可以而且应当利用当前生产资料自销比例扩大、价格松动这一不可逆转的改革趋势，因势利导，有意识地破除各种行政干预和对非统配物资流通的价格管制，国家物资企业参与市场经营，真正建立除物资调拨系统外的生产资料市场，使牌价外的多价归一，造成市价平稳下浮态势。在此基础上通过国家有计划地内调牌价向上，使两者靠近，达到价格体系的合理化，进而形成统一计划价、浮动价、指导价、自由价各司其职、协调运动的价格管理新体制。原则上可以考虑：1. 组织、扩大和疏通生产资料的议价市场。2. 物资部门要政企分开，各级物资企业在做好原统配调拨工作的同时，全部进入生产资料市场。3. 生产资料市场可以也应该在现有的和正在发展的贸易中心的基础上延拓。4. 减少统配物资，搞活价格，应与当前缩小指令性计划范围的方向相一致。因此，要有意识地使两者逐步衔接。5. 通畅的生产资料市场的形成，使主要物资市价统一、平稳、下跌，因而国家的计划调价就具备了条件。

这样的改、放和调，构成一个周期。多数物资的价格，第一阶段以改为主，改中有调。第二阶段以调为主，调中有改。有的也许一直是有改有调。这样经过一个或几个周期，生产资料价格的调整和改革就可望平稳地完成。

价格改革的理论基础与若干条件

（张卓元，《价格理论与实践》，1985 年 03 期）

首先，确认社会主义经济是有计划的商品经济，必然大大提高价格在社会主义经济活动中的地位和作用。一是价格开始充分显示了它作为评价各项经济活动效果标准的作用，并受到人们普遍的重视；二是价格及其变动是价值规律调节社会经济生活的形式；三是价格是国家组织引导和调节社会经济活动的最重要杠杆。由此可见，在经济体制改革中，最大的关口就在于改革现有的不合理的价格体系。这一个关口过了，经济体制改革就走上了阳关大道，中国模式的社会主义就可以站住了。这就是从社会主义商品经济中价格的重要地位和作用必然得出的合乎逻辑的结论。其次，改革价格体系要在保持市场物价基本稳定的前提下进行。是因为市场物价的基本稳定，是保证经济稳定和协调发展的需要，是社会主义计划经济的客观要求。也就是说，要分步骤地进行改革，在市场不受大的冲击，人心安定的条件下，积小改为大改。这样既不会使物价问题久拖不决，而又比较稳妥可靠。最后，宏观经济协调和思想准备充分，是顺利进行价格体系改革的重要保证。第一个条件是要宏观经济比较协调，具有一定的后备力量；第二个条件是要使经济体制改革的理论深入人心，做好充分思想准备。

价格改革和货币供给

（黄达，《价格理论与实践》，1985 年 06 期）

本文认为，目前导致过多的货币集中地涌入流通的原因，都与价格改革无本质联系，而都是可避免的。正确的指导思想可以把速度控制在合理的限制之内。价格改革同膨胀的货币供给的结合虽有其原因，但并非必然。同时，承认使用价值的质量水平在价格形成中的重要影响作用，并不否定价值是价格的基础。效用的可比性，或者说使用价值的质量可比性，只局限于同类产品中，或者只局限于可替换的产品之间，它不像价值那样具有普遍的比较性，因而不具有普遍的意义。因此，按质论价也只适用于同类产品或可替换的产品之间。

关于发展社会主义商品经济问题

（刘国光，《中国社会科学》，1986 年 06 期）

本文全面论述发展社会主义商品经济的有关重要理论和实践问题，包括社会主义商品经济的必然性和必要性，社会主义商品经济的特点，商品经济同经济体制改革的关系，以及发展商品经济中调整所有制结构、完善市场体系、二元经济结构向一元经济结构转化、造成宽松的改革环境等问题。发展商品经济对我国社会主义经济建设将起重大的促进作用。但如何发展社会主义商品经济，不能从马克思主义经典著作中找到现成答案，必须通过实践，不断地进行探索。

先改价格还是先改所有制

（厉以宁，《价格理论与实践》，1987 年 01 期）

对于先改革价格还是先改革所有制，应该说所有制改革是经济改革的根本思路，是关键。因为：（1）价格改革有个心理效应问题，容易使人联想到自己在改革中将丢失什么。由于人们心理上的这种状态，就不可能积极配合价格的改革。所有制改革对人们心理作用是“正”的，使人联想到将能得到什么，增加什么，因此就能积极配合改革。（2）价格改革不能试点，有不可逆性。所有制改革可试点，由点到面，总结经验，逐步推广。（3）价格改革对企业讲是被动的。不管企业接受与否，只有这么办，因此企业多采取“磨”与“混”的态度，进而影响效率。所有制改革却是企业自愿的。

每个企业根据自己的条件进行改革，所以企业的态度是积极的、配合的。（4）价格改革对地方政府来说是顾虑重重，怕产生什么问题，怕应付。对所有制改革它们则积极配合，因为可以试点，可以选择，可以根据自己的情况逐步推进。（5）价格改革的后果没有把握，不能知道方案出台后结果会怎样。所有制改革进程非常明确，愿意试点，必定条件成熟了，效益也就高，积极性也能调动起来，因此效果是有把握的。（6）价格改革不能解决根本性问题，不能调动积极性，充其量只能创造一个环境。所有制改革与它不同，可解决根本问题，把企业内部的积极性调动起来。（7）价格改革一经实施，其他改革就要停下来。因为价格改革的社会承受力往往很大，不可能再跟上诸如金融管理体制、劳动就业制度等专项改革。所有制改革时，其他改革都能快速跟上。这时价格冻结或暂时不动，单项个别可以调整，加速金融体制、劳动就业制度等的改革，整个改革就能都上来了。（8）经济改革要考虑成本问题。价格改革成本很大。所有制改革不要成本，哪个单位都可以搞，资金来源可以集资，利用地方资金，减少国家投资负担。（9）价格改革不能与政治体制改革、文化改革配套，它是孤零零的改革。所有制改革则必然要与政治改革结合在一起，因为没有所有制改革，政治改革就深入不下去；而没有政治改革，所有制改革也不能进一步发展。（10）价格改革层次很低，至多是个稳定价格、创造环境的问题。所有制改革却要触及人，这个经济学所要研究的人，即人在社会主义制度中是不是社会生活的主人？生产资料的主人？人的积极性怎样发挥？人怎么才能全面发展？这些问题价格改革是不触及的，而所有制改革能基本解决这些问题。因此说，所有制改革是经济改革的关键。

从双轨制到市场化
——经济体制改革总思路的调整

（李晓西、宋则，《财贸经济》，1987 年 12 期）

价格双轨制要尽快过渡到单一市场价格制。双轨价格不能适应深化改革的要求，根源在于其反市场化的性质。因此，必须尽快加以改变。价格双轨制最突出地表现在生产资料和粮食问题上，因而解决这两类产品上的双轨价格问题具有重大意义。深化生产资料价格改革应走石家庄道路，其意义在于用统一的市场价取代双轨制，把现行计划内物资的价格差额退还给使用单位（企业），以平稳转轨，把紊乱的价格信号统一为市场信号，因而提供了远胜于双轨价格的市场条件。当然，粮食价格双轨制同样弊病很多。以工补农、“三挂钩”措施（即粮食定购与专用资金、化肥、柴油供应挂钩）尽管有一定效果，但毕竟是用非市场化的措施来解决市场运行问题，矛盾只会日益突出，靠行政强制绝非长远之计。解决粮食收购价的关键把现行的合同定购变成真正的合同，而不再是变相的统购。依靠强大的国营粮食系统，价格补贴由补粮食流通部门转为补消费者，实行议购议销，是解决我国粮食产销问题的根本出路。石家庄道路和粮食议价道路是一个思路，即补贴由暗到明，由补流通环节到补消费者（企业），然后走向市场价格。实践证明，双轨制带来的价格信号紊乱，造成生产者无所适从，带来流通领域的投机，已经到了必须改造的时候。

粮食生产 粮食商品化 粮食价格

（王永治，《经济科学》，1988 年 01 期）

在粮食问题上，存在着三个层次的矛盾：第一层次是粮食自给性生产与商品性生产的矛盾；第二层次是国家计划合同定购、议购与集市自由买卖的矛盾；第三层次是粮食各方面需求之间的矛盾。第一层次的矛盾受制于粮食的生产水平，第二层次的矛盾受制于国家财力与城镇居民的承受能力；第三层次的矛盾受制于城镇居民口粮与工业用粮、粮食调出地区与调入地区的关系。这三个层次的矛盾与粮食价格有直接关系，可是粮食价格不是形成矛盾的唯一原因，而往往是矛盾的集中表现。因此，分析粮食问题要透过粮食价格，看到其背后错综复杂的情况，对症下药，以促进粮食生产，控制粮食需求，缓和粮食供需矛盾。应采取以下对策：在近年内应采取稳定粮食收购价的方针；计划合同定购的粮食基数宜稳定；价格形式宜简单；粮食合同定购中实行的“三挂钩”政策应逐步完善；对经济作物等农副产品的价格应加强管理。

价格改革与产权制度转换

（田源，《经济研究》，1988 年 02 期）

本文认为，价格改革的真正障碍不在于人们的主观认识，而在于现行经济体制本身，其直观表现就是企业缺乏对于生产资料价格上涨影响的承受能力和与之相伴的财政困难。生产资料价格改革之所以不能走出大的步子，实质上并不是企业承受能力问题，而是价格领域的改革迎面撞上了现行的产权制度。在我国价格改革过程中，对价格上涨的影响，国家要求企业的经营者和生产者通过努力在内部抵消，这实际上很难做到。因为对企业来说，用提高效率、降低消耗所获得的微小的收入增量消化投入品价格上涨损失，一则不可能，二则不愿意。由于企业缺乏承受能力，在总需求膨胀的条件下，销售状况好的企业往往靠涨价减少自身承受的压力，营业萧条的企业则向财政转嫁压力。基于以上观点，本文提出转换承受能力是我国价格改革成功的关键这一观点。但这种转换决不是一个狭义的财政问题，它的实质是从根本上改革现行产权经营制度和宏观资金流动循环机制，是公有制运行机制的根本性变革。在社会主义经济中，在保持公有资产制度的前提下，通过“模拟资本”，建立一种新的产权制度。新的产权制度应具有以下特征：统一的国有资产转换为多元的公有资产；创立众多的公有资产经营机构，即各种类型的资产经营公司；建立竞争性的资产经营市场；资产经营收益由各级政府和各个资产经营机构按照公共利益和需要分配。

控制需求　疏导货币　改革价格

（吴敬琏、李剑阁，《价格理论与实践》，1988 年 07 期）

在宏观经济问题上，就一直存在三种可能的选择：第一，在货币供应过量的条件下，用加强行政管理的办法制止物价上涨；第二，积极进行价格改革，但不改变扩张性的货币政策；第三，适当控制货币供应量，然后有步骤地推行价格改革。采取第一种方法“放开货币，管住价格”无论对于发展还是对于改革都十分不利。这样做，既妨碍了改革的推进，又无法制止价格的上涨。而在物价总水平上升的条件下，管住部分重要产品的价格，只能使比价关系进一步扭曲，从而导致资源的错误配置。在矛盾公开暴露出来之前，人们被既缺乏效率、又含有水分的增长速度迷惑，不能及时作出政策调整，就更加重了而后救治的困难。在多数人认识到价格改革既不能绕过、也不宜推迟以后，作出第二种选择的可能性会增大。但是，这是一种成功可能性很小的选择。因为在需求膨胀和待实现购买力大量积累的情况下，对价格作较大的调整和放开部分产品的价格，有可能引发严重的通货膨胀。事实证明，在价格管制难以维持时被迫放开价格，在价格上涨过快时又重新冻结物价，这种痉挛式的价格变动对经济的健康运行和资源的有效配置是最为有害的。许多国家有过这方面的教训，值得我们认真吸取。这样看来，西德、日本等国曾经行之有效的“管住货币、放开价格”的办法，是唯一可能获得成功的选择。

十年价格改革最主要的经验与教训

（张卓元，《中国物价》，1989 年 04 期）

我国价格改革，从 1979 年算起，到现在已经历了十年。十年来，我国在价格改革方面迈出了相当大胆的步伐，对整个社会经济运行产生了多方面的深刻的影响。当前，经济学界对十年价格改革的是非功过，见仁见智，评价不一。我们的看法归纳为：方向对头，成效显著，问题不少，难度加大。在此基础上，可以得出四条主要的经验和教训，分别是：第一，价格改革不是一般的价格调整，也不只是简单地把价格放开，而是整个价格模式的转换。第二，价格改革是整个经济体制改革中最困难的改革，要求的条件特别苛刻，不能靠短期闯关来解决。第三，价格模式转换是市场取向改革的关键，既不能绕开，也推迟不得。第四，价格模式转换、价格改革有其自身固有的规律性，要按这些客观规律办事。

价格改革的风险和出路

（洪银兴，《经济研究》，1989 年 09 期）

现阶段价格改革的起点已经不是 10 年前的那种传统的价格管理体制和价格体系了，而是经过 10 年改革形成的价格双轨制和以此为基础的价格体系。其特征是，不同种商品分别在计划轨和市场轨定价，同种商品也按一定的比例分别在计划轨和市场轨定价。这种在计划和市场双轨定价条件下的价格体系，既不是单纯的计划价格体系，也不是单纯的市场价格体系，而是计划价格和市场价格相交织的价格体系。

在双轨制条件下，每个生产者（企业）同时要同计划价和市场价发生比价关系，其中包括 5 种组合：（1）本企业产品的计划价和市场价的比价关系；（2）本企业产出的计划价和投入的市场价的比价关系；（3）本企业产出的市场价与投入的计划价的比价关系；（4）本企业产出的计划价和投入的计划价的比价关系；（5）本企业产出的市场价与投入的市场价的比价关系。这就进一步扩大了生产者的比较利益的范围。谁的产品计划价格比重大，谁就获低利，反之则获高利；谁得到的计划价投入多，谁就获高利，反之则获低利。

价格改革涉及两个方面：一是价格体系的改革，其目标是使价格体系反映价值比例，反映供求关系；二是定价制度的改革，其目标是由国家定价转向市场定价。这两个方面的改革紧密相联。价格体系能否合理化，最终取决于定价制度能否由国家定价转向市场定价。10 年来我国进行了多次使比价关系合理化的价格改革。当前的价格改革很有可能进入宏观的、中观的和微观的比价复归的误区。这是价格改革的一大风险。比价复归标志着价格改革的失败。

基于以上观点，本文认为，避开价格改革风险要依赖于整个经济运行机制的有序转换。只有当价格形成机制——企业经营机制——市场发育——宏观间接调控机制相互配套地运转时，价格改革的摩擦和风险才能降到最小的程度。

关于转换价格形成机制的几个问题

（马凯，《价格理论与实践》，1992 年 12 期）

价格改革包括价格体系的改革和价格管理体制的改革这两个基本方面，前者的直接任务是校正扭曲的价格结构，理顺价格关系，后者的直接任务是转换僵硬的价格形成机制，并建立与新的价格形成机制相适应的价格调控体系。转换价格形成机制是价格改革的核心，其原因是：第一，价格形成机制不合理，是我国价格结构长期严重扭曲的重要根源。第二，转换价格形成机制，是校正扭曲的价格结构，并使其经常趋向和保持相对合理的根本途径。第三，形成合理的价格形成机制，是价格改革的根本任务。要实现价格形成机制，就要实现价格决策主体的转换、价格形式的转换、价格形成途径的转换、价格形成机理的转换和价格调控方式的转换。在制定计划价格中，需要正确地确定价格构成中的成本，在合理成本的基础上正确地确定价格构成中的盈利，正确地确定价格高于或低于其直接基础的方向和幅度。要抓住有利时机，适当加快转换价格形成机制的步伐，适宜放开的价格要坚决，进一步减少政府定价的比重，扩大政府指导价的比重，探索建立和健全自动调价的机制。

我国收费体制改革思路研究

（张光远，《改革》，2000 年 04 期）

改革开放以后，随着城市经济体制改革的深入，中央政府放权让利，地方各级政府功能增长，各种政策收费、基金和附加日渐增多。收费规模的不断扩大，既为政府提供了重要财力来源，提供了经济发展所需资金，也为政府行为的非规范性和随意性提供了便利条件。本文提出由政府职能增长而生并不断扩大规模的收费，到目前已经发展到非常严重的程度，呈现出范围广、增长快、秩序乱、危害大等特点。作者认为收费规模不断扩大的根本原因在于收费管理体制和财政体制扭曲，其一，按需取费。在我国政府职能转轨时期，政府机关哪些行为可以收费，哪些行为不能收费缺乏统一明确的界限和科学合理的计费依据。其二，收支挂钩。长期以来，我国收费体制一直维持谁收费谁使用谁所有的权属关系，收费资金相当分散。其三，政出多门。其四，财政推动。财政部门是收费主管部门之一，它本应对规范收费行为有所建树，但实际的情况是财政政策对收费行为扩张起了推动作用。此外，本文还提出收费体制改革的主要思想和基本思路以及收费改革的条件、制约因素和配套措施。

关于资源价格改革的几点思考

（张远，《价格理论与实践》，2005 年 12 期）

党的十六届五中全会明确提出，要建立反映市场供求状况和资源稀缺程度的价格形成机制，更大程度地发挥市场在资源配置中的基础作用，提高资源配置效率。目前，资源短缺不仅对我国高能耗和高消耗的经济增长方式提出严峻挑战，而且成为制约我国经济可持续发展的瓶颈。完善资源价格形成机制，理顺各类资源价格关系，是促进资源节约的根本措施，也是贯彻科学发展观和转变增长方式的重要内容。本文认为，当前我国资源价格形式主要面临三方面问题。首先，资源紧缺凸显资源价格的重要性，随着资源价格问题日益突出，我国将面临高价资源带来的高成本增长时期。其次，国内资源价格不合理。一是资源类产品的价格偏低，不能反映资源类产品的稀缺价值。二是资源类产品之间的比价关系不合理。最后，缺失国际资源价格话语权。一方面作为大宗买家却被动接受卖家制定的价格；另一方面国内资源甚至是中国垄断性资源的出口价格仍然受制于国外的买家。对此，本文认为当前资源价格管理的总体思路是：按照建设节约型社会的要求，坚持市场配置资源与国家宏观调控相结合，在保证资源有效供给和不增加财政负担的前提下，充分考虑社会经济发展水平和人民群众承受能力，积极稳妥地推动资源价格改革，完善资源价格形成机制，更好地为经济发展和宏观调控服务。具体来讲分为：一、明确资源价格管理原则；

二、完善资源价格形成机制；三、探索资源价格管理的新途径。

我国能矿资源价格改革的经济学分析

（袁永德、冯根福，《财经理论与实践》，2007 年 01 期）

本文在对能矿资源社会最优开采模型分析后发现，我国能矿资源开发利用中存在政府失灵、行业垄断和外部成本问题，我国能矿资源开发价格构成体系存在严重缺陷。因此，应当完善我国能矿资源价格构成机制，妥善处理改革中的各种关系，推进我国能矿资源价格市场化改革。

改革开放以来我国价格改革的回顾与展望

（王振霞，《经济纵横》，2008 年 04 期）

本文在回顾改革开放以来我国价格改革历程的基础上，指出在新形势下价格改革面临的新问题，并提出解决这些问题的政策建议。价格是国家经济运行状况的综合反映，是不同经济主体之间利益分配的主要手段，是各种生产资料配置的基础工具，也是国家宏观调控的杠杆和社会稳定的政策载体。经济体制的完善与价格体制改革密不可分，价格改革的思路反映我国经济发展的总体指导思想。回顾改革开放以来我国价格改革的发展历程，找出当前价格改革存在的新问题，对进一步深化改革具有重要作用。本文认为，由于没有形成达到均衡价格的公平的市场环境，政府对垄断行业价格监管不到位，中央政府价格调控政策被层层弱化以及各级政府对现阶段价格形成过程中的新问题不重视等原因，现阶段我国价格改革面临竞争性产品的市场价格不完全反映供求状况和资源稀缺程度，对垄断行业产品价格的形成缺乏有效监管，价格改革没有完全覆盖生产资料领域，对市场价格形成有影响力的不同层次市场主体之间的行为目标不一致，导致对均衡价格的偏离问题没有引起合理的关注以及少数利益集团利用媒体等手段对居民造成虚假的通货膨胀预期，使某些产品价格不合理，偏离均衡价格问题的现象还没有得到足够重视等问题。针对以上问题，本文提出我国现阶段价格改革的新措施，包括价格改革的重点是如何纠正由政府主导的市场失灵；价格改革的重要手段是培育适合市场经济发展的微观主体，提供公平公开的市场竞争环境；价格改革的重点领域是要素市场价格改革和垄断行业价格改革；价格改革要伴随财政、货币、收入、福利等配套措施的改革；价格改革过程中要注意国际环境的新变化。

价格改革 30 年：回顾与思考

（温桂芳，《财贸经济》，2008 年 11 期）

本文首先回顾了中国价格改革 30 年的进程和成就，我国转变了价格形成机制，基本实现主要由市场形成的价格机制；建立了与社会主义市场经济体制相适应的价格管理体制，有力促进了经济及发展、对外开放和广大群众生活水平的提高。此外，关于价格改革的经验，一是以中国特色社会主义理论为指导，从中国的实际出发，坚持改革的市场取向，是改革取得成功的根本保证；二是解放思想、敢闯敢干、善于创新是价格改革顺利推进的强大动力；三是积极稳妥，认真探索，实行渐进式改革，是中国特色的价格改革成功之路；四是坚持以人为本，关注民生，妥善地协调和解决改革中的种种利益关系和矛盾，取得广大人民群众的理解和支持，是改革取得成功的动力所在；五是既坚持价格改革的关键地位，又做好同其他改革的协调配套工作，争取各方面的支持，使改革获得可靠的物质保障；六是加强价格管理和研究机构的建设，为价格改革顺利进行提供理论指导和组织保证。本文最后阐述在新时期深化价格改革的任务以及所面临的新环境、新情况和新问题，提出深化价格改革需要继续解放思想和勇于创新。

从要素价格改革入手推进经济发展方式转变

（谈琰，《商业经济》，2011 年 02 期）

本文认为，生产要素的价格扭曲，使我国产业结构畸形发展，不利于节能降耗和自主创新。以廉价生产要素投入的发展模式已不符合科学发展观要求，政府调整产业结构、推动经济发展方式转变，必须先理顺要素价格，正确处理好市场、企业和政府的主体功能作用、价格改革和抑制通胀，以及与财税制度改革的关系，及时推进要素价格改革，使我国经济由主要依靠增加生产要素投入向依靠科技进步、劳动者素质提高、管理创新的新型发展模式转变。推进过程中要统筹考虑价格改革的社会影响，采取循序渐进方式，做到成本低、震动小、效果好。

我国价格改革和价格理论发展简析

（蒋朝胜，《市场经济与价格》，2012 年 11 期）

改革开放以来，中央坚持把马克思主义基本原理与中国实践相结合，以价格改革为突破口，不断推进经济体制改革的进程；在理论上，及时总结数十年来经济、政治体制改革特别是价格改革的经验教训，并借鉴西方价格理论的合理思想，逐步构建、不断丰富和发展了中国特色的价格理论体系。本文就对中国价格改革和中国特色社会主义价格理论的形成进行简要概括和分析，并对进一步深化价格改革及丰富完善价格理论提出自己的思考和意见。

中国“价格改革”轨迹及其下一步

（王学庆，《改革》，2013 年 12 期）

我国价格改革大致可划分为“改革传统计划价格体制”（1977年4月至1992年初）和“创建和完善新的市场价格体制”（1992年初至今）两个时期。创建市场价格体制基本框架的工作到2000年大致已经完成，目前处在完善市场价格体制阶段。考虑到我国价格改革的进程和党的十八届三中全会对改革的要求，未来价格改革的重点是：解决政府定价的公平合理与公开透明问题；完善垄断性行业、公用事业、社会公共服务价格制定办法；推进资源价格改革；坚定不移地进行价格反垄断，尤其是对国有大型垄断企业的价格反垄断；改善CPI统计；建立符合我国利益要求的应对国际市场价格变动的体制机制。

全面深化价格改革的思路与对策

（马特，《宏观经济管理》，2014 年 11 期）

价格是市场机制的核心，是构建现代市场体系的重要内容，同时也事关群众的切身利益。进一步深化价格改革，尽快出台一批影响面广、时效性强、示范作用明显的具体措施，对于提振全社会改革信心，促进经济转型升级，具有十分重要的意义和作用。本文认为，当前价格领域中主要存在以下矛盾和问题。（一）缺少疏解成本差异和统一价格矛盾的有效方法。（二）短期干预措施和长效调控机制难以统筹兼顾。（三）价格政策间和相关部门间缺乏协同联动。（四）定价前成本公开和定价后持续监管机制缺失。针对以上问题，本文提出价格改革的总体思路。首先，应利用当前价格相对平稳时期，坚决放开竞争比较充分的商品和服务价格；借助行政审批制度改革的有利时机，大幅压缩行政事业收费和经营性收费范围。其次，结合电力体制改革和特高压电网、南水北调工程、陆上天然气管道以及海上LNG等重大项目建设，推动资源能源和环保价格改革。结合医药卫生、教育文化、社会服务改革，明确项目内涵，规范价格构成，清理整顿公共服务收费和公用事业价格。同时，开展与政府定价有关的制度规则修订工作，努力完善定价前、中、后全面监管的完备政策体系。最后，通过强化顶层设计和顶层推动，构建顺畅的跨部门、跨区域联合调控、衔接机制，争取用 3~5 年的时间，全面建立起反映资源能源稀缺程度和市场供求关系及环境损害成本的价格机制，市场价格秩序得到规范，市场价格信息公开透明，价格改革取得阶段性成功。

深化价格形成机制改革研究

（刘树杰，《中国物价》，2015 年 01 期）

经过多年的价格改革，我国绝大多数商品和服务的价格已完全由市场决定，政府监管价格的能力和绩效也有明显提升。但改革远未完成，价格形成中的政府“越位”与“缺位”并存局面依然存在，一些不该管的价格没有完全放开，该管的价格也没有完全管好。因此，本人认为必须紧紧围绕完善社会主义市场经济、实现国家治理体系与能力现代化的改革总目标，加快推进我国价格形成机制改革的进程。关于深化价格形成机制的基本思路，一方面，要促进竞争，让市场机制在价格形成中起决定性作用；另一方面，要完善价格监管职能与规则，引进先进的监管方法。此外，作者给出重点领域的价格改革思路，例如，资源性产品与环境价格改革、医药价格改革等。

促进竞争 完善监管
——深化价格形成机制改革的基本思路

（刘树杰，《价格理论与实践》，2015 年 10 期）

目前我国绝大多数商品和服务的价格已由市场决定，但价格形成中的政府“越位”与“缺位”并存局面依然存在。必须深化价格形成机制改革，使市场机制在价格形成中起决定性作用，实现政府价格监管的体系与能力现代化。因此，要促进竞争，使市场机制在价格形成中起决定性作用。市场化改革的核心，就是取消政府对价格的不当干预，使之由市场竞争形成。政府干预价格的基本条件是市场失灵。但市场失灵是多方面的，如自然垄断、外部性、公平分配、经济整体的稳定性等，适用于价格干预的，主要是自然垄断和外部性。自然垄断行业的竞争会导致高额的资产废弃（也称为“资产沉淀”或“资产沉没”），造成巨大的社会成本支出，因而适于独家经营。价格监管可直接规定垄断行业经营者的产品或服务的价格水平，使其通过垄断高价获取利益的空间受到限制，并可在一定程度上改变卖者由信息优势所形成的市场支配能力，改善消费者在市场交易中的地位，进而平衡卖者与买者间的利益关系。基于外部性的价格干预，主要存在于既要政府负责，又不宜免费供应的公益性服务领域。就我国现阶段而言，因市场失灵而需要政府干预价格的，主要是电力的输配、铁路运输、供水、供暖、公交及其他不宜免费供应的公益性产品和服务的价格。因此，在现有条件下，必须最大限度缩小政府定价范围，凡是已经形成有效竞争的行业，都要坚决放开价格。此外，还要完善监管，实现政府价格监管的体系与能力现代化。一是要合理定位价格监管的目标；二是要完善价格监管的规则；三是要建立职能完备、分工合理的监管组织体系；四是引入先进的监管方法。

深入推进价格改革　着力提升“放管服”水平
——十八大以来价格改革的回顾与展望

（许光建、丁悦玮，《价格理论与实践》，2017 年 05 期）

党的十八大以来，我国价格改革不断深化，取得了显著成效，市场决定价格的机制已经基本建立。政府定价和政府指导价范围大幅度缩减，97%的商品和服务价格已经由市场决定；能源、电信、医疗服务和药品等重点领域价格改革取得重大进展；价格监督检查和反垄断工作实绩斐然；政府管理价格的制度进一步健全。今后，要根据全面深化改革的总体要求，处理好政府和市场的关系，进一步健全完善政府管理价格的制度，实现依法管价，正确处理“放管服”的关系，加强市场价格监管和反垄断工作，发挥好价格政策在宏观经济调控中的作用，实现价格治理现代化。

沿着法治化轨道推进价格改革——《价格法》实施 20 周年回顾与思考

（韦大乐，《价格理论与实践》，2018 年 04 期）

《价格法》是社会主义市场经济条件下价格领域的基本法。本文首先梳理了价格法实施 20 年来，尤其是党的十八大以来取得的成果，包括顶层设计上价格改革不断推进，具体制度上中央和地方的价格法律法规规章制度不断完善，政府定价目录、权责清单、审批目录和收费目录相继修订并公布，放管结合下价格改革成果得到有力保障；但《价格法》毕竟颁布实施 20 余年，在调整范围和调整内容上都需要适应经济社会发展而进一步修改完善，依法治价仍然任重道远，为此，要加强法制建设系统规划，建立健全动态调整的目录清单制度，完善政府定价制度和市场监管职责，做好重大问题研究，提升价格法治工作能力。

关于深化城镇公用事业价格改革的几点思考

（王学庆，《价格理论与实践》，2020 年 03 期）

城镇公用事业直接关系社会公众利益和人民群众生活质量，是事关人民福祉的行业。首先，城镇公用事业价格改革的目标是建立科学、合理、规范的价格形成机制和价格管理机制。其次，通过梳理我国城镇公用事业价格改革进程，阐述党的十八大以来城镇公用事业价格改革取得的显著成效。最后，提出推进城镇公用事业价格改革的政策建议，包括进一步完善公用事业政府定价制度；严格监审定价成本；严格限制城镇公用企业经营范围；加快推进城镇公用事业价格改革步伐等。

中国油气价格改革的比较研究
——加快实现天然气价格市场化的政策设计

（张颙、何春蕾、杜波、董振宇，《天然气技术与经济》，2022 年 03 期）

本文认为，像欧美国家那样通过“气与气”竞争方式实现天然气价格市场化可能并不适用于中国，为此希望从中国油气价格改革的比较中找到加快实现天然气价格市场化的方法。研究结果表明：（1）工业和市场结构的相同或相近以及都具有较高的对外依存度，使得中国的石油和天然气价格改革两者具有诸多共性，都需要财政、税收政策相配合；（2）石油价格的改革方式是国内原油价格与国际市场接轨，以国际市场原油价格为基础制定国内成品油价格，在高油价时对国产原油征收特别收益金；（3）从长远看，将采取与理顺石油价格相同的方式理顺天然气价格，也就是要允许进口气至少要按到岸采购成本顺价销售以及国产气的销售价格与进口气接轨，但在现阶段采取国产气与进口气综合定价更符合中国的实际情况。要加快实现天然气价格市场化，需要采取与石油价格改革不同的政策设计，使上游供气企业在放开价格的情况下更愿意按照国产气与进口气综合定价的方式销售天然气，而不是按照国产气与进口气价格接轨的方式销售天然气，具体做法是：（1）对于拥有市场支配地位的上游供气企业采取收益监管，规定其国产气勘探开发的准许收益率和销售每立方米进口气的准许利润，如果年度实际收益超出了政府准许收益，超出部分以特别收益金的形式上缴国家财政；（2）对上游供气企业采用收益监管后除居民用气的门站价格执行政府指导价，其他用气的门站价格完全市场化，条件成熟后居民用气的门站价格也完全放开；（3）合理确定上游供气企业的准许收益以及建立健全上下游价格联动机制。

著作介绍

▼

《工农业产品价格剪刀差问题》

（李炳坤编著，农业出版社 1981 年出版）

本书是我国学术界出现的较早的一本系统性研究工农业产品价格剪刀差问题的专著。在书中作者辨析了剪刀差的概念及计算方法，论述了我国工农业产品价格剪刀差的历史和现状。对于我国存在剪刀差并有所扩大的原因，作者认为这既有工农业产品价值变化不同的因素，也有工农业产品价格不适应价值变化的因素。这些因素又是互相联系、相互影响的。所谓工农业产品价值变化不同，是因为农业劳动生产率的增长落后于工业劳动生产率的增长，劳动生产率的差异则是由于劳动者所占有的固定生产资料的差别及劳动者所受教育程度的差别造成的。作者认为，要解决剪刀差问题，可以通过加快提高农业劳动生产率、合理调整工农业产品价格及实行农工商综合经营等途径实现。

《论我国的价格改革》

（田军著，中国经济出版社 1985 年出版）

本书专注于中国自改革开放以来价格体系变革的研究，详细记录了中国从计划经济向市场经济转型过程中，价格改革所经历的重大阶段和关键决策，以及这些改革对经济发展和社会稳定的深远影响。通过历史的视角，回顾了价格双轨制的实施、商品和服务价格的放开，以及生产要素价格的改革等关键步骤，分析了价格改革对于激发市场活力、促进产业结构调整、提高资源配置效率等方面的积极作用，客观地指出了改革过程中遇到的问题，如通货膨胀压力、价格波动对低收入群体的影响，以及政府与市场在价格形成中的角色界定等。同时，本书对价格改革的未来趋势进行了探讨，特别关注了在全球化和数字化背景下，如何进一步完善价格机制，确保市场的公平竞争和有效运行。

《我国物价和货币问题研究》

（薛暮桥著，红旗出版社 1986 年出版）

本书提出价格体系改革需要进一步解决的问题是：农产品收购价格；生产资料价格特别是能源和原材料价格；缩小以至取消粮、油价格的购销倒挂；为发展服务性行业必须适当提高服务业的收费标准；住宅的房租等。本书认为要从全国和全体人民的利益出发，来制订价格政策和规定各类产品的价格。价格体系的改革是整个经济体制改革成败的关键。只有改革不合理的价格体系，才能正确评价企业的生产经营效果。调整和改革物价，必须慎重考虑各方面的承受能力，特别是国家财政的承受力。改革价格体系必须防止通货膨胀。为了避免通货膨胀，国家需要控制基本建设的规模和控制消费基金的增长。

《社会主义价格形成问题研究》

（谷书堂主编，中国社会科学出版社 1986 年出版）

本书对社会主义条件下价格形成的理论进行了一次较为系统的探讨。分为社会主义价格形成的基本理论：从商品价值 C 、V 、m 三个部分，分别阐述了它们在价格形成中的地位与作用，并在此基础上把供求的作用和经济体制对价格形成的作用分别进行了阐述。除工业以外，分别论述了农业、科技、建筑业、交通运输业、商业等几大部门的产品在价格形成方面的特点。并对现实存在的若干重要价格问题如按质论价问题，剪刀差问题，一物多价问题，价格补贴问题，价格总水平发展趋势问题等提出了新的见解。

《社会主义价格理论与价格改革》

（张卓元著，中国社会科学出版社 1987 年出版）

本书是中国改革开放后较早系统研究和论述中国价格改革问题的学术专著。首先，本书提出我国价格改革的目标，是建立市场价格体制，介绍了经济界和经济学界在关于价格改革的目标模式讨论中的三种意见，即主张以国家定价为主、以浮动价格为主、以自由价格即市场价格为主后，明确提出，“作为长远的目标模式，我倾向于第三种意见”（即以市场价格为主），并作出了系统的论证。其次，强调价格改革的重要性，不同意贬低价格改革重要性的观点。专门系统阐述“价格改革是经济体制改革成败的关键”，认为价格问题是改进管理体制的关键性环节，许多矛盾的焦点可能集中在价格上。再次，明确提出价格改革包含价格体系改革和价格管理体制改革两个方面，要着力通过价格体制改革来促进价格体系的合理化。最后，本书强调价格改革需要在比较宽松的经济环境下进行，以避免价格总水平失去控制。指出价格改革的难度就在于如何处理好理顺价格和稳定价格的关系，既要对现有不合理的比价和差价进行理顺，即对价格体系进行结构性调整；又要对物价总水平进行必要的控制，力争保持市场物价的基本稳定。此外，本书还对1978年至1986年中国价格调整和放开的工作进行了详细的、系统的论述。

《生产领域价格概论》

（胡昌暖主编，中国人民大学出版社1987年出版）

本书是我国第一部系统研究国民经济各生产部门产品价格形成的规律性以及价格的运用和管理的理论专著，将生产领域各类产品的价格作为一个体系进行探索，并根据各类产品各自的生产特点，分别研究了价格形成的规律性。对生产领域价格体系变动的规律性的分析是贯穿全书的一条主线。全书分别对农产品、矿产品、以不同产品为原料的工业品、新兴工业品的不同生产条件、生产特点、生产过程而形成各自不同的价格体系变动的规律性作了详细分析。所研究的产品几乎包括所有的生产部门，而且还深入分析了一些当时我国尚未涉及的问题，如专利转让价格的形成规律等。

《价格改革与价格管理》

（王振之 等编著，中国物资出版社 1987 年出版）

本书着重探讨价格体系变革及其管理实践，书中深入分析了价格改革的必要性、目标、实施过程以及改革对经济发展的深远影响，从理论和实证的角度，系统地阐述了价格在市场经济中的核心作用，以及如何在转型期经济体中实现价格的有效管理和调控。

本书回顾了价格改革的历史背景，包括计划经济体制下的价格固定和市场经济体制下的价格自由化。对价格改革的关键步骤，如价格双轨制的实施、商品和服务价格的放开，以及生产要素价格的改革等进行了详细讨论。同时，分析了价格改革过程中遇到的挑战，例如通货膨胀控制、市场与政府在价格形成中的角色界定，以及如何保护消费者权益等。

此外，本书重点探讨了价格管理的重要性，特别是在全球化和数字化背景下，如何通过有效的价格政策来促进公平竞争、保障市场稳定，以及提高资源配置效率。

《中国工农业产品价格剪刀差》

（严瑞珍、龚道广、周志祥、毕宝德著，

中国人民大学出版社 1988 年出版）

本书根据剪刀差的表现形式，即价格动态表现的剪刀差和以价格偏离加之所表现的剪刀差，提出了比价剪刀差和比值剪刀差的新概念。还对比值剪刀差进行定量分析。在分别评价各种剪刀差计算方法的基础上，推出了工农可比劳动力折合法及比值剪刀差动态变化相对于基期求值法。从而系统地解决了比值剪刀差的计算方法问题，这是对剪刀差研究的一大贡献。全书通过对 1952 年至 1986 年剪刀差变化的分析研究，揭示了影响剪刀差的两个经济因素：价格变动和劳动生产率的提高。明确提出较快地提高农产品价格虽不失为缩小剪刀差的一个重要途径，但消除剪刀差最根本的办法还在于实现农业现代化，大量转移农村劳动力，努力提高农业劳动生产率。因此在我国具体条件下，积极发展农外产业，实现农村各产业的平衡协调发展，是实现这一目标的战略性措施。本书还把剪刀差问题置于农村经济改革和发展过程中去探讨，从经济运行机制的内在联系中去把握剪刀差变化的行踪。还进一步探索了在我国消除剪刀差的具体途径。

《价值规律与价格改革探索》

（张维达著，吉林大学出版社 1988 年出版）

本书围绕价值规律和价格改革进行深入的探讨和研究，主要分为价值规律探讨、价值原理研究、价格改革探索等三个部分。

价值规律是商品经济的基本规律，决定了商品交换的比例和商品价格的形成。价格改革是中国经济体制改革的重要组成部分，旨在通过调整价格机制和价格结构，促进资源的合理配置和经济的持续发展。本书详细分析了价格改革的背景、目标和措施，并结合中国的实际情况，对价格改革的成效和存在的问题进行了客观的评价。

同时，本书还对相关的经济理论和实践进行了深入的探讨。例如，书中介绍了马克思主义的价值理论，分析了其与西方经济学中的价值理论的异同。同时，书中还探讨了价格机制在市场经济中的作用，以及政府在价格调控中的角色和职责。

《中国价格模式转换的理论与实践》

（张卓元主编，中国社会科学出版社 1990 年出版）

本书从理论与实践相结合的高度，全面系统地总结了我国十年来价格改革的成功经验与失误教训，对价格模式转换的起因、理论基础、目标、过程、方式、环境、前景、配套等诸多问题进行了深入的探讨。第一次把广义价格改革放在重要的位置上，认为广义价格改革是经济改革的中心任务。没有广义价格改革的成功，经济改革的成功，进而商品经济的发展是不可能的。全书较为深入地探讨了价格模式转换的生产力基础问题，认为价格形成机制、价格运行机制、价格管理体制以及价格总水平、价格体系或结构等，归根结底都是由生产力状况决定的。书中还提出这样的观点：价格问题的症结在粗放型经济发展模式上，而价格的出路在集约型发展模式上。价格改革的成功不仅取决于整个经济体制改革的完成，还取决于经济发展模式和经济结构模式的最终转换。对于如何处理好理顺价格和稳定物价的关系，本书认为物价总水平的基本稳定是顺利推进价格模式转换的条件。价格改革不能在紧缩环境里高通货膨胀的条件下进行。为此，必须为价格改革创造相对宽松的社会经济环境，坚决遏制通货膨胀。认识价格改革的真正难点和主要矛盾，有助于增强今后价格改革的自觉性，使价格改革更加健康地向前发展。

《价格——改革的难关》

（宋醒民、张家禄、李林茂 等编著，西南财经大学出版社 1991 年出版）

本书深度探讨了中国在价格改革过程中所面临的重重难关与挑战，不仅对价格改革进行了回顾，同时对改革过程中深层次矛盾和问题进行了全面剖析。

在计划经济向市场经济转轨的大背景下，价格体系的改革是势在必行。然而，改革并非一帆风顺，价格作为经济体系中的核心要素，其改革牵一发而动全身，涉及众多利益群体的调整，价格改革面临诸多困难。其中，体制机制束缚是一个重要方面。在计划经济时代，价格被行政力量主导，市场经济下的价格机制难以发挥作用。要打破这种束缚，需要进行全方位的体制改革，这无疑增加了改革的难度。此外，利益格局的调整也是价格改革面临的一大挑战。价格改革往往意味着利益的重新分配，这必然会触及一部分人的利益。如何平衡各方利益，确保改革的公平性和公正性，是改革过程中需要慎重考虑的问题。同时，价格改革的复杂性不仅仅体现在经济层面，还涉及社会、政治等多个方面。因此，在推进价格改革的过程中，需要综合考虑各种因素，制定科学合理的改革方案。尽管改革过程中会遇到各种困难和挑战，但只有通过改革，才能建立起符合市场经济要求的价格体系，推动中国经济的持续健康发展。

《价格机制论》

（穆鸿铎 等著，重庆出版社 1991 年出版）

本书深入探讨了价格在市场经济中的作用与影响，系统性地阐述了价格机制的基本原理，包括价格的形成、价格信号的功能，以及价格如何协调经济活动和指导资源配置。从微观经济学的角度出发，分析了供需关系、市场竞争、生产成本等因素如何共同作用于价格的决定过程。

书中不仅讨论了理想市场条件下的价格理论，也针对现实市场中的信息不对称、市场势力、政府干预等问题进行了深刻分析，并进一步探讨了价格失灵的情况，例如垄断、外部性和公共品问题，以及这些问题对社会福利的潜在影响。

此外，本书还关注了价格机制在不同经济体中的应用差异，比较了不同经济体制下价格机制的特点和效率。书中通过对历史和现代经济案例的研究，展示了价格改革和政策调整对于促进经济发展和提高市场效率的重要性。

《价格改革探索》

（杨鲁著，中国物价出版社 1992 年出版）

本书围绕中国价格改革的历程、理论、实践以及未来发展方向进行了全面而深入的探讨。改革开放以来，中国在价格领域进行了一系列重大改革，包括价格双轨制的逐步取消、市场价格机制的形成与完善等。

价格改革在社会主义市场经济体系中占有重要地位，在计划经济向市场经济转轨的过程中，传统的价格体系已经难以适应新的经济形势。价格改革的目的是建立符合市场经济要求的价格形成机制，使价格能够真实反映供求关系和资源稀缺程度，从而引导资源的合理配置和经济的高效运行。

本书对价格改革应遵循的基本原则进行了系统介绍，包括市场化原则、公平性原则、效率性原则等，同时提出了价格改革的策略和方法，包括逐步放开价格、完善价格调控机制、加强价格监管等。这些原则和策略为价格改革的实施提供了指导。

价格改革是经济发展的重要推动力之一，通过优化价格结构、提高价格效率，可以促进经济的稳定增长和产业升级。同时，经济发展也为价格改革提供了更广阔的空间和更高的要求。

本书的另一大特色在于兼顾了国内外价格改革方面的实践，通过中国及国际其他国家和地区价格改革的实践案例分析，总结经验，并对价格改革的未来发展方向进行展望，提出了进一步深化价格改革的建议和思考。

《从计划价格走向市场价格——价格体制转换的理论与实践探索》

（马凯著，中国物价出版社 1993 年出版）

本书收入的是作者在 1979 年下决心投身中国价格改革的伟大事业后所写的 29 篇文章。主要内容包括：价格改革的地位和作用、价格改革的目标与道路、价格改革的难点与对策、价格改革与通货膨胀、价格改革的回顾与展望、更新物价观念、国外考察借鉴七个部分。描绘了价格改革自 1979 年拉开序幕后，我国的价格管理经历的由过度集中的计划价格体制逐步走向社会主义市场价格体制的发展过程。

《价格工资螺旋的生成和演衍》

（戴园晨、诸建芳著，中国劳动出版社 1995 年出版）

本书从价格工资两个相互联系的独立经济范畴出发，从各个不同层面上探索价格工资螺旋运动的规律。首先，通过考察价格工资两者的独立运动，揭示价格工资的一般关系，对其特殊形式——价格工资螺旋展开了分析，探讨其生成、演衍的特殊条件及其运行机理。其次，阐述中国经济转轨时期价格工资螺旋，研究在这一特定时空条件下工资螺旋生成和运行机理的特点。又把价格工资螺旋运行置于经济系统之中，以考察价格工资螺旋运行与经济系统的交互作用，其中，特别考察了通货膨胀与价格工资螺旋的互动关系，把焦点转到价格工资螺旋本身的影响上。最后，本书介绍如何抑制价格工资螺旋问题。

《市场价格学新论》

（温桂芳著，中国物价出版社 1995 年出版）

本书总结研究了我国经济体制转换和价格改革中出现的价格理论问题和实际问题，同时吸收西方经济学中合理的价格理论，从建设中国社会主义市场经济体制出发，提出社会主义市场价格学的新框架和理论体系。全书从微观、宏观和广义三个层次，对社会主义市场经济中的价格形成、价格运动、价格关系、宏观价格、价格管理、通货膨胀、价格机制及其运用、宏观价格理论的发展以及相关的广义价格问题进行了探讨。

《论中国价格改革与物价问题》

（张卓元著，经济管理出版社 1995 年出版）

本书是作者近十年来的研究成果，内容主要包括中国价格改革，通货膨胀问题，价格理论等。针对中国经济体制改革，特别是价格改革中遇到的重大实际问题、理论问题和思想认识问题，进行了深入的探讨。全书系统地探索了价格改革的规律性，总结了价格改革的经验，并提出要素价格改革的观点：生产要素价格改革最主要的包括资本的价格即利率、劳动力的价格即工资、土地的价格即地租和地价、人民币对外汇的比率即汇价。按照发展社会主义市场经济的要求，它们都应该由市场形成和调节，以免最主要的市场信号失真，影响资源配置效率的提高。

《新价格模式的建立与市场发育的关系》

（张卓元主编，经济管理出版社 1996 年出版）

本书在对我国价格改革、价格模式转换和市场发育各自研究成果的基础上，着重从两者相互关系的角度，探讨总是走在经济体制改革前列的价格改革，如何受到其他改革相对滞后的影响，特别是新的符合社会主义市场经济发展要求的价格模式的建立，如何制约市场发育的状况。另外，也探究不断向前推进的价格改革，如何有力地推动着市场的发育，打破各种市场障碍，加速经济的市场化进程。为我国价格改革和市场体系建设，提供基本的背景判断和政策建议。

《中国农产品流通体制与价格制度》

（姚今观、纪良纲 等著，中国物价出版社 1995 年出版）

本书是对我国农产品流通体制与价格制度改革做出较为系统和详尽分析论述的学术著作。全书系统回顾和总结了从抗日战争前期到改革开放以后等不同历史时期我国农产品流通体制和价格制度的特点、经验与教训；并对粮食、棉花、主要经济作物、水产品、畜产品、蔬菜和水果等主要农产品流通体制和价格制度的现状、问题、发展趋势及改革的对策等方面进行了剖析与展望；本书还指明了我国农产品流通体制与价格制度进一步改革的总体思路并就市场经济条件下农产品价格运动规律、农产品流通主体结构、农产品价格支持政策等 10 个方面，提出了一整套改革设想和政策建议；最后，本书深入探讨了西方农产品流通体制与价格制度的一般理论、管理方法以及值得借鉴的做法和经验。

《价格改革探索与研究》

（关盛宏著，安徽人民出版社 1998 年出版）

本书系统梳理了中国价格改革的历程、现状和未来趋势。书中首先回顾了中国价格改革的历史演进，从计划经济时期的价格管制到市场经济条件下的价格放开，详细阐述了价格改革在中国经济转型中的重要作用。同时，该书还深入分析了价格改革的理论基础，包括价格形成机制、价格调控手段、价格与经济发展的关系等。在探索价格改革的实践方面，通过大量的案例分析和实证研究，深入剖析了价格改革在各行各业中的具体应用和成效。书中案例涵盖了能源、交通、农产品等多个领域，既有成功的经验，也有失败的教训，为后续价格改革推进提供了宝贵的实践借鉴。

《垄断性产业价格改革》

（刘树杰著，中国计划出版社 1999 出版）

本书聚焦于垄断行业价格政策与经济转型，深入探讨了垄断性产业中价格机制的特殊性，分析了在这类产业中进行价格改革的必要性、挑战以及可能的改革路径。作者从理论和实践两个层面，对垄断行业的市场结构、价格行为及其对社会福利的影响进行了系统的阐述。全书首先对垄断性产业的范围和特征进行界定，详细讨论了垄断力量如何导致资源配置效率低下和消费者福利损失。通过回顾历史上垄断行业价格管制的演变，以及不同国家和地区在推进垄断性产业价格改革方面的经验和教训，重点分析如何在确保行业健康发展的同时，引入竞争机制和市场化定价，以提高经济效率和促进消费者利益，并提出了一系列针对性的政策建议，包括政府监管的优化、反垄断法律的完善，以及激励相容的价格调控机制设计等。

《价格改革若干大事聚焦》

（成致平著，中国物价出版社 2002 年出版）

本书展示了改革开放后，我国有计划、渐进式、统筹兼顾各方利益和承受能力，成功地进行价格改革的若干大事。作者经历了价格改革的酝酿、起步、开展与深化的各个历程。全书以“记事本末”方式，按时间顺序，在书中详述了中央领导重视和领导价格改革工作的嘉言懿行，以及价格改革的重大决定的调研、议论经过，详述从 1978 年到 2001 年这二十多年来我国价格改革的经验。

《中国自然垄断经营产品管制价格形成机制研究》

（王俊豪 等著，中国经济出版社 2002 年出版）

本书的主要研究思路是针对自然垄断经营产品的技术经济特征，按照经济学原理，重视运用市场机制的作用，试图探索一种符合市场经济体制要求的自然垄断经营产品的管制价格形成机制。本书提出以下几个主要观点：一、充分发挥市场机制在自然垄断经营产品管制价格形成机制中的积极作用。二、建立有效的成本约束机制，促使企业自觉降低成本。三、构建科学的管制价格模型，提高价格管制的客观性和准确性。四、价格管制要以其他经济杠杆作为补充手段，以提高价格管制的公平性与应变性。五、建立自然垄断经营产品价格管制的立法、执法和社会监督体系，为自然垄断经营产品管制价格形成机制提供制度保证。

《经济转轨中的价格机制》

（张光远著，中国物价出版社 2002 年出版）

本书从国民经济和社会发展的全局出发，探索市场机制的运动机理，运用经济理论解释价格运动中出现的问题。较为详细地分析了我国古代自由放任的经济思想与国家管制的经济思想两种不同经济思想的斗争，阐述了西方宏观调控理论的演变。在总结我国价格管理思想和价格运动规律的基础上，分析了价格运动过程与现有经济理论的不协调性，提出了若干新的理论观点以解释价格运动中的新问题，如“消费共振”、“市场发育的两条道路”、收费理论和收费改革思想等。全书围绕在国家宏观调控下，建立市场价格机制这一主题，着重分析了在党的十一届三中全会以来，价格改革取得了辉煌成就以后，供给不足的“短缺”经济结束，需求不足的“买方市场”出现，以及我国加入世贸组织对价格管理提出的新挑战。讲述在经济形势和价格环境发生了重大变化的情况下，如何进一步深化价格改革以及价格改革应当达到的符合社会主义市场经济要求的终极目标。本书探讨了我国垄断产业的特点，提出了打破垄断的政策措施；分析了我国服务价格改革相对滞后的原因，论证了进行服务价格改革的理论基础，以及深化服务价格改革的总体思路。

《论价格总水平调控》

（许光健著，中国物价出版社 2003 年出版）

本书把价格理论和宏观调控理论结合起来，从宏观调控角度研究价格总水平。一方面对价格总水平的含义、度量、决定因素、变动效应等基础性问题作了逐一研究。另一方面对国内外价格总水平调控的目标选择、手段和方式进行了理论分析和比较研究，在此基础上构建了比较完整的价格总水平调控的理论体系，提出了社会主义市场经济条件下价格总水平调控的基本思路。全书对决定价格总水平的基本因素做出了多角度、多层次的研究，既运用论证了商品价值、货币价值与价格总水平之间的关系，又引入现代宏观经济理论分析了总供求与价格总水平之间的关系，从而全面论证了决定价格总水平的一般因素和具体因素的关系。此外，本书还对国内外不同的观点进行了评述，对不同国家、不同体制和不同历史时期的价格总水平调控实践进行了比较分析，在此基础上提出了新的见解，对某些传统流行观点作了应有的否定，对某些争议问题作出了回答。

《价格改革三十年（1977—2006）》

（成致平著，中国市场出版社 2006 年出版）

本书作者曾任国家物价局局长、党组书记，兼任国务院物价小组副组长，长期在政府部门从事价格工作，参与了价格改革的酝酿、创始、开展和深化的各个历程。在此期间，作者所见所闻和工作实践中亲自撰写的论述不下百万言。编纂成册，如实地反映了我国经济体制改革从发展商品经济到计划经济与市场调节相结合以及建设社会主义市场经济各个阶段有关价格改革的若干鲜为人知的史实；记载了价格改革重大决策中的嘉言懿行，同时也折射出作者个人在价格改革和相关改革内涵上的认知。

《中国价格改革三十年 1978—2008》

（彭森主编，中国市场出版社 2010 年出版）

本书分为综合篇、地方篇、专题篇三篇。综合篇主要是总结三十年价格改革的历程、成就和经验，并对此后进一步深化价格改革进行展望，作者除了中国价格协会课题组和国家发展改革委价格司外，都是改革开放头三十年国家物价部门和地方物价部门的负责人，是价格改革工作的实际推动者、组织指挥者和见证人。由于这些作者都是价格改革的实践者，经验丰富，资料完整翔实，具有很高的权威性。地方篇由全国主要省市物价部门和部门领导同志撰写，总结他们所在省市价格改革前三十年的历程、成效与经验，以及此后进一步深化价格改革的展望。专题篇包括农产品、粮食、化肥价格改革三十年总结，能源、石油、电力、水、交通运输、资源要素价格和环保等收费改革历程与经验，也有关于药品、住房、邮政电信价格改革的经验总结，还有关于市场价格监管、成本调查和成本监审、价格补贴和价格调节基金运作、价格水平变动的分析，以及关于中国特色社会主义价格理论的探索等，涉及价格改革的方方面面。

《中国价格改革研究》

（杨圣明著，中国社会科学出版社 2013 年出版）

本书全面而深入地研究了中国价格改革历程、内涵、影响及未来发展趋势，系统地梳理了自改革开放以来，中国价格体系所经历的一系列重大变革，从多个维度对价格改革的动因、过程、成效以及挑战进行了全面剖析。

本书详细回顾了中国价格改革的历史背景，阐述了在计划经济向市场经济转轨的过程中，价格改革如何逐步成为经济体制改革的核心内容。通过详细介绍价格双轨制的产生、发展及其逐步退出的历史过程，揭示价格改革在打破计划经济体制束缚、推动市场化进程中的关键作用。

此外，本书深入探讨了价格改革的内涵，包括价格形成机制的转变、价格结构的调整、价格调控方式的创新等方面。通过大量案例和数据，展示价格改革在促进资源优化配置、提高经济效率、改善民生等方面取得的显著成效。同时，也不回避价格改革过程中出现的问题和矛盾，对如何进一步完善价格机制、加强价格监管等提出了建设性的意见和建议。在全球化背景下，中国价格改革需要更加注重与国际市场的接轨，学习借鉴国际先进的价格管理理念和做法，以更好地适应经济全球化的发展趋势。

我国的价格改革在未来仍将面临诸多挑战和机遇。随着市场经济的深入发展和经济结构的持续优化，价格改革将更加注重发挥市场在资源配置中的决定性作用，更加注重保障和改善民生，更加注重促进经济高质量发展。同时，也需要更加注重防范和化解价格风险，确保价格总水平基本稳定，为经济社会的持续健康发展提供有力保障。

《城市燃气价格改革》

（景春梅、刘向东、刘满平、苗韧著，社会科学文献出版社2015年出版）

本书聚焦城市能源经济和公共政策领域，深入分析了城市燃气行业的价格体系，探讨了燃气价格改革的必要性、目标以及实施过程中的挑战与对策。从城市燃气供应的现状出发，阐述了价格机制对于保障能源安全、促进资源合理配置、激励行业效率提升的重要性。本书详细介绍了城市燃气价格形成的历史背景，包括政府定价向市场调节价转变的过程，以及在这一过程中如何平衡公共利益和企业利益、如何处理交叉补贴问题、如何确保低收入群体的能源可负担性等关键问题。同时，就如何建立和完善城市燃气价格的市场机制、提高价格透明度和监管效率提出了具体建议。通过对国内外城市燃气价格改革案例的比较分析，本书揭示了不同政策选择对燃气行业发展的影响，为政策制定者提供了宝贵的资料参考。

《〈中共中央国务院关于推进价格机制改革的若干意见〉学习读本》

（胡祖才主编，人民出版社2016年出版）

本书由国家发展和改革委员会编写，为了使广大干部群众深入学习《关于推进价格机制改革的若干意见》的精神。本书紧密围绕党中央、国务院的决策部署，从综合论述、重点领域价格机制改革、价格监管和反垄断三个部分深入分析价格机制改革，有助于广大干部群众及时、准确、全面、深入地学习和理解党中央提出的《关于推进价格机制改革的若干意见》的主要内容，做好价格机制改革的相关工作。

重要文献索引

▼

1978—1989年

政策文件

《中共中央、国务院批转〈全国物价工资会议纪要〉》，《劳动工作》，1979年01期。

《国务院关于严格控制物价、整顿议价的通知》，《中华人民共和国国务院公报》，1980年19期。

《粮食部、国家物价总局关于经营议价粮油有关问题的通知》，《中华人民共和国国务院公报》，1981年06期。

《全国供销合作总社、国家物价总局关于提高烤烟收购价格的通知》，《中华人民共和国国务院公报》，1981年11期。

《国务院关于坚决稳定市场物价的通知》，《中华人民共和国国务院公报》，1982年01期。

《国务院批转国家物价局等部门关于逐步放开小商品价格实行市场调节的报告的通知》，《中华人民共和国国务院公报》，1982年16期。

《国务院批转国家计委、国家经委等六个部门〈关于高价原油加工和分配试行办法〉的通知》，《山西省人民政府公报》，1983年04期。

《国务院批转轻工业部、国家物价局关于一九八三年烤烟生产、收购，价格安排意见的报告的通知》,《中华人民共和国国务院公报》, 1983 年 16 期。

《国务院批转国家物价局等部门关于进一步放开小商品价格的报告的通知》,《中华人民共和国国务院公报》，1983 年 20 期。

《国务院批转商业部关于做好蔬菜供应工作保持菜价基本稳定的报告的通知》,《中华人民共和国国务院公报》，1984 年 02 期。

《国务院关于加强物价管理和监督检查的通知》,《中华人民共和国国务院公报》，1985 年 09 期。

《国务院关于坚决制止抬价抢购农副产品的通知》,《山西省人民政府公报》，1987 年 12 期。

《国务院关于整顿市场秩序加强物价管理的通知》,《中华人民共和国国务院公报》，1987 年 22 期。

《国务院关于加强物价管理严格控制物价上涨的决定》,《山西省人民政府公报》，1988 年 12 期。

《国务院关于从严控制社会集团购买力的决定》,《中华人民共和国国务院公报》，1988 年 23 期。

《国家物价局、全国总工会、财政部关于加强职工物价监督检查工作的通知》，载国家发展改革委价格监督检查与反垄断局编,《价格行政执法法律文件汇编》，中国市场出版社，2011 年版，第 622—625 页。

《国务院批转煤炭工业部、财政部、中国人民银行关于全国统配、重点煤矿向用户增收维简费问题的报告的通知》，中国政府网，2018 年 4 月 17 日。

法律规章

《国务院关于开展和保护社会主义竞争的暂行规定》,《中华人民共和国国务院公报》，1980 年 16 期。

《国务院批转关于工业品生产资料市场管理暂行规定的通知》,《中华人民共和国国务院公报》，1981 年 18 期。

《物价管理暂行条例》,《中华人民共和国国务院公报》，1982 年 13 期。

《国务院关于制止乱涨生产资料价格的若干规定》,《中华人民共和国国务院公报》，1983 年 16 期。

《国务院关于发布〈加强生产资料价格管理制止乱涨价、乱收费的若干规定〉的通知》,《中华人民共和国国务院公报》，1987 年 12 期。

《重要生产资料和交通运输价格管理暂行规定》,《中华人民共和国国务院公报》，1988 年 01 期。

《计划外生产资料全国统一最高限价暂行管理办法》,《中华人民共和国国务院公报》，1988 年 01 期。

《中华人民共和国价格管理条例》，法律出版社，1988 年版。

《物价检查所工作暂行规定》，载国家发展改革委价格监督检查与反垄断局编,《价格行政执法法律文件汇编》，中国市场出版社，2011 年版，第 633—635 页。

《物价检查人员守则》，载国家发展改革委价格监督检查与反垄断局编,《价格行政执法法律文件汇编》，中国市场出版社，2011 年版，第 630 页。

报刊文章

纪正治,《社会主义计划价格形成的几个问题》,《经济研究》，1979 年 04 期。

李明治，《改革城市蔬菜价格管理办法的几点意见》，《商业研究》，1980年03期。

黄达，《试论物价的若干问题》，《中国社会科学》，1980年06期。

纪正治，《物价的基本稳定和合理调整》，《经济研究》，1980年07期。

季龙，《物价工作的回顾和价格改革的探讨》，《经济学动态》，1980年10期。

张纯音，《计划价格不能僵化》，《经济学动态》，1980年10期。

巢峰，《运用生产价格实行物价改革》，《学术月刊》，1980年11期。

薛暮桥，《关于调整物价和物价管理体制的改革》，《价格理论与实践》，1981年01期。

何建章、邝日安、张卓元，《经济体制改革要求以生产价格作为工业品订价的基础》，《中国社会科学》，1981年01期。

刘卓甫，《价格在国民经济中的地位和作用》，《价格理论与实践》，1981年01期。

王永治，《价格改革中一些问题看法的介绍》，《价格理论与实践》，1981年01期。

虞怀平，《对铁路工业产品订价中一些问题的看法》，《铁道运输与经济》，1981年01期。

刘卓甫，《价格工作中应当研究的几个问题——在中国价格学会成立大会上的讲话（摘要期）》，《财贸经济》，1981年01期。

过庚吉，《坚持控制物价、整顿议价的几个问题》，《价格理论与实践》，1981年02期。

戴园晨，《关于三种利润率的争论——社会主义商品价格形成和生产价格理论再探索之一》，《价格理论与实践》，1981年03期。

邝日安，《实行浮动价格形式的必然性和当前试行工作中的问题》，

《价格理论与实践》，1981年03期。

项镜泉，《应把稳定物价方针定为我国长远实行的国策》，《财政研究》，1981年05期。

何建章、张卓元，《计划·市场·价格》，《价格理论与实践》，1981年06期。

邓宦松，《论价格补贴的二重性与改革的途径》，《经济研究》，1981年10期。

吴敬琏、荣敬本、赵人伟，《外国经济学家对中国经济体制改革的评论》，《经济学动态》，1981年12期。

王振之，《近几年价格理论讨论中的若干问题》，《价格理论与实践》，1982年03期。

何建章、张卓元，《关于价格体制改革的一些设想》，《价格理论与实践》，1982年03期。

杨鲁，《理论价格测算工作的几个问题》，《价格理论与实践》，1982年03期。

童国儒，《计划价格问题的初步探讨》，《福建论坛》，1982年03期。

黄长巩，《合理的价格体系和计划价格的形成》，《价格理论与实践》，1982年03期。

嘉亮，《关于农副产品价格补贴基本性质的探讨》，《中央财政金融学院学报》，1982年04期。

艾中全，《合理价格和价格管理》，《价格理论与实践》，1982年04期。

黄长巩，《价格全面改革的道路探索》，《社会科学研究》，1982年04期。

成惠，《有关价格改革问题的一些论点》，《上海经济研究》，1982

年 06 期。

张留征，《试论农产品超购加价的改革》，《经济研究》，1982 年 06 期。

毛立本，《影子价格及其在投资项目评价中的应用》，《财贸经济》，1982 年 09 期。

罗彤，《浮动价格是物价结构改革的起点》，《商业研究》，1983 年 01 期。

尹可，《论计划价格为主和价格体制改革》，《财经科学》，1983 年 02 期。

惠林、张善民，《必须坚持一定范围的直接计划价格》，《价格理论与实践》，1983 年 02 期。

曹振良，《正确选择和运用同经济管理体制相适应的价格形式》，《价格理论与实践》，1983 年 02 期。

王振之，《建立更加完善的价格管理体制》，《价格理论与实践》，1983 年 02 期。

钟全道，《对指令性计划产品价格体制进行改革的看法》，《价格理论与实践》，1983 年 02 期。

焦维，《建立一个更加适合我国情况的价格体系——物价改革问题的探讨》，《财贸经济》，1983 年 03 期。

汪祥春，《价格体系的改革要有利于提高经济效益——再论价格改革问题》，《财经问题研究》，1983 年 03 期。

李更新，《改革价格体系的几个问题刍议》，《财贸经济》，1983 年 04 期。

何杰，《略论当前物价改革问题》，《学术研究》，1983 年 04 期。

吴俊扬，《当前的经济情况与价格体系的改革》，《经济研究》，

1983年05期。

马凯,《计划价格形成因素分析——兼论双渠计划价格的客观依据》,《中国社会科学》,1983年05期。

王振之,《关于生产资料价格的几个问题》,《中国物流与采购》,1983年10期。

楚探、章风,《当前经济体制改革方面需要着重研究的几个问题》,《经济学动态》,1983年12期。

乔荣章,《孙冶方关于我国价格改革的建议》,《价格理论与实践》,1984年01期。

孟广德、陈百学,《试论价格体系的改革》,《财经理论与实践》,1984年02期。

季龙,《改革轻工业产品价格工作的探讨》,《价格理论与实践》,1984年02期。

王振之,《价格改革的理论与实践》,《江淮论坛》,1984年05期。

戴园晨,《让价格回到交换去》,《价格理论与实践》,1984年06期。

邹至庄,《中国价格改革是提高效率的杠杆》,《价格理论与实践》,1984年06期。

赵兴汉,《改革农产品价格补贴的探讨》,《天津社会科学》,1984年06期。

张维迎,《价格体制改革是改革的中心环节》,《经济日报》,1984年9月29日。

楼继伟、周小川,《论我国价格体系改革方向及其有关的模型方法》,《经济研究》,1984年10期。

阮方确,《生产价格与价格改革》,《求实》,1984年12期。

戎昶，《简析同步改革》，《经济问题》，1984 年 12 期。

田纪云，《积极稳妥地搞好价格体系的改革》，《人民日报》，1985 年 1 月 8 日。

王振之、王永治，《供求平衡是理顺价格的重要标志》，《价格理论与实践》，1985 年 01 期。

薛暮桥，《调整价格和改革价格管理体制》，《经济研究》，1985 年 01 期。

欧阳锋、匡宝珠，《完善社会主义价格决策体系的探讨》，《财贸经济》，1985 年 01 期。

朱兴无，《价格改革是整个经济体制改革的关键》，《理论学刊》，1985 年 01 期。

罗隆渭，《价格改革是整个经济体制改革成败的关键》，《求实》，1985 年 02 期。

华生、蒋跃、何家成、高梁、张少杰，《论具有中国特色的价格改革道路》，《经济研究》，1985 年 02 期。

张卓元，《价格改革的理论基础与若干条件》，《价格理论与实践》，1985 年 03 期。

黄达，《价格改革和货币供给》，《价格理论与实践》，1985 年 06 期。

张维迎，《关于价格改革中以“放”为主的思路》，《经济研究参考资料》，1985 年 06 期。

谷书堂，《对价格体制改革与测算理论价格的看法》，《价格理论与实践》，1986 年 03 期。

张卓元，《价格改革要在控制物价总水平上升幅度的条件下进行》，《价格理论与实践》，1986 年 03 期。

路南，《能源产品和原材料价格偏低问题研究》，《价格理论与实践》，1986 年 03 期。

刘国光，《关于价格改革的目标模式问题》，《价格理论与实践》，1986 年 04 期。

杜丽慧，《生产资料价格改革若干理论问题座谈会综述》，《价格理论与实践》，1986 年 04 期。

王振之、乔刚，《价格改革的若干理论问题》，《价格理论与实践》，1986 年 06 期。

刘国光，《关于发展社会主义商品经济问题》，《中国社会科学》，1986 年 06 期。

刘国光，《下一步价格改革应从生产资料价格改革入手》，《物资经济研究》，1986 年 07 期。

马凯，《正确估计短缺经济条件下价格改革的地位和作用》，《价格理论与实践》，1987 年 02 期。

刘卓甫，《价格改革的回顾与思考》，《价格理论与实践》，1987 年 03 期。

谷书堂、赵兴汉，《推进价格改革需要考虑的几个问题——对价格改革实践的思考》，《价格理论与实践》，1987 年 03 期。

张二震、周振华，《论完善市场体系与改革价格体系的同步效应》，《价格理论与实践》，1987 年 04 期。

张卓元、吕福新，《从八年经济体制改革看价格改革的地位和作用》，《商业经济与管理》，1987 年 04 期。

乔刚，《"七五"时期价格改革方案的选择》，《价格理论与实践》，1987 年 04 期。

李晓西、宋则，《从双轨制到市场化——经济体制改革总思路的调整》,《财贸经济》，1987年12期。

张卓元,《消除通货膨胀，为价格改革创造良好环境》,《价格理论与实践》，1988年01期。

王永治,《粮食生产 粮食商品化 粮食价格》,《经济科学》，1988年01期。

鲁士海,《物价在上涨 工资怎么办——1987年工资与物价关系问题讨论综述》,《价格理论与实践》，1988年02期。

田源,《深化价格改革的若干问题》,《价格理论与实践》，1988年03期。

许光建,《论供求关系对价格的决定作用》,《经济科学》，1988年03期。

林重庚,《通货膨胀对价格改革的影响》,《价格理论与实践》，1988年03期。

张卓元,《价值规律与价格改革》,《求是》，1988年03期。

薛暮桥,《通货膨胀与物价上涨之关系》,《改革》，1988年04期。

刘国光,《正视通货膨胀问题》,《经济日报》，1988年4月5日。

吴长生,《新的观察点：城乡改革的汇合——国务院农研中心发展所副所长林毅夫谈物价改革》,《人民日报》，1988年6月29日。

乔刚,《理顺生产要素价格是深化价格改革的战略选择》,《价格理论与实践》，1988年07期。

吴敬琏、李剑阁,《控制需求 疏导货币 改革价格》,《价格理论与实践》，1988年07期。

高晓慧,《在通货膨胀的条件下如何进行价格改革——“国内外通货膨胀和物价问题”理论讨论会纪要》,《价格理论与实践》，1988年07期。

张卓元，《在通货膨胀条件下能否理顺价格关系》，《价格理论与实践》，1988 年 07 期。

文武汉，《两种价格改革理论的较量》，《价格理论与实践》，1988 年 08 期。

张文中，《我国石油价格改革问题探索》，《价格理论与实践》，1988 年 09 期。

戴园晨、黎汉明，《加紧控制工资增长》，《价格理论与实践》，1988 年 09 期。

侯若石，《从国外经验看我国的价格改革》，《人民日报》，1988 年 10 月 10 日。

李慧中，《我国相对价格改革的两重困境及出路》，《价格理论与实践》，1988 年 11 期。

韩志荣，《深化农产品价格改革的若干思考》，《价格理论与实践》，1988 年 12 期。

成致平，《中国价格改革十年》，《中国物价》，1989 年 01 期。

蒋家俊，《价格体制改革的回顾和深化改革的若干问题》，《价格理论与实践》，1989 年 02 期。

国家物价局物价研究所课题组，《十年价格改革》，《中国物价》，1989 年 02 期。

纪念十一届三中全会十周年价格理论讨论会会议秘书组，《〈纪念十一届三中全会十周年价格理论讨论会〉观点综述》，《中国物价》，1989 年 02 期。

陆百甫，《治理经济环境 推进价格改革》，《中国物价》，1989 年 03 期。

孙泉，《通货膨胀、经济增长与货币政策》，《中国物价》，1989 年

03 期。

谷书堂、赵兴汉,《十年价格改革的规律探求》,《价格理论与实践》, 1989 年 03 期。

周小川,《中国的价格改革。解决的和未解决的问题》,《经济社会体制比较》, 1989 年 03 期。

张卓元,《十年价格改革最主要的经验与教训》,《中国物价》, 1989 年 04 期。

马建堂,《治理通货膨胀政策研讨会观点综述》,《价格理论与实践》, 1989 年 05 期。

沙训教,《在治理整顿中加快实现生产资料双轨价格并轨》,《价格理论与实践》, 1989 年 09 期。

洪银兴,《价格改革的风险和出路》,《经济研究》, 1989 年 09 期。

温桂芳,《在治理整顿中适度推进价格改革——中国价格学会座谈会纪要》,《价格理论与实践》, 1989 年 12 期。

图书著作

李炳坤编著,《工农业产品价格剪刀差问题》, 农业出版社, 1981 年版。

田军著,《论我国的价格改革》, 中国经济出版社, 1985 年版。

薛暮桥著,《我国物价和货币问题研究》, 红旗出版社, 1986 年版。

谷书堂主编,《社会主义价格形成问题研究》, 中国社会科学出版社, 1986 年版。

张卓元著,《社会主义价格理论与价格改革》, 中国社会科学出版社, 1987 年版。

杨兴斌主编,《涉外价格和国际市场价格》, 中国人民大学出版社,

1987年版。

王振之等编著,《价格改革与价格管理》,中国物资出版社,1987年版。

严瑞珍、龚道广、周志祥、毕宝德著,《中国工农业产品价格剪刀差》,中国人民大学出版社,1988年版。

张维达著,《价值规律与价格改革探索》,吉林大学出版社,1988年版。

国家经济体制改革委员会综合规划司编,《中国改革大思路》,沈阳出版社,1988年版。

王振之、乔荣章编著,《中国价格改革的回顾与展望》,中国物资出版社,1988年版。

王维澄主编,《中国物价改革透视》,经济日报出版社,1988年版。

李愈茂、段求平主编,《艰难的探索——价格改革的理论实践》,轻工业出版社,1989年版。

李德隆主编,《绕不过的难关——中国十年价格改革答问录》,河北科学技术出版社,1989年版。

焦守裕、曲凤鸣主编,《中心城市价格改革研究》,黑龙江人民出版社,1989年版。

1990—1999年

政策文件

《财政部 国家计委关于公布第一批取消的收费项目的通知》,《江西省人民政府公报》,1993年23期。

《国务院关于开展全国物价大检查的通知》,《中华人民共和国国务院公报》，1994 年 04 期。

《国务院关于加强对居民基本生活必需品和服务价格监审的通知》，《中华人民共和国国务院公报》，1994 年 05 期。

《国家计委、建设部关于印发〈城市供水价格管理办法〉的通知》，《吉林省人民政府公报》，1998 年 20 期。

《国家计委关于完善药品价格政策改进药品价格管理的通知》，《中华人民共和国国务院公报》，1999 年 03 期。

《关于公布第三批取消的各种基金（资金、附加、收费）项目的通知》，《中华人民共和国国务院公报》，2000 年 09 期。

《国家计委、全国总工会关于进一步加强职工物价监督工作的通知》，载国家发展改革委价格监督检查与反垄断局编，《价格行政执法法律文件汇编》，中国市场出版社，2011 年版，第 609—611 页。

法律规章

《国家计委印发关于商品和服务实行明码标价的规定实施细则的通知》，《中华人民共和国国务院公报》，1994 年 07 期。

《价格违法行为行政处罚规定》，《中华人民共和国国务院公报》，1999 年 29 期。

《物价检查人员廉洁自律的若干规定》，载国家发展改革委价格监督检查与反垄断局编，《价格行政执法法律文件汇编》，中国市场出版社，2011 年版，第 613—614 页。

报刊文章

胡超平，《治理整顿与深化价格改革的讨论综述》，《价格理论与实践》，1990 年 03 期。

国家计委经济研究中心价格课题组,《十年价格改革的经验教训》,《中国物价》,1990 年 04 期。

戴园晨,《中国经济体制改革过程中的双重价格和灰色经济》,《中国物价》,1990 年 05 期。

蒋清海,《价格改革的回顾与展望——“八五”价格规划研讨会综述》,《价格理论与实践》,1990 年 06 期。

胡昌暖,《我国价格形成机制的目标模式——价格管理中的 1/10、1/3 和 1/2》,《中国物价》,1990 年 06 期。

何祚,《生产资料价格双轨制问题讨论综述》,《中国物价》,1990 年 06 期。

谢佑权、龙志奇,《粮食收购价格改革的近期选择和远期目标模式》,《价格理论与实践》,1990 年 08 期。

温桂芳,《总结经验 深化改革——全国农产品价格理论讨论会观点述要》,《价格理论与实践》,1990 年 08 期。

路南,《解决生产资料价格双轨制的途径》,《中国物价》,1990 年 08 期。

李晓西,《从生产资料价格改革所想到的》,《中国物价》,1990 年 08 期。

国家物价局物价研究所课题组,《逐步解决生产资料价格双轨问题的思路——关于“八五”期间生产资料价格双轨制问题的研究报告》,《中国物价》,1990 年 09 期。

马凯,《好中有难 稳步前进——对价格改革环境与时机的分析》,《中国物价》,1990 年 10 期。

中国社会科学院财贸所“价格改革”课题组,《生产资料价格双轨制向何处去》,《中国物价》,1990 年 10 期。

中国社会科学院财贸所“价格改革”课题组,《生产资料价格双轨制向何处去(续)》,《中国物价》,1990年11期。

杨鲁,《生产资料价格改革的几个问题》,《价格理论与实践》,1990年11期。

高尚全,《进一步研究计划经济与市场调节有机结合的问题》,《中国物价》,1991年01期。

张卓元,《价格改革要抓时机 现在是个时机》,《价格理论与实践》,1991年01期。

凌联平,《生产资料价格双轨制问题研讨会综述》,《价格理论与实践》,1991年01期。

张卓元,《在保持宏观经济稳定的前提下推进价格改革》,《价格理论与实践》,1991年02期。

乔刚、陈共炎,《关于价格改革思路的几个问题》,《经济研究》,1991年03期。

王赋,《工农剪刀差:“八五”不宜再大幅度缩小——关于剪刀差现状及“八五”的政策选择》,《中国物价》,1991年05期。

樊纲,《论生产资料价格改革》,《价格理论与实践》,1991年05期。

陈德尊,《关于90年代价格改革的几点理论思考》,《中国物价》,1991年06期。

杨启先,《关于我国价格改革的思考》,《中国物价》,1991年07期。

汪祥春,《计划与市场结合的优化与价格改革》,《中国物价》,1991年07期。

陈元春、毕蒙,《中国价格学会十二年价格改革经验讨论会会议纪要》,《中国物价》，1991 年 07 期。

凌联平、邵虹,《12 年价格改革及当前物价形势问题讨论综述》,《中国物价》，1991 年 07 期。

蔡继明,《土地的有偿使用与价格改革》,《价格理论与实践》，1991 年 08 期。

姜绍俊、李由鹏、黄永达,《能源工业品价格双轨制问题的探讨》,《中国物价》，1991 年 09 期。

李玉琳、宋光军,《中国粮食价格改革：回顾与展望》,《中国物价》，1991 年 09 期。

鲁晓龙、熊美华,《关于 1992 年粮价改革问题的讨论综述》,《中国物价》，1991 年 09 期。

杨鲁,《能源产品价格改革的特殊性和复杂性》,《价格理论与实践》，1991 年 11 期。

马凯,《我国价格改革历程中值得认真总结的一页——对治理整顿期间价格改革的回顾与思考》,《价格理论与实践》，1992 年 01 期。

张卓元,《推动以市场为取向的价格改革》,《价格理论与实践》，1992 年 05 期。

崔俊生,《粮食购销价格改革设想》,《中国物价》，1992 年 07 期。

李功豪,《积极稳妥地加快理顺价格体系》,《中国物价》，1992 年 09 期。

常修泽、邹东涛、宋立,《迈向市场的革命——从改革、开放、发展总体角度看九十年代的价格改革》,《价格理论与实践》，1992 年 10 期。

“价格改革与商品市场发育”课题组（李晓西）,《社会主义市场价格机制的若干认识问题》,《中国物价》，1992 年 10 期。

洪峰、张宇，《以市场经济为目标加快价格改革的步伐》，《中国物价》，1992 年 11 期。

马凯，《进一步深化农产品价格改革》，《中国物价》，1992 年 11 期。

马凯，《进一步深化农产品价格改革（下）》，《中国物价》，1992 年 12 期。

马凯，《关于转换价格形成机制的几个问题》，《价格理论与实践》，1992 年 12 期。

马凯，《关于建立社会主义市场价格体制的几个问题》，《财贸经济》，1993 年 01 期。

张念瑜，《关于联合产品的价值与价格问题》，《中国社会科学》，1993 年 02 期。

刘汉文，《如何从价格上把企业推向市场——中国价格学会企业定价座谈会综述》，《价格理论与实践》，1993 年 03 期。

梁凯、张秀芬，《生产资料价格改革与市场发育的回顾与思考》，《中国物价》，1993 年 04 期。

王永治，《价格改革为什么是市场发育和经济体制改革的关键》，《价格理论与实践》，1993 年 05 期。

路南，《谈深化价格改革的思路》，《价格理论与实践》，1993 年 07 期。

王洪秀，《价格改革经验的再认识》，《中国物价》，1993 年 09 期。

赵景贵，《统一开放的市场体系与深化价格改革》，《中国物价》，1994 年 01 期。

马凯，《积极推进生产要素价格改革》，《价格理论与实践》，1994 年 01 期。

伍梓梁，《改进医药商品价格管理的几点意见》，《价格理论与实践》，1994 年 05 期。

毕井泉,《改革石油价格管理体制促进石油工业发展》,《价格理论与实践》, 1994 年 07 期。

李晓西,《转轨过程中的结构性通货膨胀》,《经济研究》, 1994 年 10 期。

李功豪,《关于抑制通货膨胀的探讨》,《学术月刊》, 1995 年 04 期。

赵宏越,《进一步深化价格改革需要处理好的几个关系》,《中国物价》, 1995 年 06 期。

赵翔,《推进铁路价格改革 强化价格约束机制》,《价格理论与实践》, 1996 年 07 期。

文武汉,《我国经济转轨时期的物价问题与对策》,《经济研究参考》, 1996 年 08 期。

张桂文,《论价格改革与经济增长方式转变》,《价格理论与实践》, 1996 年 11 期。

刘助仁,《工农产品价格剪刀差问题研究综述》,《价格理论与实践》, 1997 年 04 期。

曹建军,《1997 年全国物价研究工作暨理论研讨会理论讨论综述》,《中国物价》, 1997 年 08 期。

梁佳聚,《我国原油价格运行机制改革探讨》,《中国物价》, 1997 年 10 期。

张卓元,《中国经济体制改革的总体回顾与展望》,《经济研究》, 1998 年 03 期。

于钦林,《城市公用事业价格改革问题初探》,《价格理论与实践》, 1998 年 04 期。

刘树杰,《中国价格改革的历程》,《中国物价》, 1998 年 04 期。

姚今观,《农产品价格改革促进农村经济繁荣——回顾农产品价格改革二十年》,《中国物价》，1998 年 11 期。

路南,《取得巨大成就的价格改革 20 年》,《中国物价》，1998 年 12 期。

成致平,《解放思想，实事求是是价格改革的致胜法宝——纪念党的十一届三中全会二十周年》,《价格理论与实践》，1998 年 12 期。

马凯,《中国价格改革 20 年的历史进程和基本经验》,《价格理论与实践》，1999 年 01 期。

姚今观、李建平、刘华光,《关于粮食保护价格问题的观点综述》,《价格理论与实践》，1999 年 08 期。

张光远,《世纪之交的价格改革——浅论新时期的价格改革》,《价格理论与实践》，1999 年 09 期。

图书著作

张卓元主编,《中国价格模式转换的理论与实践》，中国社会科学出版社，1990 年版。

段晓光主编,《经济改革必闯的险关——论中国的价格改革》，经济日报出版社，1991 年版。

穆鸿铎等著,《价格机制论》，重庆出版社，1991 年版。

宋醒民、张家禄、李林茂等编著,《价格——改革的难关》，西南财经大学出版社，1991 年版。

杨鲁著,《价格改革探索》，中国物价出版社，1992 年版。

张卓元主编,《中国生产资料价格改革》，经济科学出版社，1992 年版。

张宇、曹建军、段求平著,《市场化的价格改革》，陕西人民出版社，1992 年版。

曹玉书主编,《中国价格改革的理论与实践》，中国物价出版社，1992 年版。

马凯著,《从计划价格走向市场价格——价格体制转换的理论与实践探索》，中国物价出版社，1993 年版。

杨圣明、李军著,《价格双轨制的历史命运》，中国社会科学出版社，1993 年版。

支大林、孙立、郑宏宇著,《中国价格改革研究》，东北师范大学出版社，1994 年版。

戴园晨、诸建芳著,《价格工资螺旋的生成和演衍》，中国劳动出版社，1995 年版。

温桂芳著,《市场价格学新论》，中国物价出版社，1995 年版。

张卓元著,《论中国价格改革与物价问题》，经济管理出版社，1995 年版。

姚今观、纪良纲等著,《中国农产品流通体制与价格制度》，中国物价出版社，1995 年版。

成致平著,《中国物价五十年 1949—1998》，中国物价出版社，1996 年版。

张卓元主编,《新价格模式的建立与市场发育的关系》，经济管理出版社，1996 年版。

张军著,《“双轨制”经济学：中国的经济改革（1978—1992）》上海三联书店、上海人民出版社，1997 年版。

瞿国忠等著,《中国钢铁产品价格机制与价格战略》，冶金工业出版社，1997 年版。

童宛生主编,《中国商品期货价格形成理论与实证分析》，中国财政经济出版社，1997 年版。

关盛宏著，《价格改革探索与研究》，安徽人民出版社，1998 年版。

李慧中著，《中国价格改革的逻辑：1978—1998》，山西经济出版社，1998 年版。

刘树杰著，《垄断性产业价格改革》，中国计划出版社，1999 年版。

陆满平著，《价格水平上涨的微观内生机制》，中国物价出版社，1999 年版。

刘树杰主编，《垄断性产业价格改革》，中国计划出版社，1999 年版。

2000—2009 年

政策文件

《国务院关于整顿和规范市场经济秩序的决定》，中国政府网，2001 年 4 月 27 日。

《国家计委和国务院有关部门定价目录》，《中华人民共和国国务院公报》，2002 年 14 期。

《印发关于进一步整顿药品和医疗服务市场价格秩序的意见的通知》，国家发改委网站，2006 年 6 月 2 日。

《财政部 国家发展改革委关于公布取消和停止征收 100 项行政事业性收费项目的通知》，《中华人民共和国财政部文告》，2008 年 11 期。

《国务院关于实施成品油价格和税费改革的通知》，《辽宁省人民政府公报》，2009 年 01 期。

《发展改革委关于印发〈石油价格管理办法（试行）〉的通知》，《中华人民共和国国务院公报》，2009 年 23 期。

法律规章

《中华人民共和国价格法》，法律出版社，2002 年版。

《政府价格决策听证暂行办法》,《中华人民共和国国务院公报》，2002 年 14 期。

《政府制定价格行为规则（试行）》,《中华人民共和国国务院公报》，2002 年 25 期。

《价格监测规定》,《中华人民共和国国务院公报》，2003 年 27 期。

《制止价格垄断行为暂行规定》,《中华人民共和国国务院公报》，2003 年 31 期。

《非常时期落实价格干预措施和紧急措施暂行办法》,《中华人民共和国国务院公报》，2004 年 12 期。

《国家发展改革委、财政部关于印发〈行政事业性收费标准管理暂行办法〉的通知》，中国政府网，2006 年 4 月 13 日。

《取水许可和水资源费征收管理条例》,《中华人民共和国国务院公报》，2006 年 13 期。

《中华人民共和国反垄断法》，中国法制出版社，2007 年版。

《政府制定价格行为规则》,《中华人民共和国国务院公报》，2007 年 12 期。

《国家发展改革委关于对部分重要商品及服务实行临时价格干预措施的实施办法》,《中华人民共和国国务院公报》，2008 年 24 期。

《价格监督检查管辖规定》，载国家发展改革委价格监督检查与反垄断局编,《价格行政执法法律文件汇编》，中国市场出版社，2011 年版，第 574—575 页。

《关于商品和服务实行明码标价的规定》，载国家发展改革委价格监督检查与反垄断局编,《价格行政执法法律文件汇编》，中国市场出版社，2011 年版，第 266—269 页。

《禁止价格欺诈行为的规定》，载国家发展改革委价格监督检查与反垄断局编，《价格行政执法法律文件汇编》，中国市场出版社，2011 年版，第 263—266 页。

《价格违法行为行政处罚实施办法》，载国家发展改革委价格监督检查与反垄断局编，《价格行政执法法律文件汇编》，中国市场出版社，2011 年版，第 245—248 页。

报刊文章

张光远，《我国收费体制改革思路研究》，《改革》，2000 年 04 期。

黄细钦，《深化城市供水价格改革——深圳市城市供水价格研究》，《价格理论与实践》，2000 年 06 期。

汪洋，《引入竞争机制进一步深化药品和医疗服务价格改革》，《价格理论与实践》，2000 年 10 期。

杨纪镛、任相春，《我国石油、成品油价格改革历程与思考》，《中国物价》，2000 年 12 期。

张光远，《垄断行业价格改革试探》，《价格理论与实践》，2001 年 09 期。

国家计委市场与价格研究所、广州市物价局课题组，《大城市公用事业产品价格改革思路研究》，《中国物价》，2001 年 11 期。

刘日、杨玉芹，《攻破难点创新机制 积极推进“阶梯式水价”——任丘市城市供水价格改革调查》，《中国物价》，2002 年 09 期。

林国光，《药品价格体制与购销体制双市场化改革思路》，《福建论坛（经济社会版）》，2002 年 09 期。

高铁梅、刘玉红、王金明，《中国转轨时期物价波动的实证分析》，

《中国社会科学》，2003 年 06 期。

康自平、杜伟，《我国民航机票价格改革的思考》，《中国物价》，2003 年 09 期。

王秀模，《略论我国自然垄断行业价格改革的症结与出路——以电力、铁路行业为例》，《中国物价》，2004 年 10 期。

华生，《双轨制始末》，《中国改革》，2005 年 01 期。

中国价格协会联合课题组，《关于深化能源价格改革的若干重要问题研究》，《价格理论与实践》，2005 年 10 期。

张远，《关于资源价格改革的几点思考》，《价格理论与实践》，2005 年 12 期。

温桂芳、万昌明，《深化农业用水价格改革研究》，《价格理论与实践》，2006 年 02 期。

张立军、白庆华，《对我国医疗价格改革的思考》，《价格理论与实践》，2006 年 03 期。

国家发展改革委价格司，《资源性产品价格改革的基本思路》，《中国经贸导报》，2006 年 03 期。

叶雉鸠，《浅谈中国煤电价格改革的特殊地位和基本思路》，《中国物价》，2006 年 05 期。

王学庆，《资源与要素价格改革的基本思路（上）》，《中国物价》，2006 年 05 期。

王学庆，《资源与要素价格改革的基本思路（下）》，《中国物价》，2006 年 06 期。

黑龙江省物价局课题组（庞红星），《煤电价格联动政策对黑龙江省煤电产业影响的分析研究》，《学术交流》，2006 年 08 期。

季树忠，《对深化医药价格改革的几点思考》，《价格理论与实践》，

2006年10期。

高鹏程，《资源性产品价格改革与企业运营机制》，《价格理论与实践》，2006年12期。

王建中，《关于深化资源环境价格改革的若干思考》，《价格理论与实践》，2007年01期。

袁永德、冯根福，《我国能矿资源价格改革的经济学分析》，《财经理论与实践》，2007年01期。

赵留彦，《通货膨胀预期与粮食价格动态》，《经济科学》，2007年06期。

张卫东，《运用价格手段促进节能减排的实践与思考》，《价格理论与实践》，2007年08期。

卞彬、张德惠、李少华，《论我国医疗收费价格改革的困境与路径选择》，《价格理论与实践》，2007年11期。

李健斌、刘西、李林，《城市水价改革探析》，《中国物价》，2007年11期。

霍小丽，《我国天然气定价机制的建立与完善》，《中国物价》，2007年11期。

杨立人、邱仲琴、孙西宁，《积极疏导供水矛盾 适时推进水价改革——西安市城市供水价格改革的实践与思考》，《价格理论与实践》，2008年01期。

陈忠、邱仲琴、周玉敏，《关于推进两部制热价改革的思考——来自西安市的实践与总结》，《价格理论与实践》，2008年02期。

王振霞，《改革开放以来我国价格改革的回顾与展望》，《经济纵横》，2008年04期。

中国价格协会课题组（王永治），《解放思想 敢于变革 敢于创新——价格改革30年的回顾与展望》,《价格理论与实践》，2008年06期。

吕建中,《关于油价问题的几点认识——兼谈如何破解国内成品油价格改革难题》,《价格理论与实践》，2008年06期。

唐龙,《深化资源产品价格改革以促进经济发展方式转变》,《经济纵横》，2008年06期。

耿竹峰,《城市水价体系改革的途径探索——深圳市利用水价政策促进生态文明建设的实践与思考》,《价格理论与实践》，2008年08期。

邱名训,《深化公用事业价格改革的基本思路——以深圳市为例》,《价格理论与实践》，2008年08期。

刘辉,《市场化进程中城市公用事业定价模式的选择》,《价格理论与实践》，2008年08期。

华生,《价格改革破冰：三十年的关键起点》,《21世纪经济报道》，2008年9月15日。

王学庆、杨娟,《三十年价格体制改革的历程、成就与经验》,《中国物价》，2008年09期。

温桂芳,《认真总结经验 积极推进新时期的价格改革——价格改革30年回顾与展望》,《价格理论与实践》，2008年11期。

温桂芳,《价格改革30年：回顾与思考》,《财贸经济》，2008年11期。

张卓元,《中国价格改革三十年：成效、历程与展望》,《经济纵横》，2008年12期。

王永治,《敢于变革 敢于创新 推进价格改革深化——价格改革30年的回顾与展望》,《经济研究参考》，2008年50期。

樊纲,《要素价格体制改革与市场竞争的发展》,《全国商情》，

2009 年 01 期。

王双正，《当前扩大投资对价格总水平的影响分析》，《财贸经济》，2009 年 08 期。

黄卫国，《居民生活用水价格改革问题的思考》，《价格理论与实践》，2009 年 09 期。

李慧中，《稳定物价与构建和谐价格环境——基于新中国 60 年演进的分析》，《当代财经》，2009 年 11 期。

李永波，《对我国天然气定价机制改革的思考——兼论国外天然气价格管理模式的经验借鉴》，《价格理论与实践》，2009 年 12 期。

李京文，《破解资源价格改革》，《瞭望》，2009 年 18 期。

图书著作

王俊豪等著，《中国自然垄断经营产品管制价格形成机制研究》，中国经济出版社，2002 年版。

任俊生著，《中国公用产品价格管制》，经济管理出版社，2002 年版。

成致平著，《价格改革若干大事聚焦》，中国物价出版社，2002 年版。

张光远著，《经济转轨中的价格机制》，中国物价出版社，2002 年版。

汪洋主编，《价格改革二十年回顾与前瞻》，中国计划出版社，2002 年版。

许光健著，《论价格总水平调控》，中国物价出版社，2003 年版。

高晓慧，《中国住房价格机制研究》，中国物价出版社，2003 年版。

西气东输价格研究课题组编著，《天然气工业定价》，石油工业出版社，2003 年版。

王万山著，《软件产品价格机制研究》，中国财政经济出版社，2004 年版。

成致平著,《价格改革三十年(1977—2006)》，中国市场出版社，2006年版。

张维迎著,《价格、市场与企业家》，北京大学出版社，2006年版。

吴宝森著,《价格分析：思维与方法》，中国市场出版社，2006年版。

王志国著,《国民产品的价格模型方法》，中国经济出版社，2006年版。

张平主编,《资源价格改革：总体思路、推进战略与配套措施》，中国市场出版社，2006年版。

王国樑著,《天然气定价研究与实践》，石油工业出版社，2007年版。

周志斌著,《油气价格风险预警及调控机制研究》，石油工业出版社，2007年版。

周卫国主编,《江苏价格改革30年》，中国市场出版社，2008年版。

黄家晖主编,《浙江价格改革30年》，浙江人民出版社，2009年版。

2010年之后

政策文件

《国务院关于稳定消费价格总水平保障群众基本生活的通知》，中国政府网，2010年11月20日。

《关于完善石油价格接轨办法及调整成品油价格的通知》，国家能源局网站，2011年8月16日。

《国家发展改革委办公厅、中国消费者协会关于积极推进明码实价工作的通知》，载国家发展改革委价格监督检查与反垄断局编,《价格行政执法法律文件汇编》，中国市场出版社，2011年版，第353—356页。

《关于推进县级公立医院医药价格改革工作的通知》，国家发改委网站，2012 年 9 月 3 日。

《国家发展改革委关于进一步完善成品油价格形成机制的通知》，中国政府网，2013 年 3 月 27 日。

《国家发展改革委 住房城乡建设部关于加快建立完善城镇居民用水阶梯价格制度的指导意见》，中国政府网，2013 年 12 月 31 日。

《关于非公立医疗机构医疗服务实行市场调节价有关问题的通知》，国家发改委网站，2014 年 4 月 19 日。

《中共中央国务院关于推进价格机制改革的若干意见》，人民出版社，2015 年版。

《国家发展改革委关于加快新增医疗服务价格项目受理审核工作有关问题的通知》，国家发改委网站，2015 年 12 月 30 日。

《国务院批转国家计委关于改革化肥价格管理办法请示的通知》，中国政府网，2015 年 12 月 31 日。

《国家发展改革委关于进一步完善成品油价格形成机制有关问题的通知》，中国政府网，2016 年 1 月 13 日。

《国家发展改革委办公厅关于全面实行收费目录清单制度的通知》，中国政府网，2016 年 6 月 28 日。

《关于印发推进医疗服务价格改革意见的通知》，中国政府网，2016 年 7 月 6 日。

《国家发展改革委关于放开食盐价格有关事项的通知》，中国政府网，2016 年 10 月 9 日。

《交通运输部 发展改革委关于印发〈港口收费计费办法〉的通知》，《中华人民共和国国务院公报》，2016 年 10 期。

《国家发展改革委 财政部关于深化棉花目标价格改革的通知》，中国政府网，2017 年 3 月 17 日。

《关于扎实推进农业水价综合改革的通知》，中国政府网，2017 年 6 月 17 日。

《发展改革委公告〈行业协会价格行为指南〉》，中国政府网，2017 年 7 月 25 日。

《国家发展改革委关于全面深化价格机制改革的意见》，国家发改委网站，2017 年 11 月 10 日。

《政府定价的经营服务性收费目录清单》，国家发改委网站，2018 年 12 月 17 日。

《发展改革委关于创新和完善促进绿色发展价格机制的意见》，《中华人民共和国国务院公报》，2018 年 33 期。

《发展改革委关于印发〈价格认定复核办法〉的通知》，《中华人民共和国国务院公报》，2019 年 03 期。

《国家发展改革委关于进一步清理规范政府定价经营服务性收费的通知》，中国政府网，2019 年 5 月 5 日。

《国家发展改革委 财政部关于降低部分行政事业性收费标准的通知》，中国政府网，2019 年 5 月 24 日。

《中央定价目录》，《中华人民共和国国务院公报》，2020 年 15 期。

《国家发展改革委关于“十四五”时期深化价格机制改革行动方案的通知》，中国政府网，2021 年 5 月 18 日。

《关于进一步深化燃煤发电上网电价市场化改革的通知》，国家发改委网站，2021 年 10 月 11 日。

《国家医保局 国家卫生健康委 国家发展改革委 财政部 人力资源社会保障部 市场监管总局 国家中医药局 国家药监局关于印发〈深化医疗服务价格改革试点方案〉的通知》，中国政府网，2021 年 8 月 25 日。

《重要商品和服务价格指数行为管理办法（试行）》,《中华人民共和国国务院公报》，2021 年 22 期。

《市场监管总局 发展改革委 财政部 商务部 司法部关于印发〈公平竞争审查制度实施细则〉的通知》,《中华人民共和国国务院公报》，2021 年 25 期。

法律规章

《价格违法行为行政处罚规定（2010 版）》，中国法制出版社，2010 年版。

《反价格垄断规定》，载国家发展改革委价格监督检查与反垄断局编,《价格行政执法法律文件汇编》，中国市场出版社，2011 年版，第 274—280 页。

《中华人民共和国消费者权益保护法》，法律出版社，2013 年版。

《中华人民共和国反不正当竞争法》，法律出版社，2017 年版。

《政府制定价格行为规则》,《中华人民共和国国务院公报》，2017 年 34 期。

《中华人民共和国招标投标法》，法律出版社，2018 年版。

《政府制定价格成本监审办法》,《中华人民共和国国务院公报》，2018 年 04 期。

《禁止垄断协议暂行规定》，中国政府网，2019 年 6 月 26 日。

《禁止滥用市场支配地位行为暂行规定》,《中华人民共和国国务院公报》，2019 年 26 期。

《制止滥用行政权力排除、限制竞争行为暂行规定》,《中华人民共和国国务院公报》，2019 年 27 期。

报刊文章

胡宗义、刘亦文,《能源要素价格改革对宏观经济影响的CGE分析》,《经济评论》，2010 年 02 期。

杜丹清,《公用事业价格改革中的政府职能定位与政策研究——以城市管道天然气价格改革为例》,《价格理论与实践》，2010 年 06 期。

谈琰,《从要素价格改革入手推进经济发展方式转变》,《商业经济》，2011 年 02 期。

许光建、魏义方、戴李元、赵宇,《中国城市住房价格变动影响因素分析》,《经济理论与经济管理》，2010 年 08 期。

王洪涛、梁善涛,《推进我国资源性产品价格形成机制改革——基于可持续发展视角》,《中国物价》，2011 年 05 期。

周志伟、周志斌、周怡沛,《我国天然气市场变革与价格改革的思考——基于管道联网条件下的研究》,《价格理论与实践》，2011 年 08 期。

吴文庆,《我国资源环境价格改革的路径选择与配套措施研究》,《价格理论与实践》，2011 年 08 期。

刘来平,《我国物价“双轨制”的制度演变启示》,《中国物价》，2011 年 10 期。

齐桂珍,《“水、电、气”价格形成机制的中外比较与思考》,《中国物价》，2011 年 11 期。

贾康、孟艳,《物价稳定、货币流通速度与宏观调控愿景把握》,《改革》，2011 年 12 期。

孟致毅、欧李梅,《完善我国自然资源价格机制的思考》,《价格理论与实践》，2011 年 12 期。

陈林,《我国民航业国内运价改革问题研究》,《价格理论与实践》,

2012 年第 3 期。

周小梅,《我国城市管道燃气价格改革研究——基于民营化发展的思考》,《价格理论与实践》，2012 年 05 期。

郭丽岩,《当前推进资源性产品价格改革的思路与对策建议》,《中国物价》，2012 年 05 期。

张前荣,《当前深化资源价格形成机制改革的方向和建议》,《中国物价》，2012 年 05 期。

侯守礼,《关于我国能源价格改革问题的思考》,《价格理论与实践》，2012 年 06 期。

刘满平,《我国成品油价格形成机制改革演变过程、现状及建议》,《中外能源》，2012 年 09 期。

蒋朝胜,《我国价格改革和价格理论发展简析》,《市场经济与价格》，2012 年 11 期。

史丹,《当前能源价格改革的特点、难点与重点》,《价格理论与实践》，2013 年 01 期。

王双进、李顺毅,《粮食价格波动的成因及调控对策》,《经济纵横》，2013 年 02 期。

本刊编辑部（刘方、刘志成）,《“反垄断与我国经济发展和改革”学术研讨会综述》,《中国物价》，2013 年 08 期。

王小兵,《低碳经济发展面临的难题及对策——基于资源性产品价格改革的视角》,《价格理论与实践》，2013 年 10 期。

常修泽,《反垄断与我国经济和行政体制改革——“结构性破垄”与“反垄断”双线推进》,《中国物价》，2013 年 11 期。

常清,《正确认识价格改革的地位和作用》,《价格理论与实践》，2013 年 11 期。

王学庆,《中国“价格改革”轨迹及其下一步》,《改革》, 2013 年 12 期。

徐绍史,《以资源性产品为重点 全面深化价格改革》,《价格理论与实践》, 2014 年 01 期。

白玫,《深化能源价格改革：规律、目标与路径选择》,《价格理论与实践》, 2014 年 04 期。

王高玲、钱小慧,《深化我国医疗服务价格改革的思考》,《价格理论与实践》, 2014 年 05 期。

白竹兰、李宗显、袁大峰、任东,《陕西公路客运价格改革问题研究》,《中国物价》, 2014 年 05 期。

李建平、安乔治、忻红,《发挥市场决定性作用 进一步深化价格改革——中国价格协会高校价格理论与教学研究会第 30 次年会观点综述》,《价格理论与实践》, 2014 年 08 期。

牛国富、温文,《对我国输油管道运价制度改革的构想——基于铁路、电力价格改革的启示》,《价格理论与实践》, 2014 年 09 期。

包振宇,《对新形势下深化价格改革的几点认识》,《中国物价》, 2014 年 11 期。

马特,《全面深化价格改革的思路与对策》,《宏观经济管理》, 2014 年 11 期。

何勇健,《我国能源价格改革的战略取向与路径选择》,《价格理论与实践》, 2015 年 03 期。

常峰,《药品价格改革顶层设计与操作层面有机衔接的策略研究》,《价格理论与实践》, 2015 年 04 期。

胡奥林、董清,《中国天然气价格改革刍议》,《天然气工业》, 2015 年 04 期。

张卓元,《继续推进重点领域价格改革攻坚的指针》,《价格理论与实践》, 2015 年 10 期。

王卫平、胡平,《电商恶性价格竞争的成因与对策》,《现代管理科学》, 2015 年 12 期。

刘剑,《城市公立医院医疗服务价格改革的实践与思考——基于药品零差率销售背景》,《价格理论与实践》, 2016 年 02 期。

刘慧、薛凤蕊,《目标价格改革对棉花市场的影响研究——基于棉花市场主交易期内的国内外现货价格关联性分析》,《价格理论与实践》, 2016 年 04 期。

张前荣:《推进天然气定价机制改革的国际经验及政策建议》,《中国物价》, 2016 年 04 期。

张侃、耿纪东,《关于我国能源价格改革的思考》,《中国物价》, 2016 年 06 期。

贾洪波:《我国医疗服务价格制度变迁及其展望》,《价格理论与实践》, 2016 年 07 期。

王小兵、袁达,《供给侧改革背景下资源性产品价格机制的重构》,《价格理论与实践》, 2016 年 07 期。

安乔治、李建平,《供给侧结构改革与价格机制的完善——中国价格协会高校价格理论与教学研究会第 32 次年会观点综述》,《价格理论与实践》, 2016 年 07 期。

陈菲菲、石李陪、刘乐,《大豆目标价格补贴政策效果评析》,《中国物价》, 2016 年 08 期。

马超林,《公平视域下我国民用天然气价格市场化改革初探》,《价格理论与实践》, 2016 年 10 期。

许光建、丁悦玮,《深入推进价格改革　着力提升“放管服”水平——十八大以来价格改革的回顾与展望》,《价格理论与实践》，2017年05期。

孔伟艳,《我国大豆国际定价权的提升路径研究》,《价格理论与实践》，2017年07期。

朱凯,《加强竞争政策与产业政策协调助力供给侧结构性改革》,《中国价格监管与反垄断》，2017年09期。

郑新业,《全面推进能源价格市场化》,《价格理论与实践》，2017年12期。

赵全新,《深入推进价格领域“放管服”改革的思考》,《中国物价》，2018年04期。

郭娜、代雨晴、李建平,《新时代价格机制的完善与价格改革——中国价格协会高校价格理论与教学研究会第34次年会观点综述》,《价格理论与实践》，2018年10期。

胡祖才,《砥砺奋进 开拓创新 将价格改革进行到底——在价格改革四十周年研讨会上的主旨发言》,《价格理论与实践》，2018年12期。

张卓元,《中国价格改革目标的较早确立及其影响》,《价格理论与实践》，2018年12期。

田永,《中国减排定价机制的实践探究——纪念价格改革四十周年》,《价格理论与实践》，2018年12期。

彭森,《纪念价格改革40周年》,《价格理论与实践》，2018年12期。

王永治,《遵循价值规律 推进价格改革——纪念价格改革40周年》,《价格理论与实践》，2019年01期。

郭琎、王磊,《价格改革40周年研讨会综述》,《中国物价》，2019年01期。

侯瑜、孙晓倩、杨行健,《市场化背景下居民用电及其他生活消费的收入响应机制研究》,《中国物价》，2019 年 05 期。

郭娜、吴清萍、李建平,《价格理论创新与深化价格机制改革——中国价格协会高校价格理论与教学研究会第 35 次年会观点综述》,《价格理论与实践》，2019 年 09 期。

董洁、赵亮,《以煤改气为契机推动城市供热价格市场化改革》,《中国物价》，2020 年 01 期。

王学庆,《关于深化城镇公用事业价格改革的几点思考》,《价格理论与实践》，2020 年 03 期。

马原、张依彤、杨练,《四川省中医医疗服务项目价格改革现状与思考》,《卫生经济研究》，2020 年 09 期。

安乔治、李建平,《构建双循环新发展格局与重点领域价格改革——中国价格协会高校价格理论与教学研究会第 36 次年会观点综述》,《价格理论与实践》，2020 年 12 期。

张颙、何春蕾、杜波、董振宇,《中国油气价格改革的比较研究——加快实现天然气价格市场化的政策设计》,《天然气技术与经济》，2022 年 03 期。

图书著作

伍世安、吴朝阳、王万山等著,《中国大宗进口物资国际定价问题研究》，中国商务出版社，2010 年版。

彭森主编,《中国价格改革三十年 1978—2008》，中国市场出版社，2010 年版。

王振霞著,《中国可耗竭能源定价机制研究》，中国社会科学出版社，2012 年版。

李英等著,《输配电价理论与实务》，中国电力出版社，2012 年版。

张化中主编,《价格预测方法与案例分析》，中国市场出版社，2012年版。

杨圣明著,《中国价格改革研究》，中国社会科学出版社，2013年版。

洪隽著,《城市化进程中的公共产品价格管制研究》，武汉大学出版社，2013年版。

周学安、王正军主编,《森林资源资产价格评估理论与实务》，中国市场出版社，2013年版。

高培勇主编,《宏观经济、通货膨胀与价格改革——“宏观经济与价格改革”国际论坛论文集》，社会科学文献出版社，2013年版。

中共广东省委党史研究室编,《价格闯关史录：1978至1992年广东价格改革》，中共党史出版社，2014年版。

景春梅、刘向东、刘满平、苗韧著,《城市燃气价格改革》，社会科学文献出版社，2015年版。

唐代喜、龙均云著,《粮食价格效应与产业效益——基于粮食安全视域的新思考》，研究出版社，2015年版。

孙泽生、王淑云、孙便霞、李东玉著,《大宗商品市场定价格局与影响因素研究》，经济科学出版社，2015年版。

王建林著,《低碳约束下的中国电力价格改革研究》，中国社会科学出版社，2015年版。

张成思著,《中国通货膨胀动态形成机制的多重逻辑》，中国人民大学出版社，2016年版。

胡祖才主编,《〈中共中央国务院关于推进价格机制改革的若干意见〉学习读本》，人民出版社，2016年版。

倪红珍、王浩、李继峰、张春玲、赵晶著,《供水价格体系研究》，中国水利水电出版社，2016年版。

段治平、孙江永、徐伟著,《促进煤炭资源节约与高效利用价格政策研究》，经济科学出版社，2016 年版。

苏华著,《汽车市场反垄断研究（中国欧盟美国的比较）》，中国政法大学出版社，2017 年版。

林伯强编著,《中国能源价格改革》，科学出版社，2017 年版。

龙海雯著,《中国能源价格改革与绿色经济发展研究》，中国财政经济出版社，2020 年版。

国家市场监督管理总局反垄断局编,《中国反垄断执法年度报告（2019）》，法律出版社，2020 年版。

丛书编写组编著,《价格改革和保供稳价》，中国市场出版社、中国计划出版社，2020 年版。

龙少波著,《中国结构性通缩形成机制及调控体系研究》，中国社会科学出版社，2020 年版。

杨娟等著,《构建垄断环节现代化价格规制体系》，中国计划出版社，2020 年版。

国家市场监督管理总局反垄断局编,《中国反垄断执法年度报告（2020）》，法律出版社，2021 年版。

叶泽等著,《我国电价体系建设与电力发展战略转型研究》，科学出版社，2021 年版。

朱信凯、熊涛、田晓晖等著,《基于多尺度分析的中国生猪市场价格与补贴政策研究》，中国农业出版社，2021 年版。

刘伟著,《改革开放初期的价格改革》，人民出版社，2022 年版。

中国价格体制改革大事记

▼

1978年

12月18—22日，党的十一届三中全会召开，提出为了缩小工农业产品交换的差价，建议粮食统购价格从1979年夏粮上市的时候起提高20%，超购部分在这个基础上再加价15%，棉花、油料、糖料、畜产品、水产品、林产品等农副产品的收购价格也要分情况，逐步作相应的提高；农业机械、化肥、农药、农用塑料等农用工业品的出厂价格和销售价格，在降低成本的基础上，在1979年和1980年降低10%到15%，把降低成本的好处基本上给农民；农产品收购价格提高以后，一定要保证城市职工的生活水平不致下降。粮食销价一律不动；群众生活必需的其他农产品的销价，也要保持稳定；某些必须提价的，要给予消费者以适当补贴。

1979年

1月23日，国家物价总局发出《关于降低维棉布价格的通知》。

2月10日，国家物价总局、农林部、轻工业部联合发出《关于提高甘蔗、甜菜收购价格的通知》。

2月28日，国家物价总局、商业部发出《关于调整鸡蛋收购价格的通知》。

3月6日，国家物价总局、全国供销合作总社联合发出《关于提高棉花收购价格的通知》，对棉花收购价格作出具体安排。

3月26日，国家物价总局发出《关于1979年调整煤炭价格方案的复文》。

3月27日，商业部、国家物价总局联合发出《关于调整猪、牛、羊收购价格的通知》。

3月28日，全国工商行政管理局局长会议就农村集市贸易和城市农副产品市场确定管理方针：要正确贯彻执行管而不死、活而不乱的方针，保护正当交易，取缔非法活动，疏通流通渠道。切实保护农村集市贸易，纠正限制过多、管理过严的做法。城市开放农副产品市场的范围宜小不宜大，管理宜紧不宜松。

6月18日，五届全国人大二次会议通过《政府工作报告》，提出在保持物价基本稳定的前提下，对某些不合理的价格作必要的调整；同时切实加强物价管理。1979年，国务院决定较大幅度地提高粮、棉、油、猪等主要农副产品的收购价格，满足了8亿农民的多种愿望。农副产品收购价格提高以后，粮食、食油在城镇的销售价格不动，有些农副产品的销售价格要作适当调整。

6月21日，余秋里在五届全国人大二次会议上作出《关于1979年国民经济计划草案》的报告，指出从1979年夏粮上市时起，把粮食的统购价格提高20%；超购部分，在这个基础上再加价50%。棉花、油料、猪等农副产品的收购价格也要相应提高。18种主要农副产品的收购价格，平均提高24.8%；1979年农产品提价总金额计划为65亿元。

7月14日，四机部、国家物价总局联合发出《关于电子产品试行幅度价的通知》。

7月28日—8月9日，国务院召开全国物价工资会议，总结1979年以来农产品收购价格和煤炭出厂价的调整情况；提出要区别不同情况，合理安排好市场销售价格的意见；指出在提高主要副食品销价的同时给职工副食品价格补贴等。

8月29日，林业部、国家物价总局联合发出《关于调整木材收购和出厂价格的通知》。

8月31日，国家物资总局、国家物价总局联合发出《关于调整南方木材供销价格的通知》。

9月28日，国家物价总局、商业部、国家水产总局联合发出《关于提高猪肉、牛肉、羊肉、水产品、鲜蛋等销售价格的通知》，决定粮油价一律不动，肉、禽、蛋、鱼、奶等副食品销价相应提高，同时发给职工适当的副食品价格补贴。

12月30日，国家物价总局、财政部、冶金部联合发出《关于调整生铁、焦炭出厂价格的通知》。

1980年

1月4—23日，国家物价总局召开全国物价会议，明确1980年要千方百计保持物价的基本稳定。农产品价格、原材料价格要严格控制，人民生活必需品的价格一般不作变动。

3月14日，粮食部制定《关于粮食和食用油脂油料议价议销试行办法》，指出粮油议购议销是统购统销的补充，是计划调节与市场调节相结合、以计划调节为主的社会主义统一市场的组成部分。

3月10—25日，商业部召开全国商业局长座谈会，提出确保市场物价基本稳定的八项措施。

8月30日，王丙乾作出《关于1979年国家决算、1980年国家预算草案和1981年国家概算的报告》，指出国家财政用于提高13种主要农副产品的收购价格和对粮、棉、油的超购加价的补贴，当年达到78亿元，比预算超过13亿元。

10月10日，国务院常务会议通过《关于开展和保护社会主义竞争的暂行规定》，指出开展竞争必须对不合理的价格逐步进行必要的调整。国家指定的一部分产品，其价格允许在规定的幅度内上下浮动。

12月7日，国务院发出《关于严格控制物价、整顿议价的通知》。

1981年

1月21日，国家物价总局向中国人民银行总行发文函告，认为1980年12月4日所发的《关于出口旅游产品所需金银按国际市场牌价购买的通知》，不符合《中共中央、国务院批转〈全国物价工资会议纪要〉的通知》，与《关于严格控制物价、整顿议价的通知》相抵触，建议停止执行，要求1981年供应金银仍按1980年的办法与价格执行。

3月8日，《中共中央、国务院关于保护森林发展林业若干问题的决定》中，对木材价格管理作出具体的规定。

3月20日，粮食部、国家物价总局联合发出《关于经营议价粮油有关问题的通知》。

4月22日，全国供销合作总社、国家物价总局联合发出《关于提高烤烟收购价格的通知》。

6月1日，国家物价总局发出《关于六种钢材地方可以实行临时定价的通知》。

7月30日，国家物价总局等八个单位发出《关于试行农副产品议购议销价格暂时管理办法（草案）》。

8月8日，国务院批转国家计委、国家经委、工商行政管理总局、国家物资总局制定的《关于工业品生产资料市场管理暂行规定》，规定经营单位对进入市场的工业品生产资料，必须严格执行国家有关价格和税收的规定。

10月12日，国务院发出《关于调整涤棉布和烟酒价格的通知》，决定从1981年11月中旬起适当降低涤棉布的价格，同时提高烟、酒的价格。

10月24日，国家物价总局发出《关于调整烟酒销售价格的通知》。

12月13日，五届全国人大四次会议通过《中华人民共和国经济合同法》，其中第17条规定，产品的价格，按照各级物价主管部门规定的价格（包括国家定价、浮动价）签订。政策上允许议价的，价格由当事人协商议定。执行国家定价的，在合同规定的交付期限内国家价格调整时，按交付时的价格计价。

1982年

1月8日，国务院发出《关于坚决稳定市场物价的通知》。

3月29日，国务院同意国家物价总局和国家旅游总局《关于调整外国自费旅行者综合服务收费标准的请示》。

4月1日，国务院颁布《关于实行粮食征购、销售、调拨包干一定三年的通知》，决定对除西藏、新疆以外的各省、自治区、市实行粮食征购、销售、调拨包干一定三年的办法。

5月4日，五届全国人大常委会第二十三次会议通过《关于1982年国家预算执行情况和1983年国家预算草案的报告》，指出从1979年到1981年我国共计拿出1400多亿元，用于提高农副产品收购价格，减轻农村税收负担，安排城镇待业青年就业，增加职工工资，对部分农业生产资料和人民生活基本必需品实行价格补贴等。

5 月 17 日，国务院批转《商业部关于改进油菜籽收购办法的报告的通知》，指出从 1983 年夏收开始，国家收购油菜籽一律改为 40%按统购价，60%按超购价结算付款。

6 月 5 日，商业部、财政部共同制定《超购粮油加价管理办法》，规定各地区、各部门未经国务院批准，不得自行调减粮油征购基数，扩大加价范围，提高加价幅度。粮油超购加价的幅度必须执行国家的统一规定，即按统购价格加价 50%。

6 月 19 日，国务院批转轻工业部等五单位《关于控制卷烟生产和调整部分不合理品种比价问题的报告》。

8 月 6 日，国务院发布《关于物价管理暂行条例的通知》，指出《物价管理暂行条例》是物价工作的重要法规，对正确执行国家物价的方针、政策和规定，提高物价工作的管理水平，严肃物价纪律，都有重要意义。

8 月 19—24 日，五届全国人大常委会第二十四次会议通过《关于 1981 年国家决算的报告》，指出 1981 年国家用于各种价格补贴的支出，共达 320 多亿元，其中，直接由国家财政拨付的粮、棉、油价格补贴和超购加价款，共达 163.09 亿元。

8 月 25 日，国家物价总局发出通知，指出根据《全国人大常务委员会关于批准国务院直属机构改革实施方案的决议》，国家物价总局更名为国家物价局。

9 月 16 日，国务院批转国家物价局等部门《关于逐步放开小商品价格实行市场调节的报告》。

9 月 21 日，国务院批转轻工业部、国家物价局《关于 1983 年烤烟生产收购、价格安排意见的报告》。

10 月 9 日，国务院批转商业部、国家物价局、财政部《关于取消农业用柴油价格补贴问题的报告》，提出从1982年11月1日起，取消农业生产用柴油价格补贴，按市场牌价供应。

12月31日，中共中央、国务院发出《关于降低化学纤维织品价格和提高绵纺织品价格的通知》。

1983年

1月9日，国务院同意煤炭部、财政部、中国人民银行《关于全国统配、重点煤矿向用户增收维简费问题的报告》，决定自1983年1月1日起，全国统配、重点煤矿和煤炭系统的洗煤厂对外销售的煤炭一律在现行价格之外，每吨原煤加收2元，洗精煤加收4元，经过洗选的块煤加收3元，其他洗、选煤加收2元，非统配、非重点煤矿不实行本办法。

1月24日，国务院批转国家计委等六单位《关于高价原油加工和分配试行办法》，决定从1983年3月1日起，对以出口转内销的高价原油加工的成品油，按国际价格在国内销售。

2月5日，国务院发布《城乡集市贸易管理办法》，指出农民在完成国家统购、超购、派购任务的前提下，可以从事允许上市的农副产品的贩卖活动。

3月19日，国务院物价小组正式成立，张劲夫任组长，宋劭文任副组长，主要任务是研究物价改革的长期规划；提出生产和流通部门价格调整的建议；组织协商价格调整方案的执行。

5月3日，国务院批准国家计委、国家物价局《关于计划外进口化肥实行高进高出的意见》。

7月26日，国务院发布《关于制止乱涨生产资料价格的若干规定》，对制止乱涨生产资料价格的政策界限作出九项具体规定。

9月1日，国务院同意国家物价局、轻工业部、商业部、国家医药管理局《关于进一步放开小商品价格的报告》，决定对8类350种小商品，在国家政策指导下，实行市场调节。

9月29日，国务院批转商业部《关于调整农副产品购销政策组织多渠道经营的报告》。

1984年

1月10日，国务院发出通知，批转商业部《关于做好蔬菜供应工作保持菜价基本稳定的报告》，要求各省、市、自治区和城市工矿区要保证蔬菜主要品种的正常供应和零售价格的基本稳定。要以计划经济为主，发挥国营蔬菜公司的主渠道作用，实行“大管小活”。

1月23日，国务院颁布《工矿产品购销合同条例》和《农副产品购销合同条例》。

2月25日，国务院下发《关于合作商业组织和个人贩运农副产品若干问题的规定》，允许贩运的农副产品的价格，在国家政策法令允许的范围内，由购销双方协商，随行就市，有升有降。

3月1日，中共中央、国务院转发农牧渔业部《关于开创社队企业新局面的报告》，提出社队企业要严格执行国家的价格政策，接受物价管理部门的管理和监督。允许议购议销的农副产品，可按议价购销；凡是国家提供原材料所生产的产品，要执行国家规定的价格；议价购进原材料和燃料所生产的产品，允许高来高去、低来低去，或在一定范围内实行浮动价格。

3月13日，国家物价局发出《关于中外合资和合作经营饭店房费、餐费管理方面的通知》。

4月18日，国家物价局印发《关于改进几种进口商品国内作价办法的报告》。

5月10日，国家物价局、商业部、国家外汇管理局发出《关于利用周转外汇汇差试行贴补价格问题的批复》。

同日，国务院发布《关于进一步扩大国营工业企业自主权的暂行规定》。商业部、国家物价局下达《纯棉和涤纶混纺布、色织布销售价格实行浮动的试行办法》。

5月16日，王丙乾在六届全国人大二次会议作出《关于1983年国家决算和1984年国家预算草案的报告》，指出1983年的财政赤字比预算所列的赤字30亿元增加13.46亿元，主要原因是国家多收购粮食445亿斤，多收购棉花2202万担，相应地多支付超购加价款34.7亿元。由于收购量增加，价格补贴也相应地增加，扩大了财政收支差额。

5月30日，国务院发出《关于降低高价柴油、原油价格的通知》。

6月25日，商业部、国家物价局发出《关于改革农村供销社价格管理试行办法》，指出要在计划经济为主、市场调节为辅和保持市场物价基本稳定的原则下，扩大供销社价格管理权，利用价值规律，发展农村商品经济。

7月19日，国务院批转国家体改委、商业部、农牧渔业部《关于进一步做好农村商品流通工作的报告》。

9月3日，田纪云在全国食品工业会议上发言，宣布在完成国家下达的粮食征购任务之后，农民继续要求出售余粮的，按照超购加价的办法继续收购；已实行“倒三七”比例计价的，可按比例价继续收购。

10月5日，商业部、国家物价局发出《关于改革日用工业品批发作价办法的若干暂行规定》《关于城市零售商业物价管理的若干暂行规定》。

10月6日，经国务院批准，国家物价局发出《关于全部放开小商品价格的通知》。

10月20日，党的十二届三中全会通过《中共中央关于经济体制改革的决定》，指出社会主义经济是在公有制基础上的有计划的商品经济。价格是最有效的调节手段，合理的价格是保证国民经济活而不乱的重要条件，价格体系的改革是整个经济体制改革成败的关键；要建立合理的价格体系，建立自觉运用价值规律的计划体制，充分重视经济杠杆的作用。

11月25—30日，中国价格学会第三次价格理论讨论会召开，对于如何改革现行价格管理体制，应采取何种价格改革目标模式，与会者提出三种意见：第一种，国家统一定价、浮动价、自由价并存，以浮动价格为主。第二种，中央定价、地方定价、企业定价并存，以企业定价为主。第三种，谁经营谁定价。

12月28日，国家物价局、铁道部联合发出《关于改革铁路货物装卸费率审批办法的暂行规定的通知》，提出对铁路货物装卸费率管理办法的改革意见。

1985年

1月1日，中共中央、国务院发布《关于进一步活跃农村经济的十项政策》，规定粮食、棉花取消统购，改为合同定购；定购的粮食国家确定按“倒三七”比例计价；定购以外的粮食可以自由上市；定购的棉花，北方按“倒三七”，南方按“正四六”比例计价；定购以外的棉花也允许农民上市自销。

1月24日，国家物价局、国家物资局联合发出《关于放开工业生产资料超产自销产品价格的通知》。

3月13日，国务院下发《关于加强物价管理和监督检查的通知》。

同日，国务院下发《关于下达调整生猪和农村粮油价格方案的通知》，指出调整生猪和农村粮油的购销政策和价格，是1985年价格改革的主要内容。在放开猪价、调整农村粮价的过程中，除了国务院统一部署的调价措施外，各地区、各部门一律不再安排其他新的提价措施。

4月18日，国家物价局发出《关于中外合资、合作饭店房、餐费由企业定价的通知》，提出中外合资、合作饭店的房、餐费，物价部门不再定价，由饭店按市场情况自行定价。

4月30日，国务院批转铁道部、国家物价局《关于铁路短途客货运价调整方案的报告》。

6月1日，国务院批转国家物价局《关于价格改革出台情况及稳定物价措施报告的通知》。

7月5日，电子工业部、国家物价局、商业部联合发出《关于国产彩色电视机价格管理的补充通知》。

7月13日，国务院转发商业部《关于进一步发展少数民族地区商业若干问题的报告》，提出对少数主要工业品和农牧土特产品继续实行价格补贴。

7月22日，国务院发布《水利工程水费核定、计收和管理办法》，规定水费标准应在核算供水成本的基础上，根据国家经济政策和当地水资源状况，对各类用水分别核定。

9月2—7日，宏观经济管理国际研讨会（即“巴山轮会议”）召开，波兰经济学家布鲁斯在会上对我国实行的生产资料价格双轨制给予积极的评价，认为这是我国一个有用的发明。

9月6日，国务院批转商业部、农牧渔业部、纺织工业部、财政部、国家物价局《关于调整1986年棉花产购销政策的报告》。

9月17日，国家物价局发出《关于在税收、财务大检查中同时开展物价大检查的通知》。

9月23日，党的十二届四中全会通过《中共中央关于制定国民经济和社会发展第七个五年计划的建议》，指出逐步形成和完善市场体系的关键，是改革价格体系和价格管理体制。在整个价格体系和价格管理体制的改革中，要充分考虑国家、企业和人民群众的承受能力，努力保持物价总水平的基本稳定。

10 月 22 日，国家物价局、林业部、财政部发出《关于颁发南方木材指导价格方案的通知》。

11 月 26 日，商业部、国家物价局发出《关于合同定购以外棉花收购价格的联合通知》。

11 月 28 日，国家科委发出《关于加强对技术市场管理工作的通知》，规定技术商品的价格，可由双方根据技术的经济效益、技术价值、分享成果权利等因素，在合理的范围内协商议定。

1986 年

1 月 1 日，中共中央、国务院发出《关于 1986 年农村工作的部署》，指出要稳定农用生产资料的销售价格，继续实行对农用生产资料的补贴。把粮食统购改为合同定购，是粮食收购制度的重大改革，只能逐步完善，不可动摇。为了保护和鼓励农民生产和交售粮食的积极性，将适当减少合同定购数量，扩大市场议价收购比重，并对签订合同的农民按平价供应一定数量的化肥。

1 月 3 日，国家物价局发出《关于 1986 年调整国营、集体涉外饭店（宾馆）标准间客房租价的通知》。

1 月 5—19 日，全国物价工作会议召开，提出 1986 年物价工作基本要求是“巩固、消化、补充、改善”已实施的价格改革措施；要抓好重点措施、重点地区和重点品种，以保持物价基本稳定。

1 月 17 日，国务院发出《关于 1986 年度粮食合同定购任务的通知》。

3月7日，国家物价局、商业部联合发出《关于调整大豆收购价格的通知》。

3月22日，国家物价局发出《关于1986年物价监督检查工作的通知》，指出1986年物价检查工作的重点要围绕稳定市场物价，控制计划外生产资料价格上涨两个方面开展工作。

3月26日，宋平在六届全国人大四次会议上作出《关于1986年国民经济和社会发展计划草案的报告》，指出为了保持物价基本稳定，要切实抓好大中城市等重点地区和蔬菜等重点品种的价格；对个体商贩任意抬价、牟取高利的要加以限制。

4月12日，石油工业部、国家物价局联合发出《关于调整天然气价格的通知》。

4月15日，国家物价局等十单位联合发出《关于工业消费品价格管理规定》，提出工业消费品实行国家定价、国家指导价和市场调节价相结合的多层次、多形式、多种方法的管理制度等8项规定。

4月24日，电子工业部、商业部、国家物价局联合发出《关于部分黑白电视机实行浮动价格的通知》。

6月5日，国务院发出《关于做好夏季粮油收购工作的通知》。

6月23日，轻工业部、财政部、商业部、国家物价局联合发出《关于调整食盐批零差价食盐减征盐税的通知》。

7月11日，国务院发出《关于进一步改善外商投资企业生产经营条件的通知》，规定在价格管理方面除国家统一管理和定价的商品外，允许外商投资企业自定价格。

8月6日，国家物价局、国家旅游局联合发出《关于在部分交通不便的农村适当安排食盐城乡差价的通知》。

8月31日，国家物价局、林业部联合发出《关于调整整顿东北、内蒙古国有林区木材价格的通知》。

11月1日，轻工业部、财政部、国家物价局发出《关于调整盐的出场（厂）价减征食盐税的通知》。

11月11日，国家物价局发出《关于调整供应外宾的部分粮食、食油价格的通知》。

11月17日，国务院办公厅发出《关于努力改善当前农业用油紧缺状况的通知》，规定对平价农用柴油，国家仍实行专项下达。任何单位不准随意涨价和变相涨价，不准把平价油转成高价油销售。

12月5日，国务院发出《关于深化企业改革增强企业活力的若干规定》，其中规定生产资料由企业自销的部分，价格由供需双方议定；加工产品中，小商品价格要切实放开，随行就市；一般机电产品价格要进一步放开，重要机电产品以浮动价格为主，必要时可规定最高限价。

12月12日，国家计委、国家经委、国家物价局联合发出《关于进一步放开小商品价格等有关问题的意见》。

1987年

1月14日，国务院发出《关于加强物价管理保持市场物价基本稳定的通知》，指出1987年的物价工作总的要求是坚持改革，稳步前进，保持基本稳定。

2月13日，国家物价局和商业部联合发出《关于调整部分粮食油料收购价格的通知》，规定提高北方玉米和南方稻谷的合同定购价格，并适当拉开地区差价；1987年花生仁（油）合同收购价从“倒四六”比例价提到超购价；棉籽（油）收购价，从“正四六”比例价提到超购价。

2月20日，国家统计局发布《关于1986年国民经济和社会发展的统计公报》，指出1986年市场物价继续上涨。农副产品收购价格指数比上年平均上升6.4%。全年职工生活费用价格总指数比上年上升7%。

3月26日，宋平在六届全国人大五次会议上作出《关于1987年国民经济和社会发展计划草案的报告》，指出1986年零售物价指数控制在年初预定的上升6%的水平，低于1985年上升8.8%的幅度。

3月30日，国务院批转国家经委国家计委联合发出《关于进一步加强节约用电的若干规定》，指出对于超计划用电的企业，按现行电价5至10倍加价收费。

4月11日，王丙乾在六届全国人大五次会议上作出《关于1986年国家预算执行情况和1987年国家预算草案的报告》，指出1986年国家财政总支出中价格补贴为242亿元，1987年国家预算草案中价格补贴支出为337.23亿元。

5月8日，国务院发布《加强生产资料价格管理，制止乱涨价、乱收费的若干规定》。

5月20日，水利电力部、国家物价局联合批复，同意华北电管局《关于华北电网实行用电加价实施办法》。

5月21日，国家计委、国家经委、国家物价局联合发出《关于重新印发〈关于进一步放开小商品价格等有关问题的意见〉的通知》。

6月10日，国务院批转国家体改委、商业部、财政部联合发出《关于深化国营商业体制和供销合作社体制改革意见》，提出有计划、有步骤地将现行以进货地批发价为基础的“固定倒扣”调拨作价办法改为顺加；逐步拉开各种差价；有控制地逐步放开饮食服务业价格。

7月3日，商业部、国家物价局联合发出《关于下放友谊商店、外轮供应公司供应外宾全国名白酒价格管理权限的通知》。

7月28日，国务院批转农牧渔业部、国家机械委、水电部、林业部联合发出《关于当前农业机械化问题的报告》，提出要逐步理顺农机产品的价格体系。

8月19日，国务院发出《关于整顿市场秩序加强物价管理的通知》，指出要依靠和发动群众，加强对市场和物价的监督管理，坚决打击投机倒把活动，维护市场秩序，制止乱涨价，保护人民利益。

8月24日，国务院办公厅批转商业部《关于继续做好成熟蔬菜产销工作的报告》。

9月1日，国务院办公厅发出《关于制止加价抢购和提级收购烟叶的通知》，指出在计划没有完成烟叶收购之前，不得搞计划外协作，不得以任何名目提高调拨价格，也不许把合同内烟叶转到合同外出售。

9月11日，国务院发布《中华人民共和国价格管理条例》，共7章39条。1982年7月7日国务院发布的《物价管理暂行条例》同时废止。

9月22日，国务院发布《关于坚决制止抬价抢购农副产品的通知》。

9月23日，国务院发布《关于开展1987年税收、财务、物价大检查的通知》。

10月25日—11月1日，党的十三大召开，提出社会主义有计划商品经济的体制，应该是计划与市场内在统一的体制。新的经济运行机制，总体上来说应当是“国家调节市场，市场引导企业”的机制；要逐步建立少数重要商品和劳务价格由国家管理，其他大量商品和劳务价格由市场调节的制度。

10月26日，国务院发布新的《广告管理条例》，规定各项广告收费标准。

11月28日，国务院发出《关于做好当前粮食工作的通知》，要求在收购中要坚持按质论价，必要时可规定最高限价或最低保护价。

12月9日，国家物价局、中国石油化工总公司联合发出《关于进口柴油价格问题的通知》，规定对进口柴油实行最高限价。

1988年

1月11日，国务院公布《重要生产资料和交通运输价格管理暂行规定》，重申重要生产资料和交通运输价格的管理权限，强调一切生产、经营单位都必须严格执行国家规定的重要生产资料和交通运输价格及主要收费标准；严禁倒买倒卖；禁止企业、行业垄断市场价格；不准变相提高生产资料价格；不得以任何形式加价集资。

同日，国务院公布了《计划外生产资料全国统一最高限价暂行管理办法》，指出实行全国统一最高限价的生产资料，是当前供求矛盾突出的能源原材料和重要的加工产品。其限价的水平，原则上按略低于现行市场调节价水平制定。同时还对生产企业自销的生产资料如何执行限价做了具体规定。

2月1日，国家物价局印发第二批《国务院有关部门行政事业性收费管理目录》。

2月6日，中共中央政治局召开第四次全体会议，会议讨论经济形势和当前的经济工作，认为1987年生产、建设、流通、外贸比预料好，改革有较大进展，积累了宝贵经验。突出问题是物价上涨幅度过大。解决这个问题，关键是要按照价值规律办事，采取综合配套措施，既要有利于生产发展，又要使群众生活得到适当补偿。

2月12日，煤炭工业部、国家物价局联合发出《关于1988年统配煤矿指令性分配计划和指导性分配计划的煤炭加价办法》。

2月15日，国家物价局、轻工部联合发出的《关于调整工业盐出场（厂）价格的通知》，规定从1988年2月1日起，工业盐在国家规定的现行出场（厂）价格基础上每吨提高10元，并相应调整了产区工业盐分配价和销区供应价、同时相应增加资金利息。

2月22日，石油工业部、财政部、国家物价局联合发出《关于调整国内平价、高价原油出厂价格和实行石油及天然气储量有偿使用办法的通知》，决定国内平价、高价原油每吨提价10元。

2月25日，国务院办公厅转发国务院住房制度改革领导小组《关于鼓励职工购买公有旧住房的意见》。

2月27日，国务院批转国家体改委提出的《关于1988年深化经济体制改革的总体方案》，指出1988年要按照“坚持改革，稳步前进，保持物价基本稳定”的方针，继续进行价格管理体制的改革，同时，搞好物价的监督管理。

3月7日，国家物价局发出《关于下放上海市工业品价格管理权限的批复》，同意将现由国务院有关部门管理的工业品价格中一部分管理权限，下放给上海市。具体有纺织品10种、轻工业品14种、药品及医疗器械2个种类、塑料制品3种、合成材料2种、化工产品7种、钢铁产品38种。

3月24日，国家物价局发出《关于整顿厂丝和下放绸缎价格管理权限的通知》。

3月25日，国家物价局、化工部、商业部联合发出《关于下放农药价格管理权限的通知》，决定将国家统一定价的敌百虫原粉、滴滴涕原粉、敌敌畏乳油、乐果乳油和1605乳油等5种农药价格管理权限下放，由各省、自治区、直辖市物价主管部门进行管理。

4月1日，国家物价局根据全国各地制定计划外生产资料最高销售限价存在的一些问题，发出《关于制定最高销售限价有关问题的通知》。

4月5日，国务院发出《关于试行主要副食品零售价格变动给职工适当补贴的通知》。

同日，国家物价局发出《关于调整计划外普遍铝锭最高出厂限价的通知》，决定适当提高铝锭计划外限价水平。

5 月 18 日，国家物价局、机械电子工业部、商业部联合发出《关于彩色电视机实行浮动价格的通知》，规定国产彩电实行浮动价格，价格管理权限仍由机械电子工业部、商业部共同管理，国家物价局审定。

5 月 28 日，国务院办公厅发出《关于成立国务院物价委员会的通知》，决定成立国务院物价委员会，办公室设在国家物价局。

7 月 9 日，国家物价局、国家烟草专卖局联合发出《关于放开名烟价格和提高部分高中档卷烟价格方案的通知》。同日，国家物价局、商业部、轻工业部联合发出《关于放开名酒价格和适当提高其他粮食酿酒价格方案的通知》。

8 月 15—17 日，中共中央政治局第十次全体会议讨论并原则通过《关于价格、工资改革的初步方案》。

9 月 23 日，中央工作会议在北京召开，指出此后两年重点治理经济环境，整顿经济秩序，提出了抑制通货膨胀，深化改革重要政策建议。

9 月 26 日，党的十三届三中全会召开，姚依林就《关于价格、工资改革的初步方案》作出说明。

9 月 27 日，国务院发出《关于加强粮食管理稳定粮食市场的决定》，指出要加强粮价管理，合同定购的粮食必须严格按照国家规定价格收购，不准擅自提价和增加价外补贴，议购粮应略低于市价。

9 月 28 日，国务院发布《关于化肥、农药、农膜实行专营的决定》。

10 月 3 日，中共中央、国务院发布《关于清理整顿公司的决定》。

10 月 24 日，国务院发布《关于加强物价管理严格控制物价上涨的决定》。

11 月 4 日，国家物价局发出《关于下达厂丝临时最高限价的通知》。

11月11日，国务院发布《关于加强钢材管理的决定》，提出要严格执行物价部门核定的计划内钢材出厂价格和钢材流通中各项收费标准，任何单位不得随意加价和多收费。对计划外钢材及炉料实行最高限价，其办法由国家物价局会同有关部门拟定并监督执行。

11月14日，国家物价局、冶金工业部联合发出《关于向十大钢铁企业派驻物价督察员的通知》。

11月24日，中国人民银行公布《关于公布1989年第一季度人民币长期保值储蓄存款贴补率的通知》，指出1989年第一季度3年以上储蓄存款的保值贴补率为16.13%。

1989年

1月5日，国务院办公厅转发国家计委《关于加强小轿车销售管理的请示报告》，要求对小轿车价格的管理要以国家物价局为主，会同物资部、中汽联逐一制定小轿车每种车型的出厂价格和全国统一的销售价格。

1月8日，国务院发出《关于调整棉花收购政策的通知》，决定调整棉花收购政策，要求统一棉花生产扶持费；实行棉花价外补贴；适当扩大棉花购销差价；棉花生产扶持费和价外补贴，均在国家规定的价格基础上价外加价。

1月13日，国务院办公厅发出《关于加强农药管理严厉打击制造、销售假劣农药活动的通知》，决定从1989年1月1日起，对农药实行专营。

1月25日，国务院发出《关于对彩色电视机实行专营管理的通知》，决定对彩色电视机实行专营管理。彩电专营后，国家征收特别消费税。

2月1日，国家物价局发出《关于统一煤炭运价的紧急通知》。

2月3日，国家物价局、纺织工业部、商业部联合发出《关于认真整顿加强管理棉纺织品价格的通知》，指出棉纱、棉布不实行计划内、外两种价格。

2月28日，国务院发出《关于提高棉花价格和实行棉花调出调入包干办法的通知》，决定从1989年新棉上市起，棉花收购价格在标准级皮辊棉每50公斤211.42元的基础上，提到236.42元；其他等级的棉花价格，按等级差价率计算。棉花收购价格提高后，供应价格和民用絮棉销售价格相应提高；新疆长绒棉价格也适当提高。

3月4日，国务院批转《国家体改委关于1989年经济体制改革要点的通知》，决定严格控制物价上涨，逐步建立分类价格管理制度，整顿医疗、教育部门的收费办法、收费标准。

3月20日，七届全国人大二次会议通过《政府工作报告》，指出我国在各项工作取得成绩的同时，面临的问题和困难也不少，最突出的是出现了明显的通货膨胀，物价上涨幅度过大，全国零售物价总指数比1987年上升18.5%，超过了群众、企业和国家的承受能力，相当一部分城市居民的实际生活水平有所下降。

3月21日，王丙乾在七届全国人大二次会议上作出《关于1988年国家预算执行情况和1989年国家预算草案的报告》，指出在国家财政总支出中，价格补贴支出316.95亿元，完成预算的88.5%；1989年将适当提高粮食、油料合同定购价，提高棉花收购价，并对国家计划内的议购粮，按市价收购，相应增加农民收入，财政上需增加补贴近90亿元。

3月24日，国家物价局、物资部、冶金部、中国有色金属工业总公司联合发出《重新颁布计划外黑色、有色金属全国统一最高限价的通知》，指出最高限价采取既限出厂价格、又限销售价格的办法；最高销售限价在统一出厂价格基础上，加规定的最高销售限价加价额核定。

3 月 30 日，国务院物价委员会、国家物价局联合印发《1989 年工作安排意见》。

8 月 16 日，国务院发出《关于做好提高铁路水运航空客运票价工作的通知》，提高铁路、水运、航空客运票价，其中铁路客票平均提价幅度为 112%，水运客票平均提价幅度为 96%，民航国内旅客票价平均提价幅度为 77%，地方铁路和水运客票以及地方民航客票也适当提价。

8 月 22 日，国家教委、国家物价局、财政部联合发出《关于普通高等学校收取学杂费和住宿费的规定》。

8 月 31 日，王丙乾在七届全国人大常委会第九次会议上作出《关于 1989 年国家预算执行情况和 1990 年国家预算草案的报告》，提出 1988 年国家财政负担的各种价格补贴已达 316.8 亿元，与 1978 年的 11.1 亿元相比，平均每年递增 39.8%大大超过同期财政收入每年递增 8.2%的幅度，1979 年价格补贴只占国内财政支出的 6.2%，1988 年增加到 12.3%。

9 月 23 日，国家物价局、物资部、冶金工业部、中国有色金属工业总公司联合发出《关于坚决贯彻执行计划外黑色、有色金属全国统一最高限价的通知》，重申必须坚决贯彻执行计划外黑色、有色金属全国统一最高限价，并充实和完善了限价办法，调整了限价水平；黑色金属限价水平平均每吨提高 200 元左右。

11 月 4 日，交通部、国家物价局联合发出《关于提高公路汽车客运票价的通知》。

11 月 9 日，党的十三届五中全会通过的《中共中央关于进一步治理整顿和深化改革的决定》，要求治理整顿期间全国零售物价上涨幅度逐步下降到 10%以下；明确指出要坚决整顿市场秩序，严格执行国家规定的最高限价；逐步解决生产资料价格“双轨制”问题，先对统一分配煤炭的价格，变“双轨”为“单轨”，以后逐步增加取消“双轨制”的品种，对短期内难以取消价格“双轨制”的商品，通过适当提高计划价格、严格控制需求和加强管理自销价格的办法，逐步缩小两种价格的差距。

12月5日，国家物价局、纺织工业部和商业部联合发出《关于整顿棉纺织品价格的通知》，要求统一作价办法，整顿价格水平，继续贯彻按质论价、花色差价政策，整顿流通领域价格，并对整顿的方法和步骤作了具体安排。

12月28日，国务院发出《关于完善化肥、农药、农膜专营办法的通知》，要求切实稳定化肥、农药、农膜价格。

1990年

1月3日，国务院批转国家土地管理局《关于加强农村宅基地管理工作的请示》，要求确定宅基地有偿使用收费标准时，对在规定用地标准以内的，既要体现有偿原则，又要照顾群众的经济承受能力。

1月31日，国家物价局发出《关于调整糖料收购价格的通知》。

2月3日，国家物价局、商业部联合发出《关于1990年调整油脂（油料）收购价格的通知》，决定1990年较大幅度地提高油脂定购价格。油料的定购价格按油脂的提价幅度相应调整。

2月26日，国家物价局发出通知，决定从1990年3月15日起，对生产与销售计划外的纯碱、烧碱实行不含运杂费的全国统一最高限价，既限出厂价格，又限销售价格。同日，国家物价局、国家计委、能源部和物资部联合发出《关于对计划外煤炭实行最高限价的通知》，决定从1990年3月7日起对统配煤矿和地方国营煤矿的计划外煤炭出厂价格，以及各地煤炭市场销售价格实行最高限价。

3月2日，国务院发出《关于提高铁路和水运货物运价的通知》，决定提高铁路和水运货物运价。

3月5日，国家物价局、中国石油天然气总公司、中国石化总公司联合发出《关于提高平价原油、部分成品油出厂价格的通知》。

同日，国务院办公厅转发国家计委等部门《关于调整国产彩色电视机特别消费税和价格的请示》。

3月9日，国家物价局、国家医药管理局联合发出《关于加强进口医药商品价格管理的通知》，要求加强进口医药商品价格管理，明确进口医药商品的批发牌价，原则上在外贸拨交价基础上加18%的进销差率制定，零售价格在批发价基础上顺加15%制定。

3月31日，财政部、商业部发出《关于适当调高中央进口粮食拨交价格后有关财务处理问题的通知》。

4月8日，王丙乾在七届全国人大三次会议上作出《关于1989年国家预算执行情况和1990年国家预算草案的报告》，指出1989年价格补贴支出370.34亿元，完成预算的90.4%。1990年国家预算中编列价格补贴405.58亿元，比上年预计数增加35.24亿元。

5月11日，财政部发出《关于调整民用煤补贴范围的通知》，要求从1990年4月起，对民用煤补贴范围进行适当调整。除城镇居民、部队生活用煤价差补贴继续保留外，取消城市饮食业、服务业用煤补贴。

6月15日，能源部、财政部和国家物价局发出《关于收取统配煤矿综采设备更新资金的通知》。

7月12日，国务院物价委员会、国家物价局印发《1990年提价审批办法》。

7月24日，国务院发出《关于加强粮食购销工作的决定》，指出要切实保证粮食收购资金，进一步压缩平价粮食销售，加强对粮食市场价格的管理，保持粮价基本稳定。要建立和健全粮食储备制度，加强粮食购销调存各环节的管理。

7月27日，国务院批转商业部等八部门《关于试办郑州粮食批发市场的报告》，决定在郑州试办小麦粮食批发市场，有计划有步骤地把省间议价小麦纳入批发市场进行交易。

8月8日，国务院发出《关于提高煤炭价格的通知》，要求将统配煤矿计划内综合煤平均基本出厂价每吨提高10元。

9月16日，《中华人民共和国铁路法》公布，其中对铁路旅客票价率和货物、包裹、行李的运价率的制定和管理作了规定。

同日，国务院发布《关于建立国家专项粮食储备制度的决定》，要求各级政府和有关部门，敞开收购议价粮，且价格不得低于国家规定的保护价格。

10月31日，商业部、国家物价局发出《关于调整商业经营化工商品进销差率、地区差率的通知》，规定商业企业经营的化工商品的产地进销差率由现行的7%至10%调整到10%至13%，地区差率今后全国不作统一规定。

12月9日，国务院发出《关于进一步改革和完善对外贸易体制若干问题的决定》，决定自1991年1月1日起，取消国家对外贸出口的财政补贴，从建立自负盈亏机制入手，使外贸逐步走上统一政策、平等竞争、自主经营、自负盈亏、工贸结合、推行代理制、联合统一对外的轨道。明确了中央外汇进口要继续推行代理作价的办法，在全面实行代理作价之前，国家对中央外汇部分进口商品的补贴办法不变。

12月26日，水利部办公厅发出《关于水费改革有关问题的通知》。

1991年

1月12日，国务院发出《关于调整粮食购销政策有关问题的通知》，要求近两年内，各地要把城镇食品、副食品酿造和饲料等项用粮逐步改为议价供应。从1991年开始，平价食油销售只保障城镇居民定量口油和军供口油，其他用油改为议价供应或市场调节。

1月19日，国家物价局、冶金部联合发出《关于整顿、调整钢铁系列产品价格的通知》，决定从1991年2月1日起，适当提高计划内钢铁系列产品价格，取消各种临时出厂价，适当降低计划外钢铁产品最高限价，将镀锡板、冷轧电工钢带（片）价格进行并轨。

3月14日，国务院物价委员会、国家物价局发出《关于适当缩小地方提价报国务院特批范围的通知》。

3月22日，国家物价局、轻工业部、商业部联合发出《关于搪瓷面盆、口杯由国家指导价改为企业定价，实行市场调节的通知》。

3月26日，王丙乾在七届全国人大四次会议上作出《关于1990年国家预算执行情况和1991年国家预算草案的报告》，指出1990年在国家财政总支出中，价格补贴支出为378.63亿元。1991年要结合价格改革，调整比价关系，减少财政补贴。

4月1日，国务院发出《关于妥善安排当前市场供应和物价工作的通知》，要求各地切实保证粮油和其他群众生活必需品的供应，保证“菜篮子”价格基本稳定，妥善安排增加群众支出的其他改革措施，严格执行1991年物价控制指标。

4月6日，财政部、商业部、经贸部联合发出《关于调整中央进口粮食拨交价格后有关财务处理问题的通知》，决定从1991年1月1日起，中央计划内进口的粮食拨交价由现行统购价改为比例价。

4 月 11 日，国务院召开会议，部署粮油价格改革工作。

5 月 6 日，国务院发出《关于确保粮油调价后市场物价继续稳定的紧急通知》，要求各地认真贯彻执行国务院关于调整粮油统销价格的决定，严格按照国家物价局、商业部下达的粮食统销价执行；为了稳定市场，控制连锁反应，要严格控制其他提价项目。

5 月 7 日，国务院发出《关于严格控制农业生产资料价格的通知》，要求各地区和有关部门严格控制农业生产资料价格。

6 月 10 日，国务院审议通过《国务院关于继续积极稳妥地进行城镇住房制度改革的通知》，指出要合理调整公有住房租金，有计划、有步骤地提高到成本租金。

6 月 17 日，国家物价局发出《关于切实放开小商品价格的通知》，要求对过去已经放开的小商品价格现仍实行提价申报差率控制等限价措施的，要明令取消，让企业自主定价。

7 月 5 日，国家物价局等单位联合发出《关于议价粮油销售限价问题的通知》，通知各地可以取消 1991 年 5 月规定的议价粮油的销售价格要稳定在 4 月 20 日的水平的限制，在保持议价粮油价格相对稳定的原则下，恢复原来的议价粮油管理办法。

7 月 25 日，陈俊生在全国 10 大城市蔬菜产销体制经验交流会上发言，指出深化蔬菜产销体制改革要坚持“放、管、建”相结合。“放”主要是放开市场、放开价格；“管”主要是加强计划管理和生产、销售方面的宏观调控；“建”主要是搞好基地建设、市场建设。

9 月 10 日，国家物价局发出《关于纠正重庆市在“四放开”试点中越权放开价格的通知》，指出重庆市在推行“四放开”时，未经请示，把属于中央管理的一些商品价格放开了，超越了价格管理权限。

同日，国家物价局、财政部联合发出《关于明确从建设项目投资中取费审批权限的通知》。国家物价局发出《关于1990年度三种价格形式各占比重调查测算情况的通报》。

10月28日，国务院发出《关于进一步搞活农产品流通的通知》，要求采取有效措施，进一步搞活农产品流通；总的要求是：随着农村经济的发展，适当缩小指令性计划管理，完善指导性计划管理，更多地发挥市场机制的作用。

11月5日，国务院常务会议通过《农民承担费用和劳务管理条例》，规定面向农村的行政事业性收费，其项目设置、标准的制定和调整，须经省、自治区、直辖市以上人民政府批准。

11月6日，国务院发出《关于调整食糖经营管理有关政策的通知》。

11月29日，党的十三届八中全会通过《中共中央进一步加强农业和农村工作的决定》，指出除了国家规定的少数重要农产品实行国家统一收购经营或部分统一收购经营外，其余全部放开，实行市场调节。1992年粮食定购价格适当上调。

12月28日，《国家计委、冶金部、财政部、国家物价局、国家税务局、中国人民建设银行关于印发〈征收冶金矿山开发费和使用管理暂行办法〉的通知》，规定全国重点钢铁企业凡利用国产铁矿石，必须缴纳冶金矿山开发费。

12月30日，国家物价局正式将《中华人民共和国价格法（草案）》（送审稿）上报国务院。

12月31日，水利部、国家计委、财政部、国家物价局联合发出《关于征收农村水电供电地区电力建设基金的通知》，即日起在全国农村水电供电地区征收农村水电建设基金，征收标准为每千瓦时用电量2分钱。

1992 年

2 月 19 日，国务院批转国家体改委《关于 1992 年经济体制改革要点》，指出要积极稳妥地进行价格改革。按照既要稳定物价，又要振兴经济的要求，在保持物价总水平基本稳定的前提下，重点调整主要农产品和能源等重要基础产品中突出不合理的价格，改革价格形成机制，对供需基本平衡计划内外价差接近的生产资料，采取不同办法逐步实行并轨，大部分价格放开，对一般的中下游产品根据供求状况有步骤地放开价格，实行市场调节。抓紧修订发布新的价格分工管理目录，调整价格分工管理权限，研究制定放开价格的管理办法。

3 月 6 日，国务院发布《关于提高粮食统销价格的决定》。

3 月 18 日，中央电视台和中央人民广播电台在新闻节目中播发由国家物价局代拟的《国务院决定提高粮食统销价格实现购销同价》新闻稿，宣布自 4 月 1 日起提高粮食统销价格实现购销同价，并给城镇居民适当补贴。

4 月 24 日，国务院发出《关于停止实行对彩色电视机专营管理及有关问题的批复》，同意停止实行对彩色电视机专营管理和征收特别消费税，把定价权下放给企业。

6 月 16 日，中共中央、国务院发出《关于加快发展第三产业的决定》，指出除少数确实需要由国家制定价格和收费标准的以外，第三产业的大部分价格和服务收费标准要放开，分情况实行浮动定价、同行议价或自行定价，以形成合理的比价关系。

6 月 25 日，国务院发出《关于提高铁路货运、煤炭、天然气价格的通知》。

7 月 3 日，经国务院批准，国家物价局发出《关于放开部分化工商品的通知》，决定从1992年7月15日起，放开统配玻璃价格；从1992年7月20日起，放开氯氧化钾40种化工产品价格。

9月22日，国务院发出《关于提高化肥及化肥用天然气价格的通知》，决定提高计划内化肥及化肥用天然气价格。

10月15日，国家物价局、能源部联合发出《关于东北电网实行峰谷分时电价的批复》，同意东北电网实行峰谷分时电价办法。

12月7日，经国务院批准，国家物价局、国家烟草专卖局联合发出《关于放开卷烟的出厂，调拨价格和安排计税基础出厂价格的通知》，决定在已放开卷烟三级批发和零售价的基础上，全面放开国产卷烟出厂价格和调拨价格，并安排卷烟的计税基础出厂价格。

1993年

3月8日，国务院批转国家体改委《关于1993年经济体制改革要点》，要求在价格改革方面要抓紧有利时机理顺价格体系，建立以市场供求为主要导向的价格形成机制。

3月16日，邹家华在八届全国人大一次会议上作出《关于1992年国民经济和社会发展情况与1993年计划草案的报告》，提出在加快价格改革步伐的同时，把全社会零售物价总水平上涨幅度控制在6%左右；要继续调整和放开部分基础设施收费和基础工业产品价格，进一步落实和增加煤电油运专项建设基金。

4月1日，国家物价局、财政部联合发出《关于调整烟草专卖许可证收费标准的通知》，对烟草专卖许可证收费标准作出规定。

4月15日，国家物价局发出《关于指令性计划新闻纸指导价格安排的通知》，决定指令性计划新闻纸实行国家指导价。

4月19日，国务院决定，国家物价局并入国家计委，作为国家计委的内设职能局，不再保留原机构名称。

4月24日，国家物价局发出《关于放开民用载重汽车价格的通知》，决定放开指令性计划内的民用载重汽车及底盘的厂销价格，由生产企业自主定价。

4月30日，交通部、国家计委、财政部和国家物价局联合发出《关于扩大港口建设费征收范围、提高征收标准及开征水运客货运附加费的通知》。

5月25日，邮电部发出《关于调整国际包裹业务种类和资费标准的通知》。

6月29日，国务院第六次常务会议通过《矿产资源补偿费征收管理规定》。

9月24日，国务院办公厅发出《关于加强中小学收费管理工作的通知》，要求对学生在义务教育阶段免收学费，只收杂费。

10月9日，中共中央办公厅、国务院办公厅转发财政部《关于治理乱收费的规定》。

11月5日，财政部、国家计委联合发出《关于公布第一批取消的收费项目的通知》。

11月11—14日，党的十四届三中全会召开，审议通过《中共中央关于建立社会主义市场经济体制若干问题的决定》，指出推进价格改革建立主要由市场形成价格的机制。深化价格改革的主要任务是在保持价格总水平相对稳定的前提下放开竞争性商品和服务的价格，调顺少数由政府定价的商品和服务的价格；尽快取消生产资料价格双轨制；加速生产要素价格市场化进程；建立和完善少数关系国计民生的重要商品的储备制度，平抑市场价格。

12月25日，国务院召开全国平抑粮油价格工作会议，朱镕基在会上强调指出，必须迅速抑制目前涨价的势头，使之恢复到合理水平，防止可能发生的连锁反应。

12 月 31 日，国务院办公厅发出《关于制止低价出售公有住房问题的通知》。

1994 年

1 月 7 日，交通部、国家计委联合发出《关于调整交通部直属水运企业客运票价的通知》。

1 月 26 日，国家计委、财政部联合发出《关于调整航空天气报和危险天气报收费标准的通知》。

1 月 30 日，国务院发布《关于对农业特产收入征收农业税的规定》。

2 月 4 日，国家计委、国家税务总局联合发出《关于务必保持税制改革后物价稳定的通知》，强调要保障新税制的正确贯彻执行，避免推动物价上涨，保持市场稳定。

2 月 25 日，国家计委发布《关于商品和服务实行明码标价的规定》。

3 月 5 日，国务院发出《关于开展全国物价大检查的通知》。

3 月 8 日，国务院发出《关于加强对居民基本生活必需品和服务价格监审的通知》，要求各地对 20 种居民生活必需品和服务价格进行监审。

3 月 10 日，八届全国人大二次会议通过《政府工作报告》，提出 1994 年要适当调整粮棉和能源价格。要采取有效的措施，努力把全年零售物价上涨幅度控制在 10%以内。

同日，国家计委发出《关于统一降低洁霉素等药品价格的通知》，降低部分化学药品价格。

4 月 23 日，国务院批转国家计委《关于改革化肥价格管理办法的请示》。

同日，国务院批转国家计委《关于调整原油、天然气、成品油价格的请示》，决定对石油产品系列价格水平及管理办法进行调整。

5月4日，国家计委、财政部联合发出《关于发放水泥、注射针（器）生产许可证收费标准的通知》。

5月6日，国家计委、水利部、电力部联合发出《关于重新核定丹江口、三门峡，潘家口水电厂上网电价标准的通知》。

5月13日，国家计委发出《关于安排1994年粮食收购价格的通知》，较大幅度提高了粮食收购价格。

同日，国家计委发出《关于加强钢铁产品价格管理的通知》，制定出部分钢铁产品中准出厂价和浮动幅度。

5月17日，国家计委发出《关于提高部分化工、化纤原料中准出厂价格的通知》。

5月25日，国家计委、财政部发出《关于取水许可证收费标准的通知》。

5月30日，国家计委发出《关于下达粮食销售价格作价原则和作价办法的通知》。

6月17日，国家计委、国家外汇管理局发布《涉外价格和收费标价、计价管理暂行办法》。

9月2日，国家计委发出《关于对国产小轿车实行国家指导价格的通知》，制定出新的国产小轿车中准出厂价格表，规定生产企业可在此基础上下浮动10%，制定具体出厂价格。

9月28日，国务院发出《关于切实做好1994年度棉花购销工作的通知》，决定不放开棉花经营，不放开棉花市场，不放开棉花价格，继续实行国家统一定价，由供销社统一经营。

9月30日，国务院发出《关于抓紧抓好秋季粮油收购的通知》。

11月9日，国务院召开严格控制消费基金过快增长和加强现金管理电视电话会议，要求全国各地区、各部门进一步采取措施，下决心扭转消费基金增长过猛和现金投放过快的势头，并在短期内抓出成效。

11月11日，国家计委发布《城市房地产交易价格管理暂行办法》，规定国务院价格主管部门负责全国房地产交易价格管理工作，县级以上地方各级人民政府的价格主管部门负责本行政区域内房地产交易价格管理工作。

12月12日，国家计委、国家土地管理局发布《关于土地价格评估收费的通知》，重新规定了土地评估收费标准。

1995年

3月5日，八届全国人大三次会议通过《政府工作报告》，指出把坚决控制物价上涨幅度列为1995年宏观调控的首要任务，确保物价上涨幅度比1994年有明显回落，力争控制在15%左右。

4月17日，史大桢在国家计委、国家经贸委、电力部联合召开的全国计划用电工作会议上发言，指出我国将全面推行分时电价制。

5月5日，国家计委发出《关于禁止向房地产开发企业乱收费，抑制商品房价格不合理上涨的通知》，要求减轻开发企业和商品房购买者的负担，抑制商品房价格过快上涨。同日，国家计委发布《关于禁止向房地产开发企业乱收费抑制商品房价格不合理上涨的通知》。

5月31日，国家国有资产管理局、建设部、财政部联合发布《关于加强出售国有住房资产管理的暂行规定》，要求国有住房出售价格的评估，必须由合法评估机构进行评估，不受行政干预；国有住房出售价格的核定，应在评估价格的基础上核定合理的出售价格，不允许低价出售国有住房。

6月28日，国家土地管理局颁布《协议出让国有土地使用权最低价确定办法》，以加强国家对出让国有土地使用权的宏观调控和管理，保障国有土地资产的收益，促进土地市场的健康发展。

9月25日，党的十四届五中全会通过《关于制定国民经济和社会发展“九五”计划和2010年远景目标建议的说明》，指出保持宏观经济稳定，实现社会总需求与总供给的基本平衡，把物价涨幅控制在社会各方面可以承受的范围之内，是发展、改革和社会稳定全局的重大问题；“九五”期间要保持经济较快增长，又要继续理顺价格关系，必须把抑制通货膨胀作为“九五”期间宏观调控的首要任务，首先要使物价上涨率低于经济增长率。

12月29日，国家工商局、国家计委联合发布《广告服务收费管理暂行办法》。

1996年

1月5—8日，中央农村工作会议在北京召开，强调解决农民反映强烈的生产资料价格高、定购粮价格低、农民负担重的“一高一低一重”问题。

1月12日，国务院办公厅召开全国整顿农业生产资料流通秩序电话会议。陈俊生在会上发言，强调降低流通费用，对化肥零售价格严格实行统一经营差率控制，化肥企业的化肥自销比例不能超过销售量的10%。

3月23日，国家计委、铁道部联合发出《关于调整铁路货运价格整顿铁路收费秩序的通知》。

4月23日，国家物价局发出《关于开展农业生产资料价格检查的通知》。

4月2日，国家计委、全国供销合作总社联合发出《关于加强化肥价格管理、整顿化肥流通秩序的通知》。

4月23日，国家物价局发出《关于开展农业生产资料价格检查的通知》。

6月19日，国务院发出《关于进一步完善化肥流通体制的通知》。

同日，国务院办公厅转发了国家计委《关于加强价格监督检查工作的若干意见》。

7月1日，国家教委、国家计委、财政部联合发出《关于1996年普通高等院校收取学费有关问题的通知》，要求加强对高校学费标准的管理，通知指出，实行招生并轨改革的普通高等学校本科生一般专业学费标准，1996年每生每学年为1500元，艺术类院校、外语等专业学费标准另有规定。

8月19日，国家计委发出《关于印发〈价格事务所工作管理暂行办法〉的通知》。

8月21日，国家计委发出《关于发布〈药品价格管理暂行办法〉的通知》。

8月26日，国家计委、邮电部联合发出《关于调整国际及港澳包裹收寄资费的通知》，指出适当提高国际及港澳包裹的收寄资费，平均调价幅度为24%；取消各地在国际及港澳包裹资费上规定征收的附加费。

9月29日，国家计委、邮电部发布《关于加强电信资费管理的通知》。

11月18日，国家计委发布《价格评估管理办法》和《价格评估机构管理办法》。

11月21—24日，中央经济工作会议召开，确定1997年经济工作要切实推进两个根本性转变，继续实行适度从紧的财政货币政策，降低物价上涨幅度。

11月26日，国家计委发出《关于做好房租及部分公用事业提价申报备案工作的通知》。

12月1日，国家计委、邮电部联合发出《关于调整邮电价格的通告》。

12月5日，国家计委发布《关于1997年电煤国家指导价格有关问题的通知》，决定适当提高电煤指导价格水平。

12月16日，国家教委、国家计委和财政部联合颁布《义务教育学校收费管理暂行办法》《普通高级中学收费管理暂行办法》《中等职业学校收费管理暂行办法》和《高等学校收费管理暂行办法》。

1997年

2月12日，国家计委颁布《药品价格管理暂行办法的补充规定》。

2月24日，国家计委、财政部联合发出《关于中国收养中心收养服务收费标准的通知》。

同日，国家计委、国家旅游局联合发出《关于加强旅游价格管理整顿旅游价格秩序的通知》。

3月1日，国家计委、司法部联合发布《关于公证服务收费管理办法》。

3月3日，国家计委、司法部联合发布《关于律师服务收费管理暂行办法》。

3月7日，国家计委、电力部、监察部联合发出《关于处理越权征收电力建设基金（资金）有关问题的通知》，要求各地各部门立即停止越权擅自征收电力建设基金（资金），全面清理省一级政府或主管部门随电价征收的电力建设基金（资金）、附加费及加价集资。

3月26日，国家计委、电力部联合发出《关于1997年电价调整方案有关问题的通知》。

5月29日，国家计委、铁道部联合发出《关于调整铁路货运价格整顿铁路收费秩序的通知》。

7月3日，国务院发布《关于修改〈矿产资源补偿征收管理规定〉的决定》。

7月7日，中共中央、国务院发布《关于治理向企业乱收费、乱罚款和各种摊派等问题的决定》。

7月7—9日，国务院召开全国粮食购销工作会议，朱镕基在会上发言，再次强调全国统一行动按保护价敞开收购余粮。

7月16日，国家计委发出《关于建立药品价格公布制度的通知》，就有关药品价格公布内容、公布渠道等事项作出具体规定。

8月4日，国家计委、国家粮食储备局联合发出《关于粮食销售价格有关问题的通知》，要求各地区及时制定和公布粮食销售价格政策。

8月26日，八届全国人大常务会员会第二十七次会议对《中华人民共和国价格法（草案）》进行初步审议。

9月6日，国务院办公厅转发国家计委《关于进一步调整食糖生产和流通有关政策意见的通知》，规定糖料收购价格、食糖出厂价格仍实行中央指导下的省级政府定价。

10月8日，国家计委、国家统计局联合发出《关于开展房地产价格指数编制工作的通知》，决定在全国开展房地产价格指数的编制工作。

11月3日，国家计委发出《关于整顿食盐价格有关问题的通知》。

11月24日，国家计委发出《关于严格执行棉花价格政策的紧急通知》。

11月27日，财政部、国家经贸委、国家计委、审计署、监察部、国务院纠风办联合发出《关于公布第一批取消的各种基金（附加收费）

项目的通知》，共计取消各种基金 217 项。

12 月 17 日，国家计委、邮电部联合发出《关于降低部分电信业务资费标准的通知》。同日，国家计委、国家经贸委、邮电部印发《移动电话价格管理暂行规定》。

12 月 23 日，财政部、国家计委联合发出《关于公布取消第一批行政事业性收费项目的通知》，取消涉及工商、建设等 8 个部门的共计 29 项收费。

12 月 29 日，八届全国人大常委会第二十九次会议审议通过《中华人民共和国价格法》。

1998 年

1 月 26 日，国家计委发布《中药材和中药饮片作价办法》。

2 月 7 日，国家计委办公厅发布《关于公布人血白蛋白等 49 种进口药品销售价格的通知》；同日，国家计委发出《关于改变维生素C等四种药品价格管理形式的通知》，决定将维生素C等四种药品退出中管药品价格管理目录，原则上由生产经营企业按照国家规定的作价办法自主定价。

2 月 19 日，国家计委、财政部、国家无线电管理委员会联合发出《关于印发〈无线电管理收费规定〉的通知》。

3 月 10 日，九届全国人大一次会议审议通过《关于国务院机构改革方案的决定》，中华人民共和国国家计划委员会更名为中华人民共和国国家发展计划委员会。

3 月 17 日，国家计委、邮电部联合发出《关于降低部分电信业务资费标准的补充通知》。

3 月 26 日，国家计委、铁道部联合发出《关于调整铁路货运价格规范铁路收费秩序的通知》。

3月31日，国家计委办公厅发出《关于调整金饰品价格的通知》。

4月6日，国家环保局、国家计委、财政部、国家经贸委联合发出《关于在酸雨控制区和二氧化硫污染控制区开展征收二氧化硫排污费扩大试点的通知》。

4月13日，国家计委发出《关于认真贯彻执行药品价格作价有关规定的通知》。

4月14日，国家计委发出《关于调整棉花收购价格的通知》，决定棉花收购价格由政府定价改为政府指导价；棉花供应价格放开，实行市场调节，由棉花经营企业与纺织企业协商确定，在市场竞争中形成。

4月15日，国家计委发出《关于加强农村电价管理，制止乱加价、乱收费行为的通知》，要求各级物价部门加强农村电价管理，制止乱收费，切实减轻农民的电费负担。

4月18日，国家计委发出《关于颁布第二批中央管理的药品价格的通知》。

4月27—29日，全国粮食流通体制改革工作会议召开。朱镕基在会上发言，指出改革粮食流通体制刻不容缓。改革的基本原则是：实行政企分开、储备与经营分开、中央与地方责任分开、新老账务账目分开，完善粮食价格体制。

5月10日，国务院发布《关于进一步深化粮食流通体制改革的决定》。

5月18日，国务院发出《关于取消铁路地方建设附加费的通知》，决定对铁路地方建设附加费进行清理，取消未经国务院批准的铁路地方建设附加费（基金）或车站建设费。

5月19日，国务院办公厅转发《国家发展计划委员会关于完善粮食价格形成机制意见的通知》。

6月15日，国家计委、国家建材局联合发出《关于制止低价倾销平板玻璃的不正当竞争行为的暂行规定》，提出对违规者进行严厉惩处。

6月24日，国家计委、卫生部、外交部联合发出《关于取消对境内外患者实行两种医疗服务收费标准的通知》，统一境内外患者医疗服务收费标准。

7月28日，国家计委发出《关于不再收取原油、成品油管理费的通知》。

7月31日，国务院第六次常务会议通过《粮食购销违法行为处罚办法》。

8月10日，国家计委、财政部联合发出《关于不再征收油品价格调节基金的通知》，决定不再征收油品价格调节基金。

9月18日，《国家计委、国家冶金局关于发布〈关于制止低价倾销钢材的不正当竞争行为的暂行规定〉的通知》要求各级价格、冶金行业主管部门、钢铁生产企业和经销单位要积极、自觉地贯彻执行，制止低价倾销钢材行为。

9月23日，国家计委、建设部发出《关于印发〈城市供水价格管理办法〉的通知》。

11月3日，国家计委发出《关于完善药品价格政策改进药品价格管理的通知》。

11月16日，国务院发出《关于深化化肥流通体制改革的通知》，要求改革化肥流通管理，扩大企业经营自主权，改进化肥价格管理方式，建立政府指导下市场形成价格的机制。

11月30日，国家计委发出《关于制定城乡用电同价方案有关问题的通知》。

12月16日，国家计委发出《关于进一步改革化肥价格管理办法的通知》。

1999年

1月19日，国家计委发出《关于印发〈游览参观点门票价格管理办法〉的通知》，决定在国内外享有较高声誉的全国重点文物保护单位、大型博物馆、国家级风景名胜区和自然保护区等极少数重要游览参观点门票价格，由国务院价格主管部门管理，其他游览参观点门票价格，由省、自治区、直辖市政府价格主管部门确定价格管理权限，实施管理。

1月25日，国家计委、民航总局联合发出《关于加强民航国内航线票价管理制止低价竞销行为的通知》。

1月26日，国家计委、文化部联合发出《关于艺术院校学费改革试点问题的通知》，决定选择文化部所属的中央美术学院、中国美术学院和北京舞蹈学院进行艺术院校学费改革试点。

2月10日，国家计委发出《关于调整邮政电信资费的通知》，决定大幅度降低部分电信资费标准，适当提高部分邮政资费标准，整顿邮电建设附加费。

2月13日，国家计委发出《关于发布1999年度国产农膜原料出厂价格的通知》，决定国产农膜原料出厂价格由政府定价改为政府指导价，并调整国产农膜原料出厂价格。

2月23日，国家计委发出《关于印发低价倾销工业品的成本认定办法（试行）的通知》，规定当企业以低于国家有关行业主管部门发布的行业平均成本的价格销售工业品并受到有关单位和个人举报时，政府价格主管部门应及时立案调查并组织进行该工业品成本认定，确属低价倾销行为的，依法进行处罚。

3 月 2 日，中国人民银行发布修订后的《人民币利率管理规定》。

3 月 15 日，国家计委、信息产业部联合发出《关于制止彩色显像管、彩色电视机不正当价格竞争的试行办法的通知》，决定凡经营企业为排挤竞争对手或独占市场，以低于成本的低价销售彩色显像管、彩色电视机的，属不正当价格竞争行为，由政府价格主管部门责令改正。

3 月 25 日，国家计委办公厅发出《关于印发中央管理药品价格申报审批办法的通知》。

5 月 7 日，国家计委发出《关于 1999 年糖料价格政策的通知》，规定 1999 年甘蔗、甜菜收购中准价分别为 170 元和 220 元，上下浮动幅度为 15%。

5 月 27 日，国家计委发出《关于进一步明确进口化肥价格政策的通知》。

5 月 30 日，国务院发出《关于进一步完善粮食流通体制改革政策措施的通知》，要求适当调整粮食保护价收购范围；完善粮食收购价格政策；完善粮食超储补贴办法，促进顺价销售；继续加强粮食收购市场管理；抓紧处理陈化劣变粮食；加快国有粮食企业改革步伐。

6 月 2 日，国家计委、建设部联合发出《关于贯彻城市供水价格管理办法有关问题的通知》，指出城市供水价格改革工作要贯彻积极稳妥的方针，要与居民和企业承受能力相适应。

8 月 1 日，国家计委发布《价格违法行为行政处罚规定》。

8 月 3 日，国家计委发布《关于制止低价倾销行为的规定》。

8 月 19 日，国家计委发出《关于进一步做好城乡用电同价工作的通知》，要求各级物价部门积极参与“两改一同价”工作，发挥综合协调和主导作用、促进城乡用电同价。

9 月 6 日，国家计委、建设部、国家环保总局联合发出《关于加大污水处理费的征收力度建立城市污水排放和集中处理良性运行机制的通知》。

9 月 30 日，国家计委、信息产业部联合发出《关于降低部分电信资费的通知》。

10 月 18 日，中国人民银行发出《关于白银管理改革有关问题的通知》，决定改革白银“统购统配”管理体制，放开白银市场。

10 月 20 日，国家计委、财政部联合发出《关于第二批降低收费标准的通知》，决定再次降低部分收费标准，切实减轻企业负担。

11 月 1 日，国家计委发出《关于调整部分成品油价格的通知》。

11 月 6 日，财政部、国家经贸委、国家计委、审计署监察部、国务院纠风办联合发出《关于公布第三批取消的各种基金（资金、附加、收费）项目的通知》，公布取消 73 项各种基金项目。

12 月 13 日，国家计委发出《关于进一步做好降低药品“虚高”价格工作有关问题的通知》。

12 月 15 日，国家计委发出《关于华北四省市汽、柴油零售价格问题的批复》，将北京、天津、河北、山西四省市的汽、柴油零售价在零售中准价基础上的上浮幅度由 3%调高至 5%。

2000 年

1 月 5 日，国家计委发出《关于降低机采人血白蛋白等部分生物制品价格的通知》。

1 月 14 日，国务院办公厅转发交通部、财政部、公安部、国家计委联合发布的《关于做好公路养路费等交通规费征收工作的意见》。

1 月 28 日，国家计委、财政部联合发出《关于氯碱行业生产用电实行优惠电价政策等有关问题的通知》。

2 月 2 日，国家计委发出《关于整顿成品油价格秩序、调整成品油价格的通知》，为缓解国内供应趋紧的矛盾，决定适当调整成品油价格。

2 月 28 日，国家统计局发布《中华人民共和国 1999 年国民经济和社会发展统计公报》，显示 1999 年居民消费价格总水平比上年下降 1.4%，多数商品价格低于上年水平。

3 月 20 日，交通部、国家计委联合发布《国内水路集装箱港口收费办法》。

3 月 30 日，国家计委印发《关于实现城乡用电同价的指导意见》，指出城乡用电不能实行同网同价，农村用电价格普遍高于城市，加重了农民负担，不利于农村经济发展，要求各地在 2002 年底前要实现预定的同价目标。

4 月 25 日，国家计委发布《价格监督检查管辖规定》，规范价格监督检查行为，维护经营者的合法权益，保障政府价格主管部门依法行使行政职权。

5 月 7 日，国家计委发出《关于进一步改进进口化肥价格管理办法的通知》。

5 月 9 日，国家计委印发《省际间粮食收购价格衔接办法》。

7 月 7 日，卫生部、国家计委、国家经贸委、国家药品监管局、国家中医药局联合发出《关于印发医疗机构药品集中招标采购试点工作若干规定的通知》。

7 月 19 日，国家计委、建设部、财政部联合发出《关于积极稳妥地推进公有住房租金改革的意见的通知》。

7 月 20 日，国家计委印发《关于改革药品价格管理的意见的通知》，指出药品价格实行政府定价和市场调节价。实行政府定价的药品，仅限于列入国家基本医疗保险药品目录的药品及其他生产经营具有垄断性的少量特殊药品。政府定价以外的其他药品，实行市场调节价，取消流通差率控制，由经营者自主定价。同日，国家计委、卫生部联合印发《关于改革医疗服务价格管理的意见》。

10 月 17 日，国家计委发出《关于印发改革水价促进节约用水的指导意见的通知》。

10 月 24 日，国家计委、卫生部、国家中医药管理局联合发布《全国医疗服务价格项目规范（试行）》。

同日，财政部、国家计委发出《关于事业单位和社会团体有关收费管理的通知》，规范事业单位和社会团体等非企业组织的技术咨询、技术服务和业务培训等收费行为。

10 月 31 日，国家计委印发《关于商品和服务实行明码标价的规定》。

11 月 21 日，国家计委印发《药品价格监测办法》《国家计委定价药品目录》《药品政府定价办法》《关于乙类药品价格制定调整有关问题的通知》《药品政府定价申报审批办法》。

12 月 22 日，信息产业部、国家计委、财政部联合发出《关于电信资费结构性调整的通知》。

2001 年

1 月 4 日，国家计委发出《关于单独定价药品价格制定有关问题的通知》。

1 月 22 日，国家计委发出《关于集中招标采购药品有关价格政策问题的通知》。

3 月 13 日，国家计委向社会公布全国统一的价格举报电话号码

12358。

3 月 10 日，国务院办公厅转发国务院体改办等部门《关于整顿和规范药品市场意见的通知》，要求加大对药品价格监督的力度。

4 月 16 日，国家计委发出《关于印发改革农业用水价格有关问题的意见的通知》，改革农业水价，运用价格杠杆促进农业节约用水。

7 月 2 日，国家计委发布《政府价格决策听证暂行办法》。

7 月 4 日，《国家计委和国务院有关部门定价目录》公布。

7 月 5 日，国家计委发出《关于放开和下放部分商品和服务价格的通知》。

7 月 17 日，国家计委办公厅印发《药品单独定价论证会试行办法》和《化学药品单独定价申报评审指标体系（试行）》。

7 月 26 日，国家计委发出《关于调整原油管道运输价格的通知》。

9 月 1 日，国家计委办公厅发出《关于制定公布 69 种化学药品补充剂型规格价格的通知》。

9 月 20 日，国家计委发布《价格行政处罚程序规定》。

10 月 13 日，国家计委发出《关于完善石油价格接轨办法及调整成品油价格的通知》，将国内汽、柴油价格改为与新加坡、鹿特丹和纽约三地市场价格挂钩。三地月加权平均价格变动超过 8%时，相应调整国内成品油价格。汽、柴油零售价仍实行政府指导价，由国家计委制定并公布零售中准价。

11 月 7 日，国家计委发布《禁止价格欺诈行为的规定》。

11 月 15 日，国家计委发布《国家计委价格规章及其他规范性文件清理结果》，124 件价格规章及其他规范性文件作废。

11 月 20 日，国家计委发出《关于调整成品油价格等有关问题的通知》《关于完善航空煤油价格接轨办法及价格调整的通知》。

12月16日，国家计委发布《政府制定价格行为规则（试行）》，规范政府制定价格行为，提高政府价格决策的科学性。

12月26日，国家计委印发《〈价格违法行为举报规定〉实施意见》。

2002年

1月7日，国家计委、建设部发出《关于发布〈工程勘察设计收费管理办法〉的通知》。

1月16日，国家计委发出《关于规范天然气价格管理等有关问题的通知》，将价外加收的净化费并入价内，不再单独收费，并将天然气出厂价每立方米提高3分钱。

同日，国家计委紧急发出《关于进一步做好价格决策听证工作的若干意见》，要求各地对公开举行的听证会严格把关，防止过多、过滥，切实保证听证会质量。

1月27日，国家计委发布《关于公布部分旅客列车票价实行政府指导价执行方案的公告》。

2月5日，国家计委，铁道部联合发出《关于鼓励发展散装粮食运输降低部分铁路运输环节收费有关问题的通知》。

2月9日，国家计委、新闻出版总署联合发出《关于中小学教材招投标试点有关价格政策问题的通知》，要求试点地区教材零售价格在竞标过程中形成，并不得高于省级价格主管部门制定的最高零售价格。

3月18日，农业部等七部门联合发出《关于印发〈乡镇企业负担监督管理办法〉的通知》。

3月26日，国家计委发出《关于免征粮食、棉花等大宗农产品铁路建设基金的通知》。

4月1日，国家计委等五部门联合发出《关于进一步推进城市供水价格改革工作的通知》，取消用水最低消费，实行季节性水价，加大污水处理费征收力度。

4 月 2 日，国家税务总局发布《成品油零售加油站增值税征收管理办法》，决定从 2002 年 5 月 1 日起，加油站售油征收增值税。

4 月 10 日，国务院印发《电力体制改革方案的通知》，我国电力体制将实行厂网分开，竞价上网，打破垄断，引入竞争。

4 月 30 日，国家计委、财政部，教育部联合发出《高等学校示范性软件学院收费标准及有关事项的通知》。

5 月 8 日，国家计委、国家经贸委发出《关于 2002 年蚕茧价格政策及加强蚕茧收购管理工作的通知》，要求合理制定蚕茧价格政策，加强蚕茧收购及价格管理。

5 月 27 日，国家计委、财政部、教育部印发《教育收费公示制度》，决定在全国各级各类学校实行教育收费公示制度。

6 月 6 日，信息产业部、国家计委联合发出《关于部分电信业务实行市场调节价的通知》，要求各电信运营企业可在本通知所列项目范围内结合市场情况自主制定和调整资费标准。

6 月 7 日，国家计委等四部委联合发出《关于实行城市生活垃圾处理收费制度促进垃圾处理产业化的通知》，要求全面推行生活垃圾处理收费制度，加强收费管理，规范收费行为。

6 月 23 日，国家计委、农业部联合发出《关于合理调控糖料收购价，防止盲目增加糖料种植面积的通知》。

8 月 15 日，国家计委印发《价格主管部门公告价格违法行为的规定》，要求经营者改正价格违法行为，保障价格主管部门依法行使职权。

同日，国家计委、信息产业部联合印发《电信资费审批备案程序规定（试行）》。

9 月 30 日，国家计委发出《关于工商和集贸市场收费检查有关问题政策界限的通知》。

11 月 1 日，国家计委发布《重要商品和服务价格成本监审暂行办法》。

11 月 17 日，国家计委、建设部制定并发布《经济适用住房价格管理办法》，规范经济适用住房价格管理。

11 月 22 日，国家计委发布《政府价格决策听证办法》，提出实行政府价格决策听证的项目是中央和地方定价目录中关系群众切身利益的公用事业价格、公益性服务价格和自然垄断经营的商品价格。

12 月 6 日，国家计委等六部门联合发布《关于加快农产品流通设施建设的若干意见》，其中要求整顿农产品批发市场及运输环节的各种收费。

2003 年

1 月 3 日，国家计委发布《食盐价格管理办法》，明确食盐价格实行政府定价，统一领导、分级管理。

1 月 6 日，国家计委、国家工商总局联合印发《价格主管部门提请工商行政管理部门吊销价格违法经营者营业执照的规定》，加强价格主管部门、工商行政管理部门在吊销价格违法经营者营业执照过程中的协调配合。

2 月 19 日，财政部、国家计委联合发布《2002 年全国性及中央部门和单位行政事业性收费项目目录》。

2 月 28 日，国家计委发布《排污费征收标准管理办法》。

3 月 10 日，十届全国人大一次会议审议通过《关于国务院机构改革方案的决定》，将国家发展计划委员会改组为国家发展和改革委员会。

4 月 9 日，国家发改委发布《价格监测规定》。

4 月 16 日，国家发改委公布《民航国内航空运输价格改革方案听证会文件》，允许航空企业可以以基准价为基础，在上浮 25%、下浮 40%的幅度内确定具体价格。

4 月 25 日，国家发改委发出《关于运用价格杠杆调节电力供求促进合理用电有关问题的通知》，提出充分发挥价格杠杆的调节作用，全面推行峰谷分时电价、两部制电价制度等科学合理的电价制度，优化电力资源配置，提高电能利用效率。

5 月 23 日，国家发改委发布《电力厂网价格分离实施办法》，确定厂网分开时的发电企业上网电价和电网输配电价。

6 月 18 日，国家发改委发布《制止价格垄断行为暂行规定》。

6 月 26 日，中国银监会、国家发改委联合发布《商业银行服务价格管理暂行办法》。

7 月 3 日，国家发改委、水利部发布《水利工程供水管理办法》，提出健全水利工程供水价格形成机制，规范水利工程供水价格管理。

7 月 9 日，国务院办公厅发布《关于印发电价改革方案的通知》，指出电价改革是电力体制改革的重要组成部分，要求全面引入竞争机制，价格由供需各方竞争形成，建立和培育电力市场、优化电力资源配置。

9 月 11 日，国家发改委、国家电监会联合发出《关于对电价违法行为进行整改、规范电价管理有关问题的通知》，纠正超越价格管理权限制定销售价及擅自扩大优惠电价范围行为。

10 月 7 日，国家发改委发布《关于公布重要商品和服务价格成本监审目录（第一批）的通知》，第一批成本监审项目包括输配电成本、民航运输成本、高等学校教育生均培养成本等七项。

10 月 28 日，国家发改委发布《非常时期落实价格干预措施和紧急措施暂行办法》，这是根据《中华人民共和国价格法》，在非常时期及时有效地平抑市场价格波动的行动预案。

2004 年

2 月 19 日，国家发改委发出《关于全面实行收费公示制度的通知》。

2 月 24 日，国家发改委、教育部联合发出《关于建立和完善教育收费决策听证制度的通知》。

3 月 17 日，国家发改委、民航总局联合发布《民航国内航空运输价格改革方案》，要求国内航空运价以政府指导价为主，政府价格主管部门由核定航线具体票价的直接管理改为对航空运输基准价和浮动幅度的间接管理。

3 月 19 日，财政部、国家发改委联合印发《2003 年全国性及中央部门和单位行政事业性收费项目目录》。

4 月 1 日，国家发改委发出《关于进一步改进药品单独定价政策的通知》。

4 月 19 日，国务院办公厅发出《关于推进水价改革促进节约用水保护水资源的通知》，提出建立充分体现我国水资源紧缺状况，以节水和合理配置水资源、提高用水效率、促进水资源可持续利用为核心的水价机制。

5 月 12 日，国家发改委印发《收费标准管理规定（试行）》。

7 月 19 日，国家发改委、建设部印发《物业服务收费明码标价规定》，要求提高物业业务收费透明度。

9 月 13 日，国务院颁布《收费公路管理条例》，规范公路收费行为。

9 月 29 日，国家发改委印发《集中招标采购药品价格及收费管理暂行规定》，促进药品招标采购工作健康发展。

12月15日，国家发改委发出《关于建立煤电联动机制的意见的通知》，决定建立煤电价格联动的机制，规定居民电价、农业电价、中小化肥电价要相对稳定，一年最多调整一次；周期内平均煤价比前一周期变化幅度达到或超过5%，相应调整电价。

12月30日，财政部、国家发改委联合发布《行政事业性收费项目审批管理暂行办法》。

2005年

1月7日，国家发改委印发《药品差比价规则（试行）》，提高药品定价科学性和透明度，规范药品价格行为，促进企业公平竞争。

3月2日，国家发改委等三部委联合发布《民办教育收费管理暂行办法》，规范民办学校的收费行为。

3月4日，财政部、国家发改委联合发出《2004年全国性及中央部门和单位行政事业性收费项目目录的通知》。

3月14日，国家发改委、建设部联合印发《城镇廉租住房租金管理办法》。

3月28日，国家发改委印发《上网电价管理暂行办法》《输配电价管理暂行办法》《销售电价管理暂行办法》，推进电价改革的实施工作，促进电价机制的根本性转变。

6月8日，国家发改委印发《高等学校教育培养成本监审办法（试行）》，制定高等学校学费标准。

6月24日，国家发改委发布《价格评估人员执业资格认定管理办法》《价格鉴证师注册管理办法》。

6月27日，国家发改委印发《国家发展改革委定价药品目录》，修改后的政府制定价格药品目录，品种由原来的1500种左右扩大到2400

种左右。

7 月 11 日，国家发改委发布《价格评估机构资质认定管理办法》。

8 月 24 日，国家发改委等五部门联合发出《关于调整成品油出口政策有关问题的通知》。

9 月 20 日，国务院颁布《国务院关于修改〈征收教育费附加的暂行规定〉的决定》。

10 月 25 日，国家发改委、建设部联合印发《关于建立煤热价格联动机制的指导意见》。

11 月 4 日，国家发改委办公厅发布《关于印发 15 种药品单独定价方案的通知》。

12 月 6 日，建设部等八部委发布《关于进一步推进城镇供热体制改革的意见》，提出原则上两年左右实现供热商品化。

12 月 23 日，国家发改委发出《关于改革天然气出厂价格形成机制及近期适当提高天然气出厂价格的通知》，决定改革天然气出厂价格形成机制，简化价格分类。将天然气出厂价格改为统一实行政府指导价，并适当提高天然气出厂价格。

2006 年

1 月 1 日，2006 年全国重点煤炭产运需衔接会议召开，国家发改委取消了对电煤价格的临时干预措施。

1 月 4 日，国家发改委发布《可再生能源发电价格和费用分摊管理试行办法》，明确可再生能源上网电价制定的原则办法，建立可再生能源费用分摊机制。这是我国第一个关于可再生能源电价的规范性文件。

1 月 17 日，国家发改委对原国家计委发布的《重要商品和服务价格成本监审暂行办法》进行修订，制定并发布《政府制定价格成本监审办法》。

1月20日，国家发改委、财政部联合发出《关于做好2006年化肥生产供应和价格调控工作的通知》。

1月24日，国务院第123次常务会议通过《取水许可和水资源费征收管理条例》，规定取水单位或者个人应当按照经批准的年度取水计划取水。超计划或者超定额取水的，对超计划或者超定额部分累进收取水资源费。

2月21日，国务院发布《关于修改〈价格违法行为行政处罚规定〉的决定》。

2月27日，国家发改委、财政部、国家粮食局、中国农业发展银行联合发出《关于公布2006年稻谷和小麦最低收购价格的通知》。

3月17日，国家发改委发布《政府制定价格行为规则》，共28条，2001年发布的《政府制定价格行为规则（试行）》同时废止。

3月27日，国家发改委发布《行政事业性收费标准管理暂行办法》。

4月28日，国家发改委制定《食盐专营许可证管理办法》。

5月7日，国家发改委、新闻出版总署联合发出《关于进一步加强中小学教材价格管理等有关事项的通知》。

5月19日，国家发改委与财政部、卫生部、劳动保障部等八部门联合发布《关于进一步整顿药品和医疗服务市场价格秩序的意见》，对列入政府定价范围的药品价格进行全面调整，同时将县及县以上医疗机构销售药品的实际加价率控制在15%以内。

5月24日，国务院办公厅转发了建设部、国家发改委、监察部、财政部等九部门《关于调整住房供应结构稳定住房价格的意见》，提出要切实调整住房供应结构，综合运用税收、信贷、土地政策等手段稳定住房价格促进住房市场健康发展。涉及税收、信贷、土地政策等15项措施。

5月24日，国家发改委、财政部联合发出《关于进一步清理整顿涉及出租汽车收费的通知》，要求各地区对现行涉及出租汽车企业和司机负担的各种费用进行清理整顿。

6月2日，国家发改委发出《关于加强涉农价格和收费管理为建设社会主义新农村服务的意见》。

6月7日，国务院常务会议讨论并原则通过《中华人民共和国反垄断法（草案）》。

8月3日，新闻出版总署、国家发改委、教育部、国务院纠风办、监察部、财政部、审计署联合发出《关于严禁在中小学教材出版发行环节违规收取费用的通知》。

9月8日，财政部、国土资源部、中国人民银行联合发出《关于探矿权采矿权价款收入管理有关事项的通知》，首次明确划分探矿权采矿权价款收入中央与地方的分成比例，20%归中央所有，80%归地方所有。

9月17日，国务院转发国家发改委《关于完善差别电价政策的意见》，规定对电解铝、铁合金、电石、烧碱、水泥、钢铁、黄磷、锌冶炼等8个高耗能行业实行差别电价政策，并明令禁止各地一律不得自行出台对高耗能企业实行优惠电价的措施。

10月24日，国家发改委等三部门联合发布《棉花加工资格认定和市场管理暂行办法》。

10月25日，国家发改委、国家邮政局联合发出《关于适当调整邮政基本资费的通知》。

11月1日，国务院常务会议审议并原则通过《关于“十一五”深化电力体制改革的实施意见》。

2007 年

1 月 11 日，国家发改委印发《可再生能源电价附加收入调配暂行办法》，规定可再生能源电价附加调配的具体程序和操作办法。

3 月 28 日，国家发改委发出《关于降低小火电机组上网电价促进小火电机组关停工作的通知》。

3 月 31 日，国家发改委印发《行政事业性收费统计报告制度》和《行政事业性收费统计工作考核办法》，要求各级价格主管部门切实加强对收费统计工作的组织领导，建立健全收费统计工作机制。

4 月 16 日，国家发改委、国家电监会联合发出《关于坚决贯彻执行差别电价政策禁止自行出台优惠电价的通知》，要求各地限期落实差别电价政策。

5 月 27 日，国家发改委发出《关于查处“违反公平自愿原则，强迫交易对方接受高价”行为有关问题的通知》。

5 月 29 日，国务院办公厅发出《关于做好猪肉等副食品生产供应保持市场稳定工作的通知》。

同日，国家发改委、国家环保总局联合发布《燃煤发电机组脱硫电价及脱硫设施运行管理办法（试行）》。

6 月 8 日，国家发改委印发《定价成本监审一般技术规范（试行）》。

6 月 13 日，国家发改委、建设部联合发布《城市供热价格管理暂行办法》。

7 月 4 日，国家发改委发布《关于桐柏、泰安抽水蓄能电站电价问题的通知》。

8 月 13 日，国务院印发《关于切实落实政策保证市场供应维护副食品价格稳定的紧急通知》。

8 月 30 日，十届全国人大常委会第二十九次会议通过《中华人民共和国反垄断法》。

9 月 10 日，国家发改委、建设部联合印发《物业服务定价成本监审办法（试行）》。

9 月 30 日，国家发改委、财政部、国家电监会联合发出《关于进一步贯彻落实差别电价政策有关问题的通知》，督促落实并完善差别电价政策，调整差别电价收入用途，由上缴中央国库改为上缴地方国库。

10 月 24 日，国家发改委发出《关于印发〈价格监督检查提醒告诫办法〉的通知》，规定对价格或者收费违法行为，价格主管部门实施提醒告诫措施。

11 月 28 日，国家发改委印发《关于公布六起加油站价格违法案件的通报》，并通过新闻媒体公开曝光。

12 月 18 日，国家发改委发出《关于推进全国“12358”价格举报管理信息系统建设工作的通知》，决定建立“12358”价格举报管理信息系统实现全国联网。

12 月 28 日，国家发改委、民航总局联合印发《民用机场收费改革方案》，规定民用机场收费实行分类管理；统一机场收费项目；航空性业务收费项目及非航空性业务重要收费项目的收费标准实行政府指导价，非航空性业务其他收费项目的收费标准原则上以市场调节价为主。

2008 年

1 月 15 日，国家发改委公布《关于对部分重要商品及服务实行临时价格干预措施的实施办法》。

1 月 22 日，国家发改委、信息产业部对《降低移动电话国内漫游通话费上限标准方案》进行公开听证，简化漫游资费结构、降低资费标准，标准资费用户于 2008 年 3 月 1 日起，资费优惠方案用户于 2008 年 4 月 1 日起执行降低后的标准。

2 月 8 日，国家发改委、财政部，农业部、国家粮食局、中国农业发展银行联合发出《关于公布 2008 年稻谷和小麦最低收购价格的通知》。

3 月 18 日，国家发改委发出《关于加强价格行政执法制止价格垄断的通知》。

3 月 27 日，全国农业和粮食生产工作电视电话会议召开，国务院宣布再次提高小麦、稻谷最低收购价。

同日，国务院法制办公布《国务院关于经营者集中申报的规定（征求意见稿）》，共 19 条，规定了经营者集中的申报标准、免予申报的情形、申报主体、申报程序、需要提交的文件资料、初步快速审查机制以及相关法律责任等问题。

6 月 20 日，国家发改委发出《关于提高电力价格有关问题的通知》，决定自 2008 年 7 月 1 日起，将全国除西藏自治区之外的省级电网销售电价平均每千瓦时提高 0.025 元；同时居民生活用电、农业生产和化肥生产用电价格，四川、陕西、甘肃三省受地震灾害影响严重的县（市）电价不作调整。

6 月 23 日，国家发改委、铁道部联合发出《关于调整铁路货物运输价格的通知》。

8 月 1 日，《中华人民共和国反垄断法》正式实施。同日，国务院成立反垄断委员会，主要职责是研究拟定有关竞争政策；组织调查、评估市场总体竞争状况，发布评估报告；制定、发布反垄断指南；协调反垄断行政执法工作等。

8 月 12 日，国家发改委发出《关于调整民用爆破器材出厂价格的通知》，大幅提高民用爆破器材出厂价格，基准价格平均上调 29.5%。

进一步扩大民用爆破器材出厂指导价格允许浮动幅度，赋予企业更多自主定价权。

10月15日，国家发改委制定并公布修订后的《政府制定价格听证办法》，进一步完善价格听证制度，规范价格听证行为，增强听证会的可操作性，提高政府制定价格的民主性、科学性和透明度。

11月19日，国家发改委与财政部联合发出《关于公布取消和停止征收100项行政事业性收费项目的通知》，取消或停止征收城市房屋拆迁管理费、暂住证（卡）工本费、新资源食品申请审评费等100项行政事业性收费，涉及30个部门，可减轻企业和社会各方面负担约190亿元。

12月15日，国家发改委印发《关于反价格垄断执法授权的决定》，确定反价格垄断的执法权限属国家发改委及其授权的省级人民政府价格主管部门。

12月18日，国务院发出《关于实施成品油价格和税费改革的通知》，决定自2009年1月1日起实施成品油税费改革，完善成品油价格形成机制，国内成品油价格实行与国际市场原油价格有控制地间接接轨。

2009年

1月9日，国家发改委、财政部、农业部、商务部、国家工商总局、国家质检总局联合发布《防止生猪价格过度下跌调控预案（暂行）》。

1月12日，国家发改委发出《关于价格监督检查司处级机构设置和处级干部任职的通知》，价检司反价格垄断和市场价格监管处成立。

1月14日，国家发改委、中国民用航空局发出《关于暂停收取国内航线旅客运输燃油附加的通知》，决定自2009年1月15日起，暂停收取国内航线旅客运输燃油附加。

1月24日，国家发改委、财政部、农业部、国家粮食局、中国农业银行联合发出《关于提高2009年稻谷最低收购价格的通知》。

同日，国家发改委、财政部联合发出《关于改革化肥价格形成机制的通知》，推进化肥价格改革，建立以市场为主导的化肥价格形成机制；规定自2009年1月25日起，将国产化肥出厂价格、除钾肥外的进口化肥港口交货价格由政府指导价改为市场调节价。适度放松对进口钾肥价格的监管，港口交货基准价格由国家制定改为企业根据国家规定的作价办法制定。

2月17日，国务院转发国家发改委、交通运输部、财政部《取消政府还贷二级公路收费实施方案》，提出按照“国家鼓励、地方为主；确定目标、有序推进；锁定债务、逐年偿还；安置人员、确保稳定”的总体思路，逐步有序取消政府还贷二级公路收费。

3月9—11日，国家发改委与美国联邦贸易发展署联合举办“中美反价格垄断研讨会”。

5月19日，国家发改委、财政部、农业部、国家粮食局、中国农业发展银行、中国储备粮管理总公司联合发出《关于印发2009年小麦最低收费价执行预案的通知》。

6月5日，国家发改委宣布启动冻猪肉收储工作。收购前，猪粮比价已经连续4周低于6：1盈亏平衡预警点，生猪价格创2006年11月以来的最低点。收储后，有效扭转了猪价过度下跌的势头。

6月19日，交通运输部、国家发改委印发《道路运输价格管理规定》和《汽车运价规则》，明确公路客运价格管理方式以政府指导价为主，允许竞争充分的线路实行市场调节价；农村道路客运实行政府定价，实行低票价政策。

6月29日，国家发改委、铁道部联合发出《关于适当调整农用化肥铁路运价有关问题的通知》。

8 月 19 日，财政部、国家发改委、农业部联合印发《关于进一步完善农资综合补贴动态调整机制的实施意见》，按照“价补统筹、动态调整、只增不减”的基本原则，进一步完善农资综合补贴动态调整机制。

11 月 11 日，国家发改委、国家民航局联合发出《关于建立民航国内航线旅客运输燃油附加与航空煤油价格联动机制有关问题的通知》，将民航国内航线旅客运输燃油附加由现行统一规定收取标准的方式，改为公布燃油附加与航空煤油价格的联动机制。

11 月 18 日，工信部、国家发改委联合发出《关于调整固定本地电话等业务资费管理方式的通知》，将固定电话、“小灵通”月租费和“市话”通话费、出租电路长期租用费由实行政府定价改为实行上限管理，充分发挥市场机制作用，鼓励电信企业市场竞争。

12 月 8 日，工信部、国家发改委联合发出《关于简化移动电话拨打长途电话资费的通知》，简化移动电话拨打长途电话资费。

12 月 11 日，国家发改委、铁道部发布《关于武广郑西铁路客运专线高速动车组列车运价有关问题的通知》，明确对郑西、武广客运专线高速动车组实行试行运价，试行运价水平由铁路运输企业根据市场状况自主确定。

12 月 14 日，财政部、国家发改委、教育部、人社部联合发出《关于中等职业学校农村家庭经济困难学生和涉农专业学生免学费工作的意见》，要求从 2009 年秋季学期起，对中等职业学校农村家庭经济困难学生和涉农专业学生免收学费。

同日，国家发改委、铁道部联合发出《关于调整铁路货物运输价格的通知》。

2010 年

4 月 13 日，国家民航局、国家发改委联合发出《关于民航国内航线头等舱公务舱票价有关问题的通知》，规定自 2010 年 6 月 1 日起，国内航线头等舱、公务舱票价实行市场调节价。

4 月 15 日，国家发改委、工信部等十四部门联合发出《关于开展治理和规范涉企收费工作的通知》，在全国范围内部署开展治理和规范涉企收费工作。

5 月 26 日，国务院召开第 113 次常务会议讨论加强农产品市场监管问题，专题汇报大蒜、绿豆等小品种农产品市场和价格总体情况，要求加强农产品市场价格监管，严厉打击囤积居奇、哄抬农产品价格等违法行为。

6 月 17 日，国家发改委印发《关于沪宁城际轨道交通票价有关问题的复函》，明确沪宁城际轨道交通高速动车组列车实行试行运价，具体运价水平由铁路运输企业根据市场状况自主确定。

8 月 24 日，国家民航局、国家发改委联合发出《关于印发通用航空民用机场收费标准的通知》，明确机场对通用航空给予适当的收费减免优惠。

11 月 19 日，国务院发出《关于稳定消费价格总水平保障群众基本生活的通知》，提出发展生产、保障供应、强化监管、安定民生的十六条调控措施；国家发改委牵头建立市场价格调控部际联席会议制度，会同有关部门落实国务院部署。

11 月 26 日，交通运输部、国家发改委、财政部联合发出《关于进一步完善鲜活农产品运输绿色通道政策的紧急通知》，规定自 2010 年 12 月 1 日起，将全国所有公路纳入鲜活农产品运输“绿色通道”范围。

12月4日，国务院正式发布修改后的《价格违法行为行政处罚规定（2010版）》。

12月6—7日，国家发改委价检司和经济合作与发展组织竞争局共同举办制止价格垄断协议和串通投标专题研讨会，主要讨论经合组织成员国在制止价格垄断协议和串通投标方面的立法和执法实践。

12月29日，国家发改委公布《反价格垄断规定》和《反价格垄断行政执法程序规定》。

2011年

2月10日，国家发改委、国家烟草专卖局联合发出《关于2011年烟叶收购价格政策的通知》。

3月2日，国家发改委发出《关于调整部分抗微生物类和循环系统类药品最高零售价格的通知》。

3月9日，国家发改委等部门联合发出《关于银行业金融机构免除部分服务收费的通知》，要求商业银行免费提供11类34项服务项目。

3月17日，国家发改委发出《关于加强市场监管，坚决打击造谣惑众哄抬食用盐价格等违法行为的紧急通知》。

3月23日，国家发改委、铁道部联合发出《关于调整铁路货物运输价格的通知》。

3月28日，国家发改委、财政部、农业部、工信部、铁道部、国家质检总局、全国供销合作总社、农业发展银行联合印发《2011年度棉花临时收储预案》，决定2011年度棉花临时收储价为每吨19800元。

3月30日，国家发改委、卫生部联合发出《关于开展按病种收费方式改革试点有关问题的通知》。

6月10日，交通运输部、国家发改委、财政部、监察部、国务院纠风办联合发出《关于开展收费公路专项清理工作的通知》，决定自2011年6月起，开展为期1年的专项清理工作，全面清理辖区内公路超期收费、通行费收费标准偏高等违规及不合理收费。

7月1日，中编办印发《关于发展改革委价格监督检查司更名及调整编制的批复》，同意价格监督检查司更名为价格监督检查与反垄断局，增加行政编制20名，专项用于价格监督检查和反垄断工作。

7月12日，中编办印发《关于为部分省（市）下达物价监督检查编制的通知》，决定分配下达150名行政编制用于加强省级政府价格主管部门价格监督检查与反垄断工作。其中，北京、上海各30名，辽宁、江苏、湖北、广东、重庆、陕西各15名。

7月27日，国家发改委、商务部和国家工商总局与美国司法部、联邦贸易委员会签署《中美反垄断和反托拉斯合作谅解备忘录》。

8月4日，国家发改委发出《关于调整激素调节内分泌类和神经系统类等药品价格及有关问题的通知》，共涉及83个品种，467个剂型规格，平均降价幅度为14%。

8月16日，国家发改委发出《关于完善糖料收购价格政策的通知》，决定建立糖料收购价格与销售价格挂钩联动、糖料款二次结算的价格动态调整机制。

10月14日，国家发改委、民航局联合发出《关于完善民航国内航线旅客运输燃油附加与航空煤油价格联动机制有关问题的通知》。

11月17日，国家发改委发出《关于印发〈药品差比价规则〉的通知》。

12月10日，国家发改委、铁道部联合发出《关于硫酸钾镁肥执行化肥铁路优惠运价政策的通知》。

12月30日，财政部、国家发改委联合发出《关于公布取消253项涉及企业行政事业性收费的通知》，决定从 2012 年 2 月 1 日起，取消 253 项各省（区、市）设立的涉及企业的行政事业性收费。

12 月 31 日，国家发改委、教育部、财政部发布《幼儿园收费管理暂行办法》，决定加强对学前教育收费管理，规范幼儿园收费行为。

2012 年

1 月 4 日，国家发改委、国家烟草专卖局发出《关于 2012 年烟叶收购价格政策的通知》，规定 2012 年烤烟平均收购价比 2011 年提高 20%，白肋烟、香料烟平均收购价比 2011 年提高 23%。

1 月 11 日，国务院办公厅印发国家发改委等部门《降低流通费用提高流通效率综合工作方案》，出台降低流通费用的 10 项政策措施。

2 月 16 日，国家发改委，财政部联合发出《关于进一步规范职业资格类考试收费标准管理等有关问题的通知》，改革职业资格考试收费管理方式，对考务费实行统一标准化管理。

3 月 22 日，国家发改委、民政部联合发布《关于进一步加强殡葬服务收费管理有关问题的指导意见》，将殡葬服务区分为基本服务和延伸服务，要求各地分类进行管理，并加强了对公墓价格的管理。

3 月 28 日，国家发改委发出《关于完善垃圾焚烧发电价格政策的通知》，出台引导垃圾焚烧发电产业健康发展的价格政策。

5 月 4 日，国家发改委、卫生部、国家中医药管理局发出《关于规范医疗服务价格管理及有关问题的通知》，并正式发布《全国医疗服务价格项目规范（2012 年版）》，要求各地全面规范医疗服务价格管理。

5 月 11 日，国家发改委、财政部、农业部、商务部、国家工商总局、质监总局出台《缓解生猪市场价格周期性波动调控预案》，建立完善生猪市场价格调控机制，缓解生猪市场价格周期性波动，促进生猪生产平稳健康持续发展。

5月16日，国家发改委、铁道部联合发出《关于调整铁路货物运输价格的通知》，决定自2012年5月20日起，适当调整国铁货物统一运价，取消新疆、青海、西藏地区货物运输特殊运价和临管运价。

6月19—20日，国家发改委价格监督检查与反垄断局与美国司法部、联邦贸易委员会共同举办中美知识产权适用反垄断法问题研讨会。

6月27日，国家发改委发布《关于利用价格杠杆鼓励和引导民间投资发展的实施意见》，进一步明确促进民间投资发展的价格政策措施。主要是通过深化电力，天然气、水利工程供水等领域价格改革，对城市供水供气供热、保障性住房、铁路、医疗等公共事业实施支持性价格政策，调动民间资本参与相关领域投资经营的积极性。

9月3日，国家发改委、卫生部、人社部联合发出《关于推进县级公立医院医药价格改革工作的通知》，要求各地积极稳妥推进县级公立医院医药价格改革。

9月14日，国家发改委发出《关于调整免疫抗肿瘤和血液系统类等药品价格及有关问题的通知》，调整95种药品最高零售限价。

9月20日，国家发改委与欧盟委员会竞争总司签署《中欧关于反垄断法领域合作的谅解备忘录》。

9月22—27日，国家发改委率团赴美出席首届中美竞争政策高层对话，与美国司法部、联邦贸易委员会相互交流反垄断立法和执法情况。

11月12日，国家发改委、国家广电总局联合发布《有线数字电视基本收视维护定价成本监审办法（试行）》。

12月3—4日，国家发改委价格监督检查与反垄断局召开案件通报会，向中国台湾奇美、友达、中华映管公司、韩国三星、LG和中国台湾瀚宇彩晶公司通报液晶面板案件调查处理情况。

12月18日，国家发改委发出《关于解除发电用煤临时价格干预措施的通知》。

12月28日，国家发改委价格监督检查与反垄断局液晶面板案全部处理完毕，共责令涉案企业退还国内彩电企业多付价款1.72亿元，没收违法所得3675万元，罚款1.44亿元，经济制裁总金额达3.53亿元。

12月31日，国家发改委发出《关于调整呼吸解热镇痛和专科特殊用药等药品价格及有关问题的通知》，调整400多种药品最高零售限价。

2013年

1月7日，国家发改委、财政部、水利部联合发布《关于水资源费征收标准有关问题的通知》，明确水资源费征收标准制定原则、规范水资源费征收标准。

1月16日，国家发改委发布《关于优化和调整银行卡刷卡手续费的通知》，适当下调部分偏高刷卡手续费标准。

1月30日，国家发改委等五部门联合发出《关于提高2013年稻谷最低收购价格的通知》。

2月17日，国家发改委、铁道部联合发出《关于调整铁路货物运输价格的通知》。

3月26日，国家发改委发布《关于进一步完善成品油价格形成机制的通知》。

5月2日，国家发改委发出《关于进一步降低农产品生产流通环节电价有关问题的通知》，决定自2013年6月1日起，对生猪、蔬菜生产用电执行农业生产用电价格，农产品批发市场、农贸市场用电、农产品冷链物流的冷库用电价格实现与工业用电同价。

5月6日，国家发改委、财政部、教育部联合发出《关于加强研究生教育学费标准管理及有关问题的通知》。

5 月 24 日，国家发改委发出《关于调整销售电价分类结构有关问题的通知》。

6 月 15 日，国家发改委发出《关于完善核电上网电价机制有关问题的通知》。

6 月 28 日，国家发改委发出《关于调整天然气价格的通知》，调整非居民用天然气价格。

8 月 2 日，国家发改委、财政部联合发出《关于降低部分行政事业性收费标准的通知》，决定自 2013 年 10 月 1 日起，降低 14 个部门 20 个行政事业性收费项目的收费标准。

8 月 9 日，国务院印发《关于改革铁路投融资体制、加快推进铁路建设的意见》，明确提出不断完善铁路运价体制，坚持铁路运价改革市场化取向。创造条件将铁路货运价格由政府定价改为政府指导价，增加运价弹性。

8 月 26 日，国家发改委发出《关于发挥价格杠杆作用促进光伏产业健康发展的通知》，制定光伏电站分区域上网标杆电价，对分布式光伏发电实行按照电量补贴的政策。

8 月 27 日，国家发改委发出《关于调整可再生能源电价附加标准与环保电价有关事项的通知》，决定自 2013 年 9 月 25 日起，在保持现有销售电价总水平不变的情况下，主要利用电煤价格下降腾出的电价空间，提高可再生能源电价附加标准。

9 月 30 日，国家发改委印发《价格行政处罚案件审理审查规则》。

10 月 9 日，民航局、国家发改委联合发出《关于完善民航国内航空运输价格政策有关问题的通知》，取消国内航线旅客票价下浮幅度限制，扩大了实行市场调节价的航线范围，对部分与地面主要交通运输方式形成竞争，且由两家（含）以上航空公司共同经营的国内航线，旅客票价由实行政府指导价改为市场调节价。

10月22日，国家发改委印发《关于建立完善价格监管机制的意见》。

11月12日，工信部、国家发改委联合发出《关于试点期间对移动转售业务相关资费实行市场调节价的通告》，对转售企业开办的移动电话业务资费实行市场调节，取消网内网间差别定价限制。

11月27日，国家发改委、财政部联合发出《关于第二代蜂窝公众通信网络频率占用费收费标准及有关问题的通知》。

12月11日，国家发改委发出《关于完善居民阶梯电价制度的通知》。

12月13日，国家发改委发出《关于对电解铝企业用电实行阶梯电价政策的通知》，对电解铝企业区分不同电耗标准，分别执行不同电价加价标准，超标越多加价越高。

12月27日，国家发改委发出《关于调整部分麻醉药品价格的通知》。

12月31日，国家发改委、住建部联合发布《关于加快建立完善城镇居民用水阶梯价格制度的指导意见》，要求各地建立完善居民阶梯水价制度，2015年底前，设市城市原则上要全面实行居民阶梯水价制度。

2014年

1月9日，商务部、国家发改委、国家工商总局和美国反垄断执法机构司法部、联邦贸易委员会联合举办第二届中美反垄断高层对话。

1月11日，国家发改委发出《关于完善水电上网电价形成机制的通知》。

1月15日，国家发改委发布修订后的《价格违法行为举报规定》。

1月26日，国家发改委、财政部联合发布修订后的《价格违法行为举报奖励办法》。

1 月 30 日，国家发改委发出《关于调整铁路货物运价有关问题的通知》。

2 月 14 日，国家发改委、中国银监会发布《关于印发商业银行服务政府指导价政府定价目录的通知》《商业银行服务价格管理办法》。

3 月 11—12 日，国家发改委、国家工商总局与欧盟委员会竞争总司联合举办中欧竞争周活动，主题为汽车和在线零售领域的反垄断问题。

3 月 13 日，国家发改委发出《关于包神、准池铁路货物运价有关问题的通知》，明确包神铁路货物运价由政府定价改为政府指导价；新建的准池铁路开通运营后，货物运价实行市场调节。

3 月 20 日，国家发改委发布《关于建立健全居民生活用气阶梯价格制度的指导意见》，要求 2015 年底前所有已通气城市均应建立起居民生活用气阶梯价格制度。

3 月 25 日，国家发改委、国家卫计委、人社部联合发出《关于非公立医疗机构医疗服务实行市场调节价有关问题的通知》，明确放开非公立医疗机构医疗服务价格，鼓励社会办医。

4 月 26 日，国家发改委发布《关于改进低价药品价格管理有关问题的通知》，放开 500 多个品种中的 1000 多个剂型的低价药品的最高零售限价。

5 月 5 日，国家发改委、工信部、国家质检总局联合发出《关于运用价格手段促进水泥行业产业结构调整有关事项的通知》，决定自 2014 年 7 月 1 日起，对淘汰类水泥企业实行更加严格的差别电价政策。

5 月 5 日，工信部、国家发改委联合发出《关于电信业务资费实行市场调节价的通告》，决定放开各类电信业务资费。

5 月 7 日，国家发改委、财政部、水利部联合发出《关于水土保持补偿费收费标准（试行）的通知》。

6月5日，国家发改委发出《关于海上风电上网电价政策的通知》。

同日，国家发改委发出《关于放开种子、桑蚕茧和两碱外工业用盐价格意见的通知》。

7月22日，国家发改委发出《关于电动汽车用电价格政策有关问题的通知》，确定对电动汽车充换电设施用电实行扶持性电价政策。

7月31日，国家发改委发出《关于完善抽水蓄能电站价格形成机制有关问题的通知》，明确在形成竞争性电力市场以前，对抽水蓄能电站实行两部制电价。

8月20日，国家发改委发出《关于进一步疏导环保电价矛盾的通知》，规定全国燃煤发电企业标杆上网电价平均每千瓦时降低0.93分钱，腾出的电价空间用于进一步疏导环保电价矛盾。

8月26日，国家发改委、财政部、水利部联合发出《关于调整中央直属和跨省水力发电用水水资源费征收标准的通知》。

9月1日，国家发改委、财政部、环保部联合发出《关于调整排污费征收标准等有关问题的通知》，制定排污费最低征收标准，同时要求建立差别排污收费机制，并实行差别收费政策。

10月16日，国家发改委、财政部、农业部等五部委联合发出《关于公布2015年小麦最低收购价格的通知》。

10月23日，国家发改委发出《关于深圳市开展输配电价改革试点的通知》，决定在深圳市开展输配电价改革试点。

11月2日，国家发改委发出《关于清理规范涉企行政审批前置服务收费的通知》，明确提出要全面清理涉及企业、与行政审批相关的中介服务收费，废止没有法律法规依据的前置服务收费政策，严格规范中介服务机构收费行为。

11月10日，12358全国价格举报管理信息系统在全国进行四级联网试运行。

11月15日，国务院常务会议部署加快推进价格改革，要求更大程度让市场定价；决定实施普遍性降费，进一步为企业特别是小微企业减负添力；确定促进云计算创新发展措施，培育壮大新业态新产业。

11月22日，交通运输部、国家发改委联合发出《关于放开港口竞争性服务收费有关问题的通知》，明确进一步完善港口收费政策，对竞争性服务收费标准实行市场调节。

11月25日，中国民用航空局、国家发改委联合发出《关于进一步完善民航国内航空运输价格政策有关问题的通知》，放开民航国内航线货物运输价格和相邻省份之间竞争充分的部分短途航线旅客运输票价。

12月2日，国家发改委发出《关于下放和放开部分交通运输服务价格的通知》，决定将省内短途管道运输价格下放到省级价格主管部门管理。

12月17日，国家发改委、国家烟草专卖局联合发出《关于放开烟叶收购价格的通知》，明确自2015年度起，放开快烟、白肋烟、香料烟等各品种、各等级烟叶收购价格，实行市场调节。

12月23日，国家发改委发出《关于放开部分铁路运输价格的通知》，要求放开铁路散货快运价格、铁路包裹运输价格，以及社会资本投资控股新建铁路货物运价、社会资本投资控股新建铁路客运专线旅客票价。

12月25日，国家发改委、工信部、公安部联合发出《关于放开民爆器材出厂价格有关问题的通知》，放开民爆器材出厂价格。

12月31日，国家发改委发出《关于适当调整陆上风电标杆上网电价的通知》，降低风电标杆价，合理引导风电投资。

12月31日，国家发改委发出《关于规范天然气发电上网电价管理有关问题的通知》，明确根据天然气发电实行差别化的上网电价机制。

12 月 31 日，财政部、国家发改委、住建部联合印发《污水处理费征收使用管理办法》，对污水处理费的征收、使用管理做出明确规定。

2015 年

1 月 9 日，国家发改委、财政部发出《关于取消收费许可证制度加强事中事后监管的通知》，规定取消收费许可证及年审制度，实施收费单位情况和收支状况报告制度，建立收费政策及执行情况后评估制度并强化收费目录制度和公示制度。

1 月 21 日，国家发改委、财政部、住房和城乡建设部联合发出《关于制定和调整污水处理收费标准等有关问题的通知》，指导地方合理制定和调整污水处理收费标准，加大收缴力度，提高收缴率，推行差别化收费政策，充分发挥价格杠杆作用。

1 月 29 日，国家发改委发出《关于调整铁路货运价格进一步完善价格形成机制的通知》。

2 月 3 日，国家发改委、财政部、农业部、国家粮食局、中国农业发展银行联合发出《关于公布 2015 年稻谷最低收购价格的通知》。

2 月 11 日，国家发改委发出《关于进一步放开建设项目专业服务价格的通知》，放开原来实行政府指导价管理的政府投资和政府委托建设项目的 5 项建设项目服务价格，实行市场调节价。

4 月 13 日，国家发改委发出《关于降低燃煤发电上网电价和工商业用电价格的通知》。

5 月 4 日，国家发改委等部门印发《推进药品价格改革的意见》，决定自 2015 年 6 月 1 日起，除麻醉药品和第一类精神药品外，取消原政府制定的药品价格，同步完善药品采购机制，强化医药费用控制和价格行为监管，逐步建立以市场为主导的药品价格形成机制。

5月5日，国家发改委发出《关于完善跨省跨区电能交易价格形成机制有关问题的通知》，明确跨省跨区交易按照“风险共担、利益共享”原则协商或通过市场化交易方式确定送受电量、价格。

5月22日，国家发改委、国家邮政局联合发出《关于放开部分邮政业务资费有关问题的通知》，放开国内特快专递资费等4项邮政业务资费。

6月2日，国家发改委、财政部联合发出《关于改革全国性职业资格考试收费标准管理方式的通知》，规定对经审批的全国性职业资格考试考务费标准或考试费标准，均不再报送国家发改委、财政部审核，改由在规定的收费标准上限内自行确定。

6月3日，国家发改委、教育部、司法部、新闻出版广电总局联合发出《关于下放教材及部分服务价格定价权限有关问题的通知》。

6月7日，国家发改委发出《关于放开部分检验检测经营服务收费的通知》，决定放开原实行政府定价或政府指导价管理的检验检测等9项经营服务收费。

6月9日，国家发改委、国家能源局联合印发《输配电定价成本监审办法（试行）》。

8月17日，国家发改委办公厅印发《关于建议纠正蚌埠市卫生计生委滥用行政权力排除限制竞争有关行为的函》。

10月8日，国家发改委印发《中央定价目录》（2015版）。同日，国家发改委发出《关于印发〈价格认定规定〉的通知》。

10月10日，国家发改委、财政部、农业部、国家粮食局、中国农业发展银行联合发出《关于公布2016年小麦最低收购价格的通知》。

10月12日，中共中央、国务院印发《关于推进价格机制改革的若干意见》。这是第一个以党中央、国务院名义出台的专门针对价格机制改革的文件。

同日，国家发改委发出《中央涉企经营服务收费目录清单和涉企进出口环节经营服务收费目录清单的通知》，公布实行政府定价管理的《中央涉企经营服务收费目录清单》和《中央涉企进出口环节经营服务收费目录清单》，规范涉企收费行为，提高涉企收费政策的透明度。

11月18日，国家发改委发出《关于降低非居民用天然气门站价格并进一步推进价格市场化改革的通知》。

11月30日，国家发改委、国家能源局联合发布《关于推进输配电价改革的实施意见》《关于推进电力市场建设的实施意见》《关于电力交易机构组建和规范运行的实施意见》《关于有序放开发用电计划的实施意见》《关于推进售电侧改革的实施意见》《关于加强和规范燃煤自备电厂监督管理的指导意见》6部电力体制改革配套文件。

12月2日，国家发改委、环保部、国家能源局联合发出《关于燃煤电厂超低排放电价支持政策有关问题的通知》，对燃煤电厂超低排放实行电价支持政策，促进节能减排和大气污染治理。

12月15日，国家发改委、住建部、交通运输部联合印发《关于进一步完善机动车停放服务收费政策的指导意见》，加快推进停车收费市场化改革。

12月22日，国家发改委发出《关于完善陆上风电光伏发电上网标杆电价政策的通知》，调整新建陆上风电和光伏发电上网标杆电价政策，合理引导新能源投资。

12月23日，国家发改委发出《关于改革完善高铁动车组旅客票价政策的通知》，明确自2016年1月1日起，高铁动车组一、二等座票价交由铁路运输企业依法自主制定。

12月27日，国家发改委发出《关于降低燃煤发电上网电价和一般工商业用电价格的通知》。

12月28日，山东省物价局印发《山东省定价目录》，标志着全国31个省、自治区、直辖市于2015年全面完成地方定价目录修订印发工作。

12月29日，交通运输部、国家发改委联合印发新的《港口收费计费办法》，对各项港口收费计费做出明确规定，规范港口收费行为。

2016年

1月9日，国家发改委价格监督检查与反垄断局召开家电行业价格法规政策提醒告诫会，国内空调、冰箱、彩电、洗衣机、小家电生产企业和主要电子商务平台负责人参加。

1月13日，国家发改委发出《关于降低国内成品油价格简化调价操作方式等有关事项的通知》，进一步完善成品油价格形成机制，简化调价操作方式。同日，国家发改委发出《关于进一步完善成品油价格形成机制有关问题的通知》，设置40美元成品油调控下限，建立油价调控风险准备金，放开液化石油气出厂价格。

1月21日，国务院办公厅印发《关于推进农业水价综合改革的意见》，明确农业水价综合改革的总体要求，任务举措和保障措施。

2月2日，国家发改委会同财政部、农业部、国家粮食局、中国农业发展银行联合发出《关于公布2016年稻谷最低收购价格的通知》。

3月4日，国家发改委、财政部联合发出《关于重新核发中央管理的卫生计生部门行政事业性收费标准等有关问题的通知》，重新审核中央管理的卫生计生部门医疗事故鉴定费、社会抚养费等10项收费标准。

3月7日，国家发改委发出《关于扩大输配电价改革试点范围有关事项的通知》。

3月14日，国家发改委、中国人民银行联合发出《关于完善银行卡刷卡手续费定价机制的通知》，将收单环节服务费由政府指导价改为实行市场调节价；发卡行服务费、网络服务费由政府定价改为实行政府指导价、上限管理。

5月5日，公平竞争审查工作部际联席会议召开第一次全体会议，通报公平竞争审查工作进展情况，审议实施细则等相关文件，研究部署下一步重点任务。

6月5日，国家发改委发出《关于完善铁路普通旅客列车软座、软卧票价形成机制的通知》，将普通旅客列车软座、软卧票价交由铁路运输企业依法自主制定。

6月6日，国家发改委办公厅发出《关于全面实行收费目录清单制度的通知》，探索建立市、县级政府定价的收费目录清单，逐步形成“中央，省、市、县”四级联动、全面公开的收费目录清单体系。

7月1日，国家发改委、国家卫计委等四部门联合发出《关于印发推进医疗服务价格改革意见的通知》，全面实施医疗服务价格改革。

8月29日，国家发改委发出《关于太阳能热发电标杆上网电价政策的通知》，核定太阳能热发电标杆上网电价。

9月19日，国家发改委发出《关于全面推进输配电价改革试点有关事项的通知》，进一步提速输配电价改革试点工作。

9月29日，民航局、国家发改委联合发出《关于深化民航国内航空旅客运输票价改革有关问题的通知》，放开800公里以下、800公里以上与高铁动车组列车形成竞争航线旅客票价。

10月8日，国家发改委废止《食盐价格管理办法》。

同日，国家发改委发出《关于放开食盐价格有关事项的通知》。

10月15日，国家发改委发出《关于明确储气设施相关价格政策的通知》，明确储气设施天然气购销价格由市场竞争形成，储气服务价格由供需双方协商确定。

11月5日，国家发改委发出《关于推进化肥用气价格市场化改革的通知》，全面放开化肥用气价格。

12月26日，国家发改委发出《关于调整光伏发电陆上风电标杆上网电价的通知》，继续实施新能源价格退坡机制，较大幅度降低2017年光伏电站标杆电价，适当降低2018年陆上风电标杆电价。

12月30日，国家发改委、工信部联合发出《关于运用价格手段促进钢铁行业供给侧结构性改革有关事项的通知》，出台钢铁行业差别电价，阶梯电价政策。

2017年

1月10日，国家发改委、国家卫计委、人力资源社会保障部联合发出《关于推进按病种收费工作的通知》，要求各地全面推进按病种收费工作，制定实施推进按病种收费的实施细则，年底前所有城市实行按病种的数量不少于100种。

2月12日，国家发改委办公厅发出《关于开展天然气管道运输定价成本监审工作的通知》，组织开展定价成本监审。

2月28日，国家发改委印发《铁路普通旅客列车运输定价成本监审办法（试行）》，明确铁路普通旅客列车运输定价成本的构成以及成本监审原则、方法。

3月16日，国家发改委、财政部联合发出《关于深化棉花目标价格改革的通知》，明确2017年起在新疆深化棉花目标价格改革。

4月25日，国家发改委、财政部、工信部、民政部联合发出《关于清理规范涉企经营服务性收费的通知》，部署各部门、各地区开展清理规范涉企经营服务性收费工作，要求大幅减少政府定价项目。

5月25日，国家发改委、国家卫计委委托中国卫生经济学会与中国价格协会向社会发布《按病种收费技术规范（试行）》，对320个病种的诊断、治疗、出入院标准等进行了详细规定，为各地顺利推进按病种收费改革提供了技术支撑。

6月6日，国家发改委、财政部、水利部、农业部、国土资源部联合发出《关于扎实推进农业水价综合改革的通知》，要求各地切实推进农业水价综合改革。

7月20日，国家发改委公布《行业协会价格行为指南》。

8月16日，国家发改委办公厅发出《关于全面推进跨省跨区和区域电网输电价格改革工作的通知》，启动区域电网和跨省跨区专项工程输电价格改革工作。

8月23日，国家发改委印发《关于进一步加强垄断行业价格监管的意见》，首次对垄断行业科学定价进行顶层设计和系统谋划，明确垄断行业价格监管的时间表、路线图。

9月18日，国家发改委修订出台《政府制定价格行为规则》，这是对2006年修订的《政府制定价格行为规则》的完善。

10月12日，国家发改委、住建部联合印发《关于加快建立健全城镇非居民用水超定额累进加价制度的指导意见》，要求各地2020年底前全面推行非居民用水超定额累进加价制度。

10月23日，国家发改委、财政部、商务部、国家工商总局、国务院法制办联合发出《关于印发〈公平竞争审查制度实施细则（暂行）〉的通知》。

10月25日，国家发改委、财政部、农业部、国家粮食局、中国农业发展银行联合发出《关于公布2018年小麦最低收购价格的通知》。

10月30日，国家发改委修订出台《政府制定价格成本监审办法》。

11月8日，国家发改委印发《关于全面深化价格机制改革的意见》，明确到2020年的改革目标，聚焦垄断行业、公用事业和公共服务、生态环保、农业、涉企收费、市场价格监管、民生保障等七个方面。

12月14日，国家发改委发出《关于深化铁路货运价格市场化改革等有关问题的通知》，要求自2018年1月1日起，扩大铁路货运价格市场调节范围，简化运价结构，完善运价体系。

12月17日，民航局、国家发改委联合印发《民用航空国内运输市场价格行为规则》，规范国内航空运输企业的价格行为，强化事中事后监管。

12月19日，国家发改委发出《关于2018年光伏发电项目价格政策的通知》。

12月27日，国家发改委公布《政府定价的经营服务性收费目录清单》。

12月29日，国家发改委发布《关于印发〈区域电网输电价格定价办法（试行）〉〈跨省跨区专项工程输电价格定价办法（试行）〉和〈关于制定地方电网和增量配电网配电价格的指导意见〉的通知》，标志着我国已经建立全环节输配电价格监管制度框架。

2018年

4月8日，市场监管总局发布《关于进一步加强直销监督管理工作的意见》。

4月19日，国家发改委、财政部发布《关于降低部分无线电频率占用费标准等有关问题的通知》。

5月23日，市场监管总局发出《关于开展全国涉企收费专项检查的通知》，决定在全国开展涉企收费专项检查，重点围绕涉企收费目录清单执行情况、企业反映比较突出的问题、物流领域相关收费、融资过程相关收费。

6月17日，交通运输部、国家发改委联合发出《关于进一步放开港口费等有关事项的通知》，放开港口收取的驳船取送费、特殊平舱费，实行市场调节，明确其他收费政策。

6月29日，国家发改委、财政部修订印发《行政事业性收费标准管理办法》，落实“放管服”改革要求，加强国家机关和事业单位收费管理，规范收费标准和管理行为，提高收费决策的科学性和透明度。

7月2日，国家发改委公布《关于创新和完善促进绿色发展价格机制的意见》，提出建立污水处理费动态调整机制，企业污水排放差别化收费；全国城市及建制镇将全面建立生活垃圾处理收费制度；明确居民、非居民和特种行业用水调价原则和目标；扩大差别电价、阶梯电价执行的行业范围，拉大峰谷电价价差。

9月15日，国家发改委发布《价格认定复核办法》，规范价格认定复核工作，保障相关纪检监察、司法工作的顺利进行。

9月25日，国家发改委、民政部发布《关于规范养老机构服务收费管理促进养老服务业健康发展的指导意见》，强调建立市场形成价格为主的养老机构服务收费管理机制。

12月10日，国家发改委颁布新修订的《政府制定价格听证办法》，强调提高公众参与质量，增强公众参与价格听证的广度和深度，提高公开透明度与政府制定价格的科学性。

2019年

1月4日，国务院反垄断委员会印发《关于知识产权领域的反垄断指南》《关于汽车业的反垄断指南》《横向垄断协议案件宽大制度适用指南》《垄断案件经营者承诺指南》，阐释反垄断执法思路，增强反垄断法律制度的可操作性和可预期性，为市场主体建立公开透明的制度规则。

2月12日，市场监管总局发布《公平竞争审查第三方评估实施指南》，建立健全公平竞争审查第三方评估机制，鼓励支持政策制定机关在公平竞争审查工作中引入第三方评估，提高审查质量，确保审查效果。

3月14日，国家发改委办公厅发出《关于持续深入推进降低重点国有景区门票价格的通知》，部署各地推动更大范围、更大力度降价，强化配套服务价格监管。

3月20日，国家发改委发出《关于三代核电首批项目试行上网电价的通知》，明确广东台山、浙江三门、山东海阳等一期核电项目试行价格。

3月27日，国家发改委发出《关于电网企业增值税税率调整相应降低一般工商业电价的通知》，规定将电网企业增值税税率调整后，省级电网企业含税输配电价水平降低的空间全部用于降低一般工商业电价。

同日，国家发改委印发《关于调整天然气跨省管道运输价格的通知》，调整跨省管道运输企业管道运输价格、各省（区、市）天然气基准门站价格。

4月4日，国家发改委发出《关于南水北调中线一期主体工程供水价格有关问题的通知》。

4月28日，国家发改委发出《关于完善光伏发电上网电价机制有关问题的通知》，将光伏发电标杆上网电价改为指导价，通过竞争性招标方式形成上网电价。

5 月 5 日，国家发改委发出《关于进一步清理规范政府定价经营服务性收费的通知》，部署各地缩减政府定价范围和定价项目层级，规范定价主体和收费标准制定方法，严格履行政府定价程序。

5 月 15 日，国家发改委发出《关于降低一般工商业电价的通知》。

同日，国家发改委等部门联合发出《关于加快推进农业水价综合改革的通知》，要求各地加快推进农业水价综合改革，健全节水激励机制。

5 月 21 日，国家发改委发出《关于完善风力发电上网电价政策的通知》，明确新增集中式陆上风电和近海风电项目上网电价全部通过竞争方式确定，适当下调陆上风电项目指导价，合理确定海上风电指导价，加快推进风电平价上网。

5 月 24 日，国家发改委等部门发出《关于降低部分行政事业性收费标准的通知》，明确降低无线电频率占用费、出入境证照类收费、商标注册收费等部分行政事业性收费标准。

同日，国家发改委等部门印发《输配电定价成本监审办法》，细化成本监审审核方法，规范成本监审程序要求。

5 月 30 日，市场监管总局发布《明码标价和禁止价格欺诈规定（征求意见稿）》，对《关于商品和服务实行明码标价的规定》《禁止价格欺诈行为的规定》两部规章进行修订，并将两部规章深度整合。

6 月 26 日，市场监管总局发布《禁止垄断协议行为暂行规定》《禁止滥用市场支配地位行为暂行规定》《制止滥用行政权力排除限制竞争行为暂行规定》3 部规章，统一反垄断执法程序、尺度和标准。

6 月 27 日，国家发改委等部门联合印发《关于规范城镇燃气工程安装收费的指导意见》，加强城镇燃气工程安全收费管理。

7 月 31 日，国家发改委发出《关于进一步降低中国人民银行征信中心服务收费标准的通知》，降低商业银行等机构查询企业和个人信用报告基准服务费、应收账款质押登记等收费标准，总体收费标准降幅近50%，预计每年可为用户节省成本支出7.4亿元。

10月21日，国家发改委印发《关于深化燃煤发电上网电价形成机制改革的指导意见》，将燃煤标杆上网电价机制改为“基准价+上下浮动”的市场化价格机制，基准价按各地燃煤发电标杆上网电价确定，浮动幅度上浮不超过10%、下浮原则上不超过15%，标志着我国电价市场化改革迈出关键一步。

11月4日，国家发改委就《中央定价目录（修订征求意见稿）》公开征求意见。

11月12日，国家发改委、财政部联合印发《关于降低部分行政事业性收费标准的通知》，明确降低摩托车号牌工本费、往来台湾通行证（电子）、台湾居民来往大陆通行证（补办）收费标准。

11月25日，市场监管总局、国家发改委、财政部、商务部联合印发《关于开展妨碍统一市场和公平竞争的政策措施清理工作的通知》，对县级以上地方各级人民政府及其所属部门和国务院部门在2019年12月31日前制定的规章、规范性文件和其他政策措施中，妨碍统一市场和公平竞争的各种规定和做法进行全面清理。

2020年

1月2日，市场监管总局发布《〈反垄断法〉修订草案（公开征求意见稿）》，这是自2008年正式实施起的首次修订，增设对互联网经营者市场支配地位认定的规定，并将对违法行为的处罚上限提高至上一年度销售额的10%。

2月7日，国家发改委办公厅发出《关于疫情防控期间采取支持性两部制电价政策降低企业用电成本的通知》，在疫情防控期间降低企业用电成本，支持企业共渡难关，采取支持性两部制电价政策。

2月28日，国家发改委发布《关于中俄东线天然气管道工程北段管道运输试行价格的批复》。

3月31日，国家发改委发布《关于2020年光伏发电上网电价政策有关事项的通知》，要求充分发挥市场机制作用，引导光伏发电行业合理投资，推动光伏发电产业健康有序发展。对集中式光伏发电继续制定指导价，降低工商业分布式光伏发电补贴标准，降低户用分布式光伏发电补贴标准。

4月8日，国家发改委等部门发出《关于进一步做好阶段性价格临时补贴工作的通知》。

5月1日，新版《中央定价目录（2020）》正式实施。修订后的定价项目比2015年版缩减近30%，主要包括输配电、油气管道运输、基础交通运输、重大水利工程供水、重要邮政服务、重要专业服务、特殊药品及血液等7类16项。

6月24日，国家发改委发出《关于延长阶段性降低企业用电成本政策的通知》。

6月29日，国家发改委发出《关于延长阶段性减免部分征信服务收费的通知》。

7月29日，国家发改委等七部门联合印发《清理规范海运口岸收费行动方案》，清理规范海运口岸收费，优化营商环境，减轻进出口企业负担，促进贸易便利化。

11月10日，市场监管总局发布《关于平台经济领域的反垄断指南（征求意见稿）》，首次明确将“二选一”定义为滥用市场支配地位、构成限定交易行为，将“大数据杀熟”定义为滥用市场支配地位、实施差别待遇等。

12月24日，市场监管总局宣布对阿里巴巴集团控股有限公司涉嫌“二选一”垄断行为进行立案调查。

12月25日，市场监管总局发布《中国反垄断执法年度报告（2019）》，显示2019年共立案调查垄断案件103件，结案46件，罚没金额3.2亿元。其中立案调查垄断协议案件28件，作出行政处罚12件；立案调查滥用市场支配地位案件15件，作出行政处罚4件；办理滥用行政权力排除、限制竞争案件84件，其中立案调查24件，纠正12件；调查经营者集中未依法申报案件36件，作出行政处罚18件。

2021年

2月7日，国务院反垄断委员会印发《关于平台经济领域的反垄断指南（正式意见稿）》，要求结合互联网行业特点，细化市场支配地位的评估的具体因素；将算法与数据的运用作为认定垄断协议、市场支配地位方面的重要考量因素。明确了VIE架构交易的申报义务。

2月19日，中央全面深化改革委员会第十八次会议审议通过《关于完善重要民生商品价格调控机制的意见》，提出重要民生商品产供储加销链条长、环节多、涉及范围广，“小生产、大市场”特征突出，面对自然灾害、市场风险、突发事件，价格容易大起大落；强调要坚持有效市场和有为政府相结合，重点应对价格异常波动，加强源头治理，严格落实责任制，建立健全价格监测预测预警体系、价格稳定长效机制、防范价格异常波动调控机制、突发应急调控机制、应对物价上涨的民生保障机制、市场价格监管机制等制度体系，构建重要民生商品价格调控的“四梁八柱”。

4月10日，市场监管总局对阿里巴巴在国内网络零售平台服务市场实施“二选一”的垄断行为处以182.28亿元罚款，这一数额刷新中国反垄断行政处罚纪录。

5月7日，国家发改委发出《关于进一步完善抽水蓄能价格形成机制的意见》，提出要坚持以两部制电价政策为主体，进一步完善抽水蓄能价格形成机制，以竞争性方式形成电量电价，将容量电价纳入输配电价回收，同时强化与电力市场建设发展的衔接，逐步推动抽水蓄能电站进入市场，着力提升电价形成机制的科学性、操作性和有效性，充分发挥电价信号作用，调动各方面积极性，为抽水蓄能电站加快发展、充分发挥综合效益创造更加有利的条件。

5月18日，国家发改委出台《关于“十四五”时期深化价格机制改革行动方案》，提出“十四五”时期深化价格机制改革，重点围绕助力“碳达峰、碳中和”目标实现，促进资源节约和环境保护，提升公共服务供给质量，更好保障和改善民生，完善价格调控机制，提升价格治理能力。到2025年，竞争性领域和环节价格主要由市场决定，网络型自然垄断环节科学定价机制全面确立，能源资源价格形成机制进一步完善，重要民生商品价格调控机制更加健全，公共服务价格政策基本完善，适应高质量发展要求的价格政策体系基本建立。

5月21日，中央深改委第十九次会议审议通过《深化医疗服务价格改革试点方案》，强调深化医疗服务价格改革，要规范管理医疗服务价格项目，建立目标导向的价格项目管理机制，使医疗服务价格项目更好计价、更好执行、更好评价，更能适应临床诊疗和价格管理需要。

6月7日，国家发改委印发《关于2021年新能源上网电价政策有关事项的通知》。

同日，国家发改委出台《天然气管道运输价格管理办法（暂行）》和《天然气管道运输定价成本监审办法（暂行）》，提出在坚持“准许成本加合理收益”定价原则不变的基础上，适应“全国一张网”发展要求，根据我国天然气市场结构和管道分布情况，把跨省管道分为西北、西南、东北、中东部四个价区，分区核定运价率，实行“一区一价”。

6 月 9 日，国家发改委等部门联合印发《完善政府猪肉储备调节机制做好猪肉市场保供稳价工作预案》。

6 月 12 日，国家发改委发布《重要商品和服务价格指数行为管理办法（试行）》。

6 月 17 日，国务院办公厅发布《深化医药卫生体制改革 2021 年重点工作任务》，明确以降药价为突破口，同步推进医疗服务价格、薪酬、医保支付等综合改革。

7 月 8 日，市场监管总局、国家发改委、财政部、商务部、司法部联合发布《公平竞争审查制度实施细则》，在审查方式、审查标准、监督手段等方面细化实化了有关规定，着力维护全国统一大市场和公平竞争。

7 月 22 日，国家发改委、司法部联合印发《关于进一步完善公证服务价格形成机制的指导意见》，指导各地进一步规范公证服务价格。

7 月 26 日，国家发改委发出《关于进一步完善分时电价机制的通知》，部署各地进一步完善分时电价机制。

8 月 3 日，国家发改委、住建部联合发布《城镇供水定价成本监审办法》和《城镇供水价格管理办法》。

8 月 30 日，中央深改委第二十一次会议审议通过《关于强化反垄断深入推进公平竞争政策实施的意见》，强调要从构建新发展格局、推动高质量发展、促进共同富裕的战略高度出发，促进形成公平竞争的市场环境，为各类市场主体特别是中小企业创造广阔的发展空间，更好保护消费者权益。

9 月 2 日，国家发改委、教育部、市场监管总局联合发出《关于加强义务教育阶段学科类校外培训收费监管的通知》。

9月3日，市场监管总局发布《中国反垄断执法年度报告（2020）》。

10月11日，国家发改委发出《关于进一步深化燃煤发电上网电价市场化改革的通知》。

10月23日，十三届全国人大常委会第三十一次会议审议通过《中华人民共和国反垄断法（修正草案）》，并公开征求社会公众意见。《反垄断法（修正草案）》除确立竞争政策的基础地位外，相较于2008年版的现行法律，大幅提高企业、法人与高管等相关个人违反《中华人民共和国反垄断法》的成本、明确垄断协议的效果要件、引入经营者集中审查的停表制度、突出对互联网、民生等重点领域的关注等重大变革。

11月15日，国务院反垄断委员会发布《关于原料药领域的反垄断指南》。

11月18日，国家反垄断局正式挂牌成立，反垄断执法机构由国家市场监管总局下设的司局升级为由国务院部委管理的副部级国家局，设立竞争政策协调司、反垄断执法一司、反垄断执法二司，分工负责反垄断相关工作，同时组建竞争政策与大数据中心，强化反垄断、竞争政策理论研究和技术支撑。同日，市场监管总局发布《企业境外反垄断合规指引》。

2022年

2月24日，国家发改委发出《关于进一步完善煤炭市场价格形成机制的通知》，提出要立足以煤为主的基本国情，使市场在资源配置中起决定性作用，更好发挥政府作用，综合运用市场化、法治化手段，引导煤炭价格在合理区间运行。

4月14日，市场监管总局印发《明码标价和禁止价格欺诈规定》。

5月11日，市场监管总局起草了《关于查处哄抬价格违法行为的指导意见（征求意见稿）》，向社会公开征求意见。

5 月 23 日，国家发改委修订形成《水利工程供水价格管理办法（征求意见稿）》《水利工程供水定价成本监审办法（征求意见稿）》，向社会公开征求意见。

8 月 26 日，国家发改委等部门发出《关于阶段性调整价格补贴联动机制加大对困难群众物价补贴力度的通知》，决定阶段性调整社会救助和保障标准与物价上涨挂钩联动机制，加大对困难群众物价补贴力度。

图书在版编目（CIP）数据

价格体制改革 / 张卓元，程锦锥主编. — 北京：
中国工人出版社，2024.1
ISBN 978-7-5008-8022-6
Ⅰ. ①价… Ⅱ. ①张… ②程… Ⅲ. ①物价改革—体
制改革—研究—中国 Ⅳ. ①F726.1
中国国家版本馆CIP数据核字（2024）第005827号

价格体制改革

出 版 人	董　宽
责任编辑	左　鹏　王晨轩
责任校对	张　彦
责任印制	栾征宇
出版发行	中国工人出版社
地　　址	北京市东城区鼓楼外大街 45 号　邮编：100120
网　　址	http://www.wp-china.com
电　　话	（010）62005043（总编室） （010）62005039（印制管理中心） （010）62382916（工会与劳动关系分社）
发行热线	（010）82029051　62383056
经　　销	各地书店
印　　刷	北京印刷集团有限责任公司
开　　本	710 毫米 × 1000 毫米　1/16
印　　张	28
字　　数	330 千字
版　　次	2024 年 6 月第 1 版　2024 年 6 月第 1 次印刷
定　　价	90.00 元

本书如有破损、缺页、装订错误，请与本社印制管理中心联系更换
版权所有 侵权必究